AXEL KÜHNER

Zuversicht für jeden Tag

 neukirchener
aussaat

Bibliografische Information der Deutschen Nationalbibliothek

Die Deutsche Nationalbibliothek verzeichnet diese Publikation in der Deutschen
Nationalbibliografie. Detaillierte bibliografische Daten sind im Internet über
http://dnb.d-nb.de abrufbar.

6. Auflage 2015
© 2002 Neukirchener Verlagsgesellschaft mbH, Neukirchen-Vluyn
Umschlaggestaltung: braunwerbeagentur, Stefanie Braun, Radevormwald
unter Verwendung eines Bildes von © Sunny Forest / Shutterstock.com
DTP: Breklumer Print-Service, www.breklumer-print-service.com
Verwendete Schrift: Times New Roman
Gesamtherstellung: Pustet, Regensburg
Printed in Germany
ISBN 978-3-7615-6144-7

www.neukirchener-verlage.de

Sie öffnen das Buch,

das Buch öffnet Sie!

ZUM NEUEN JAHR

„Die ein gutes Leben beginnen wollen, die sollen es machen wie einer, der einen Kreis zieht. Hat er den Mittelpunkt des Kreises richtig angesetzt und steht der fest, so wird die Kreislinie gut. Das soll heißen: Der Mensch lerne zuerst, dass sein Herz fest bleibe in Gott, so wird er auch beständig werden in seinen Werken!"

(Meister Eckhart)

„Mein Gott, hilf mir,
die Last dieses Jahres zu tragen.
Leite mich wie ein lieber Vater
und mache mich gehorsam.
Sprich selbst deinen Segen
über meiner Arbeit
und gehe mir mit deiner Weisheit voran,
damit ich fröhlich und getrost darin,
aber auch gewissenhaft und treu sei.
Ja, werde du selbst in mir
und all meinen Dingen
Anfang, Mitte und Ende,
zu deinem Preis und zu meinem Heil."

(Gottfried Arnold)

Das Geheimnis des Glücks

Ein reicher Mann schickt eines Tages seinen Sohn zu einem bekannten Weisen, damit er dort das Geheimnis des Glücks lerne. Vierzig Tage wandert der Junge und kommt schließlich an einen prächtigen Palast. In einem großen Saal redet der Weise mit sehr vielen Menschen. Herrliche Tafeln sind mit Köstlichkeiten gedeckt. Musiker spielen frohe Melodien. Nach mehreren Stunden kann der Junge dem Weisen seinen Wunsch vortragen. „Ich habe im Moment keine Zeit, dir das Geheimnis des Glücks zu erklären. Sieh dich im Palast um und komme in zwei Stunden wieder. Hier, nimm diesen Löffel mit zwei Tropfen Öl darauf. Während du dir alles ansiehst, halte den Löffel so, dass das Öl nicht herunterläuft!" Der Junge geht durch den riesigen Palast, ohne den Blick von dem Löffel zu wenden, und nach zwei Stunden erscheint er wieder vor dem weisen Mann. „Nun, hast du all die kostbaren Teppiche, Möbel, Vasen und Vorhänge gesehen, dazu die wertvollen Bücher und Gemälde?" Beschämt muss der Junge zugeben, dass er nur auf den Löffel geschaut und nichts von all den schönen Dingen im Palast gesehen hat. „Dann geh noch einmal durch den Palast und schau dir alles gut an!"
Nun geht der Junge mit großer Aufmerksamkeit durch alle Räume und sieht, wie kunstvoll alles angeordnet und aufgestellt ist. Vor dem weisen Mann beschreibt er voller Bewunderung die vielen Schätze und Kostbarkeiten. „Aber wo sind die beiden Öltropfen, die ich dir mitgegeben habe?"
Erschrocken stellt der Junge fest, dass er sie vor lauter Betrachten verschüttet hat. „Also das ist mein Rat an dich: Das Geheimnis des Glücks besteht darin, dass du alle Herrlichkeiten der Welt anschaust, ohne dass du darüber die dir anvertraute Gabe verlierst!"

„Siehe, ich komme bald; halte, was du hast, dass niemand deine Krone nehme!"

(Offenbarung 3,11)

Ausblick

Wenn das Jahr beginnt
Ist man in Gedanken
Gehört am Ende man
Zu den Gesunden oder Kranken

Vieles wird passieren
Freude und auch Leid
Jeder muss addieren
Hoffentlich Zufriedenheit

Das Jahr ist jung und übertreibt
Infolgedessen sehr
Was von uns allen übrig bleibt
Das weiß bald keiner mehr

Drum hebe doch das alte Haupt
Und bleib bei deinen Dingen
Auch wenn es kein Mensch glaubt
Am Ende werd ich singen.

(Hanns Dieter Hüsch)

„Der Herr behüte dich; der Herr ist dein Schatten über deiner rechten Hand, dass dich des Tages die Sonne nicht steche noch der Mond des Nachts. Der Herr behüte dich vor allem Übel, er behüte deine Seele. Der Herr behüte deinen Ausgang und Eingang von nun an bis in Ewigkeit!"

(Psalm 121,5-8)

Hoch hinauf

Der Löwe ließ sich von den Bären auf den Schultern tragen, als sie ihn zum König gewählt hatten.
Das genoss er.
Nun gebot er, die Biber sollten ihm ein Lager auf zwei Bäumen bauen, damit er alles besser übersehen könne. So geschah es, und die Bären hoben ihn hoch.
Das genoss er.
Bald aber gebot er, die Büffel sollten ihm ein Lager hoch auf dem Hügel bauen, damit er alles noch besser übersehen könne. So geschah es, und die Bären trugen ihn hinauf.
Das genoss er.
Nicht lange, und er gebot, die Adler sollten ihm ein Lager auf dem höchsten Felsen bauen, damit er alles besser übersehen könne. So geschah es, und die Bären schleppten ihn hoch hinauf.
Das genoss er.
Wiederum nicht lange, und der Löwe gebot, die Engel sollten ihm ein Lager in den Wolken bauen, damit er alles besser übersehen könne.
Das aber geschah nicht, und die Bären feixten. Der Löwe aber jammerte in der dünnen Luft seiner Höhe.
Siehst du, sagte der eine Bär zum andern: Je mehr Übersicht – desto weniger Überblick.
Da tanzten die Mäuse unten im Tal.
Ganz wie früher.

(Peter Spangenberg)

„Wer zugrunde gehen soll, wird vorher stolz; und Hochmut kommt vor dem Fall!"

(Sprüche 16,18)

Schätze

Es ist das Wesen der Schätze, dass sie zunächst verborgen sind. Die wirklichen Reichtümer und Werte des Lebens liegen nie auf der Straße oder sind in den Schaufenstern offen ausgestellt. Sie sind verborgen und erschließen sich langsam und ganz anders als erwartet. Wir brauchen eine Sehnsucht, eine Vision, einen Traum und eine Erwartung. Wir machen uns auf die Suche, öffnen unsere Sinne, gehen los, erfahren das Leben, erleben den Weg und fassen ein Ziel ins Auge. Widrigkeiten können uns nicht abhalten, Gefahren nicht erschrecken, Umwege nicht irritieren, Fehlschläge nicht enttäuschen, Schwächen nicht mutlos machen und Zweifel nicht lähmen. Wir folgen den Weisungen dessen, der das Leben ist, und hören auf den Ruf des Einen, in dem alle Schätze verborgen sind. Und es bleibt nicht beim Sehnen und Suchen, Träumen und Hoffen. Es gibt ein Finden und Empfangen, ein Erfüllt- und Vollendetwerden.

„Denn in ihm wohnt die Fülle der Gottheit leibhaftig, und an dieser Fülle habt ihr teil in ihm, der das Haupt aller Mächte und Gewalten ist!"

(Kolosser 2,9f)

Nächstenliebe oder Eigenliebe

Ein Polizist kommt gerade dazu, als sich ein Mann von einer hohen Brücke in den Fluss stürzen und seinem Leben ein Ende machen will. „Machen Sie das bitte nicht!", schreit der Polizist, „warum sollte sich ein junger Mann wie Sie das Leben nehmen?" – „Ich kann nicht mehr leben, ich sehe keinen Sinn und habe keine Hoffnung mehr!", antwortet der Lebensmüde.

Der Polizist redet eindringlich auf den jungen Mann ein: „Sehen Sie doch, wenn Sie jetzt in den Fluss springen, muss ich Ihnen nachspringen, das Wasser ist eisig kalt, und ich habe mich gerade erst von einer schweren Grippe erholt, ich werde also ernstlich krank, vielleicht werde ich daran sterben. Ich habe eine Frau und drei kleine Kinder. Möchten Sie das verantworten und auf Ihr Gewissen laden? Nein, sicher nicht. Das werden Sie mir nicht antun. Bitte seien Sie vernünftig. Gehen Sie nach Hause, beten Sie zu Gott, er wird Ihnen helfen. Gehen Sie heim. Zu Hause sind Sie allein und ungestört, da können Sie sich meinetwegen ..."

Wie oft war, was wir Nächstenliebe nannten, Eigenliebe und diente mehr dem eigenen Nutzen und unserer Befriedigung? Geht es uns wirklich um den anderen, wenn wir uns für ihn einsetzen?

„Die Liebe sei ohne Falsch!"

(Römer 12,9)

„Die Liebe sucht nicht das Ihre!"

(1. Korinther 13,5)

9

Der kleine Weg zum Himmel

Theresia von Lisieux, auch die „Kleine Theresia" genannt, wurde nur 24 Jahre alt. Und ihr kurzer Lebensweg war frei von allem Krampf und angestrengter Verbissenheit. Schon als kleines Kind wollte sie ganz für Gott da sein. Immer wieder findet sich in ihren Schriften das Wort von dem Kleinen Weg: „Ich darf trotz meiner Kleinheit nach der Heiligkeit streben. Mich größer machen ist unmöglich. Ich muss mich ertragen, wie ich bin, mit all meinen Unvollkommenheiten. Aber ich will das Mittel suchen, in den Himmel zu kommen, auf einem kleinen Weg, einem recht geraden, recht kurzen, einem ganz neuen kleinen Weg. Ich möchte einen Aufzug finden, der mich zu Jesus emporhebt. Denn ich bin zu klein, um die beschwerliche Treppe der Vollkommenheit hinaufzusteigen. Der Fahrstuhl, der mich zum Himmel emporheben soll, deine Arme sind es, o Jesus! Dazu brauche ich nicht zu wachsen; ich muss klein bleiben, ja mehr und mehr es werden!"

(Theresia von Lisieux 1873–1897)

„Ich kenne deine Werke. Siehe, ich habe vor dir eine Tür aufgetan, und niemand kann sie zuschließen; denn du hast eine kleine Kraft und hast mein Wort bewahrt und hast meinen Namen nicht verleugnet!"

(Offenbarung 3,8)

Wer überlebt?

Ein kleines Kurierflugzeug gerät in große Schwierigkeiten. Plötzlich setzen die beiden Triebwerke aus. An Bord befinden sich neben dem Piloten ein bedeutender Wissenschaftler, ein kleiner Pfadfinder und ein würdiger alter Bischof. Der Pilot ruft den dreien zu: „Wir müssen mit dem Fallschirm abspringen, um unser Leben zu retten. Das Dilemma ist nur, es gibt gerade drei Fallschirme. Einen brauche ich, und ihr drei müsst unter euch ausmachen, welche zwei sich retten können!"

Der Wissenschaftler betont, wie wichtig er für die Welt mit seinen Forschungen ist, und beansprucht mit Vehemenz einen Fallschirm, greift einfach zu und springt ab. Der Bischof schaut den kleinen Pfadfinder an und sagt liebevoll: „Du bist jung und hast das Leben noch vor dir, ich bin alt und habe mein Leben gelebt, nimm du den zweiten Fallschirm und rette dich, bevor es zu spät ist!" – „Ist nicht nötig", sagt der Junge, „wir haben beide noch einen Fallschirm. Der Wissenschaftler, der oberkluge, hat sich meinen Rucksack gegriffen und ist abgesprungen!"

„Weh denen, die weise sind in ihren eigenen Augen und halten sich selbst für klug!"

(Jesaja 5,21)

11

Eine Summe Freude

„Wie mit den Lebenszeiten, so ist es auch mit den Tagen,
keiner ist uns gut genug, keiner ist ganz schön,
und jeder hat, wo nicht seine Plage, doch seine Unvollkommenheiten.
Aber rechne sie zusammen, so kommt eine Summe Freude und Leben
heraus!"

(Friedrich Hölderlin)

Ein Trost des Alters besteht darin, dass wir uns auf die Summe Freude
unseres Lebens besinnen: auf die vielen erfüllten Tage, Begegnungen,
Erfahrungen, das bewusst Genossene und das tapfer Erlittene, was
gelungen ist und wir geschafft haben, wo wir aus Fehlern gelernt und
am Scheitern gereift sind. Nichts, was ein Leben wirklich ausmacht,
hat gefehlt, Lachen und Weinen, Erfüllung und Enttäuschung, Gewinnen und Verlieren, Freude und Leid, Hoffen und Bangen, Sich-Finden
und Sich-Trennen, Stärke und Schwäche, Jugend und Alter, Gesundheit und Krankheit, Gemeinsamkeit und Einsamkeit. All das hat es in
meinem Leben gegeben und gehört nun zu meiner Geschichte. Und
in allem war Gottes Gegenwart zu erfahren, zu glauben, zu bewahren.
Zu dem Trost des richtig gelebten Lebens kommt dann noch die Hoffnung auf eine letzte Erfüllung des Lebens in Ewigkeit. So hat das Alter einen doppelten Trost: richtig leben vor dem Tod und ewig leben
nach dem Tod. Und beides aus Gottes großer Güte.
Denn das Bitterste am Sterben wäre, nicht richtig gelebt zu haben und
nicht ewig leben zu können!

„Gott, du hast mich von Jugend auf gelehrt, und noch jetzt verkün-
dige ich deine Wunder. Auch im Alter, Gott, verlass mich nicht, und
wenn ich grau werde."

(Psalm 71,17f)

Nur ein Scherflein

Eine sehr reiche Frau wurde bei einer Sammlung zur Renovierung der Kirche um eine Spende gebeten. „Gerne beteilige ich mich an der Aktion", sagte sie, „aber leider kann ich nur das berühmte Scherflein der Witwe beitragen!" Der Pfarrer antwortete: „Gute Frau, das wäre zu viel, das können wir nicht erwarten." – „Sie haben mich missverstanden", lachte die Frau, „ich meinte mit dem Scherflein nur eine kleine Gabe!"
„Ja", sagte der Pfarrer, „das wäre dann doch zu viel, denn die Witwe hat mit ihrem Scherflein damals alles, was sie ihr Eigen nannte, in den Gotteskasten gelegt." Die Frau errötete und gab eine beachtliche Summe.

„Und Jesus setzte sich dem Gotteskasten gegenüber und sah zu, wie das Volk Geld einlegte in den Gotteskasten. Und viele Reiche legten viel ein. Und es kam eine arme Witwe und legte zwei Scherflein ein; das macht zusammen einen Pfennig. Und er rief seine Jünger zu sich und sprach zu ihnen: Wahrlich, ich sage euch: Diese arme Witwe hat mehr in den Gotteskasten gelegt als alle, die etwas eingelegt haben. Denn sie haben alle etwas von ihrem Überfluss eingelegt; diese aber hat von ihrer Armut ihre ganze Habe eingelegt, alles, was sie zum Leben hatte!"

(Markus 12,41-44)

13

Gott und die Welt

Die Welt ist gnadenlos bedingt!
Wenn man was leistet, kommt man voran.
Wenn man ungesund lebt, wird man krank.
Wenn man lieb ist, wird man geliebt.
Wenn man Gesetze Übertritt, wird man bestraft.
Wenn man die Luft verpestet, muss man die Gifte einatmen.
Wenn man Hass sät, wird man Gewalt ernten.
Die Natur, der Staat, die Gesellschaft können nicht gnädig sein.
Alles rächt sich konsequent!
Gott ist bedingungslos gnädig!
Seine Vorliebe gilt uns ohne Vorleistung.
Seine Vergebung löscht alle unsere Schuld aus.
Seine Barmherzigkeit heilt die tiefsten Wunden.
Seine Gnade krönt auch ein verdammtes Leben.
Seine Treue gilt unbedingt, wenn Menschen uns verlassen und das eigene Herz uns verklagt.
Gottes Liebe ist bedingungslos, maßlos, restlos, grenzenlos, vorbehaltlos, parteilos, zweifellos, aber nicht grundlos und nicht folgenlos. Die Gnade Gottes hat im Ganzopfer Jesu ihren Grund, in unserer Nachfolge die beste Konsequenz.
Die Welt wird uns dingen, Jesus will uns freien.
Lassen wir es geschehen, unbedingt!

„Barmherzig und gnädig ist der Herr, geduldig und von großer Güte. Er wird nicht für immer hadern noch ewig zornig bleiben. Er handelt nicht mit uns nach unseren Sünden und vergilt uns nicht nach unserer Missetat. Denn so hoch der Himmel über der Erde ist, lässt er seine Gnade walten über denen, die ihn fürchten. So fern der Morgen ist vom Abend, lässt er unsere Übertretungen von uns sein. Wie sich ein Vater über Kinder erbarmt, so erbarmt sich der Herr über die, die ihn fürchten."

(Psalm 103,8-13)

Aus der Not eine Tugend machen

„Eine schöne grüne Oase sah um sich und erblickte nichts als elende Wüste rings umher. Vergebens suchte sie nach ihresgleichen. Da brach sie in heftiges Klagen aus: Ich unglückliche, einsame Oase. Allein muss ich bleiben. Nirgends meinesgleichen. Nirgends auch nur ein Auge, das mich sähe und Freude hätte an meinen grünen Wiesen, rauschenden Quellen, fruchtbaren Palmbäumen und bunten Sträuchern. Nichts als traurige, sandige, felsige, leblose Wüste umgibt mich. Was helfen mir alle meine Vorzüge, Schönheiten und Reichtümer in dieser elenden Verlassenheit?

Da sprach die alte graue Mutter Wüste: Mein Kind, wenn das anders wäre, wenn ich nicht die traurige, dürre Wüste wäre, sondern blühend, grün und belebt, dann wärst du keine Oase, kein besonderer Fleck, von dem noch in der Ferne der Wanderer rühmend erzählt, sondern du wärst nur ein winziger Teil von mir und als solcher verschwindend und unbemerkt. Darum also ertrage in Geduld, was die Voraussetzung für deine Besonderheit und deinen Ruhm ist!"

(Arthur Schopenhauer)

„Die mit Tränen säen, werden mit Freuden ernten. Sie gehen hin und weinen und streuen ihren Samen und kommen mit Freuden und bringen ihre Garben!"

(Psalm 126,5f)

Gemeinsam sind wir stark

Ein Mann hatte fünf Söhne, die unaufhörlich miteinander stritten. Wie oft hatte der Vater die Jungen ermahnt, sich zu vertragen und zu achten! Doch sie gerieten immer wieder so heftig aneinander, dass das ganze Haus von ihren Kämpfen und verbissenen Auseinandersetzungen erfüllt war. Eines Tages war der Vater des Streites und seiner Ermahnungen müde. Er nahm fünf gleich starke Holzstücke, band sie zu einem Bündel zusammen und bat jeden Einzelnen der fünf Söhne, das Bündel über dem Knie zu zerbrechen. Keinem der Söhne gelang es, obwohl sie alle kräftig und stark waren. Nun löste der Vater die Schnur, gab jedem Sohn ein einzelnes Stück Holz, das sie alle mit Leichtigkeit zerbrachen. „Jeder für sich ist schnell zerbrochen, aber stark wie das Bündel und unüberwindlich sind Brüder, die **Zu**sammenhalten!"

„Über alles aber zieht an die Liebe, die da ist das Band der Vollkommenheit!"

(Kolosser 3,14)

Bergauf und bergab

„Man kann nicht bergauf kommen, ohne bergan zu gehen. Und obwohl Steigen beschwerlich ist, so kommt man doch dem Gipfel immer näher, und mit jedem Schritt wird die Aussicht umher freier und schöner! Und oben ist oben!" (Matthias Claudius) Ja, das ist wahr. Aufsteigen ist schwer, aber eine Lust. Auf den Gipfel der Freude, auf den Gipfel des Erfolges, in die Höhen des Lebens aufzusteigen ist wunderbar. Aber wie ist es mit dem Bergab? Man kann nicht bergab kommen, ohne abzusteigen. Und das Herabsteigen ist noch viel schmerzlicher, denn man kommt den Niederungen immer näher. Und mit jedem Schritt wird die Aussicht umher enger und bedrückender! Und unten ist unten, ganz unten. In den Tiefen der Einsamkeit, den dunklen Tälern von Alter, Krankheit und Schmerzen ist nichts mehr erhebend, nur noch niederschmetternd. Und doch muss jeder Mensch auch den Weg bergab gehen, die eigentliche Hochschule des Lebens und die letzte Reifeprüfung des Menschen. Und wenn die Frucht reif ist, lässt sie sich los! Das ist unser Trost, dass wir beim Loslassen nicht ins Verderben fallen, sondern in die Hände unseres guten Gottes. Aber das Loslassen bleibt das Schwerste im Leben.

„Meine Schafe hören meine Stimme, und ich kenne sie, und sie folgen mir; und ich gebe ihnen das ewige Leben, und sie werden nimmermehr umkommen, und niemand wird sie aus meiner Hand reißen!"
(Johannes 10,27f)

Miteinander

Eine Schulklasse bekommt eines Tages eine neue Lehrerin. Im Rechenunterricht geht es zur Sache. Die Lehrerin schreibt zehn schwierige Aufgaben an die Tafel und holt zehn Kinder nach vorn. Jedes der Kinder soll eine Aufgabe lösen. Wer zuerst fertig ist, soll sich umdrehen, um zu zeigen, wer die oder der Beste ist. Die Kinder rechnen ihre Aufgaben aus. Aber keines dreht sich um. Sie warten, bis auch das letzte Kind seine Aufgabe gelöst hat, und drehen sich alle zusammen um. Die Lehrerin wird ärgerlich: „Ich habe doch gesagt, wer fertig ist, soll sich umdrehen. Versteht ihr das nicht?"
Aber die Kinder erklären ihrer Lehrerin, das wäre doch nicht richtig, wenn eines sich hervortun und die anderen beschämt sein würden. „Wie sollen wir es denn dann machen?", fragt die Lehrerin. Die Kinder antworten: „Wer gut und schnell rechnen kann, dreht sich nicht um, sondern hilft den anderen, bis alle fertig sind. Und dann drehen wir uns um!"
Wer ist der Erste, Beste, Schnellste? Das sind die Fragen, die eine Gesellschaft so schwierig machen, Stolz und Neid, Verachtung und Beschämung hervorbringen.
Wie kommen wir gemeinsam ans Ziel, wäre die Frage, die unser Miteinander entgiften könnte.

„Und lebt in der Liebe, wie auch Christus uns geliebt hat und hat sich selbst für uns gegeben als Gabe und Opfer."

(Epheser 5,2)

Wo suchen wir?

Zwei Polizisten treffen mitten in der Nacht einen Mann, der unter einer Laterne in einer abgelegenen Straße etwas sucht. Sie bieten dem Mann ihre Hilfe an. Und so suchen sie zu dritt nach dem verlorenen Hausschlüssel. Schließlich fragt einer der Beamten den Mann: „Wo haben Sie denn Ihren Schlüssel verloren?" – „Vor meiner Haustür!" – „Und warum suchen Sie dann hier unter der Laterne?" – „Weil es hier heller ist!"

Viele Menschen sind auf der Suche. Sie suchen das Leben, sie suchen den Sinn, einen Halt, sie suchen sich selbst, den Frieden, sie suchen Gott. Aber sie suchen dort, wo es hell und schön ist. Doch auch kleinste Reste der Vernunft sagen uns, dass man Dinge nur dort wieder finden kann, wo man sie verloren hat.

Der Ort, an dem wir Leben, Sinn, uns selbst, den Frieden und den Halt, die Freude und Erfüllung verloren haben, ist dort, wo Menschen sich von Gott abwandten, die Sünde. Darum ist es einsichtig, dass wir nur dort das alles wieder finden, was wir in der Trennung von Gott verloren haben. Das ist der Grund, warum Jesus die Menschen eingeladen hat umzukehren, die Sünde zu bekennen, Vergebung zu empfangen und die Beziehung zu Gott wieder zu finden. Man kann ein Paradies nur dort wieder finden, wo man es verlassen hat.

„Ihr werdet mich suchen und finden; denn wenn ihr mich von ganzem Herzen suchen werdet, so will ich mich von euch finden lassen, spricht der Herr!"

(Jeremia 29,13f)

Ich setze auf die Liebe

„Wen der Himmel retten will, dem schenkt er die Liebe."

(Laotse)

Ich setze auf die Liebe
Wenn Sturm mich in die Knie zwingt
Und Angst in meinen Schläfen buchstabiert
Ein dunkler Abend mir die Sinne trübt
Ein Freund im anderen Lager singt
Ein junger Mensch den Kopf verliert
Ein alter Mensch den Abschied übt

Das ist das Thema
Den Hass aus der Welt zu entfernen
Und wir bereit sind zu lernen
Dass Macht Gewalt Rache und Sieg
Nichts anderes bedeuten als ewiger Krieg
Auf Erden und dann auf den Sternen

Die einen sagen es läge am Geld
Die anderen sagen es wäre die Welt
Sie läg in den falschen Händen
Jeder weiß besser woran es liegt
Doch es hat noch niemand den Hass besiegt
Ohne ihn selbst zu beenden

Er kann mir sagen was er will
Und kann mir singen wie er's meint
Und mir erklären was er muss
Und mir begründen wie er's braucht
Ich setze auf die Liebe! Schluss.

(Hanns Dieter Hüsch)

„*Über alles aber zieht an die Liebe, die da ist
das Band der Vollkommenheit!"*

(Kolosser 3,14)

Das Gute schlechtmachen?

Einst sah ein Fuchs eine besonders reife, dicke Traube in einem Weinberg. Er spürte förmlich ihre Süße und träumte schon von ihrer Köstlichkeit. Das Wasser lief ihm nur beim Anblick der Traube im Mund zusammen. Voller Begehren sprang er zu der Traube hoch. Doch sosehr er sich auch abmühte, sooft er auch Anlauf nahm, so hoch er auch emporsprang, er konnte sie nicht erreichen. Als er schließlich erschöpft und geknickt nach Hause schlich, sagte er zu sich: „Ich meinte, die Traube wäre besonders süß und köstlich, aber ich habe mich geirrt, sie ist mir viel zu bitter, absolut sauer und völlig ungeeignet zum Verzehr. Wie gut, dass ich sie nicht erreicht habe!" Wie oft verdrängen wir unsere Misserfolge, indem wir die Ziele schlechtreden? Warum müssen wir das Gute, das wir nicht erreichen konnten, schlechtmachen? Die süßen Trauben, die wir nicht haben konnten, wurden davon niemals bitter. Aber wir haben uns oft selbst belogen und andere beneidet. Das muss nicht so sein.

„Habt ihr aber bitteren Neid und Streit in eurem Herzen, so rühmt euch nicht und lügt nicht der Wahrheit zuwider!"

(Jakobus 3,14)

21

Gottes Schuhgröße

„Tritt in Gottes Fußstapfen, er hat deine Schuhgröße!" Dieser Satz aus einem Büchlein freut mich. Ich kann Gott folgen mit meinen Möglichkeiten und in meinen Grenzen. Ich muss nicht großspurig leben und mit Siebenmeilenstiefeln große Sprünge machen. Gott wird in Jesus menschlich, geht über diese Erde, lebt unser Leben, nimmt unsere Schwachheit an und unsere Schuld auf sich, trägt unser Leid und hält unser Schicksal aus. Ich kann seinen Spuren folgen mit meinen Gaben und in meinen Verhältnissen. Ohne den Druck zu größeren Leistungen und ohne den Zwang zu beschleunigen, kann ich in Gottes Fußstapfen treten. Die Nachfolge überfordert mich nicht, sie erlöst mich von übermenschlichen Anstrengungen und unmenschlichen Zwängen.

Aber dieser Satz macht mich auch nachdenklich. Ist Gott wirklich so klein und begrenzt? Hat er nur meine Schuhgröße und Armlänge, meine Herzfrequenz und Reichweite? Kann Gott nur Schritte machen wie ich? Nein, Gott ist größer als alle Welt, tiefer als alle Weisheit, höher als alle Vernunft, mächtiger als jedes Schicksal und stärker als der Tod. Gott ist der ewige, heilige, herrliche, große Gott, der Herr aller Herren und König aller Könige. Er ist der Anfang und die Vollendung allen Lebens. Ich folge Gott doch nicht, weil er so klein ist, sondern weil er immer noch größer ist. Ich folge Gott mit meiner Schuhgröße, aber ich folge Gott, der in keinen Schuh der Welt passen würde.

„Die Wasserwogen im Meer sind groß und brausen mächtig; der Herr aber ist größer in der Höhe!"

(Psalm 93,4)

„Denn dazu seid ihr berufen, da auch Christus gelitten hat für euch und euch ein Vorbild hinterlassen, dass ihr sollt nachfolgen seinen Fußstapfen!"

(1. Petrus 2,21)

Völlig unmöglich

Ein Mann wurde darüber informiert, dass ein Wirbelsturm und eine Flutwelle sein Haus hinweggerissen hätten. Er lachte und sagte: „Völlig unmöglich, ich habe den Hausschlüssel in meiner Tasche."

Ein Junge hörte im Konfirmandenunterricht, dass Gott die Welt und den Menschen geschaffen habe. Er lachte und sagte: „Völlig unmöglich, ich habe im Biologiebuch gelesen, dass die Welt aus einem Urknall entstanden ist und der Mensch vom Affen stammt!"

Ein Mann hörte in einer Sonntagspredigt, dass Jesus von den Toten auferstanden sei. Er lachte und sagte: „Völlig unmöglich, es ist noch nie jemand zurückgekommen!"

Eine Frau hörte ihre Nachbarin sagen, dass sich jeder Mensch einmal vor Gott für sein Leben verantworten müsse. Sie lachte und sagte: „Völlig unmöglich. Mit dem Tode ist alles aus!"

Ein Mann erzählte in einem Gesprächskreis, dass er im Krieg in einer bedrohlichen Situation im Schützengraben eine laute Stimme hörte, die ihn aufforderte zwei Schritte zur Seite zu gehen. Eine Minute später schlug an dem Platz, den er verlassen hatte, eine Granate ein. Die Zuhörer lachten und sagten: „Völlig unmöglich, das ist alles nur Einbildung!"

Gott sagte zu einem Mann: „Du Narr! Diese Nacht wird man deine Seele von dir fordern; und wem wird dann gehören, was du angehäuft hast?" Der Mann lachte und sagte: „Völlig unmöglich, meine Ernte war gut, meine Scheunen sind voll und ich habe einen Vorrat noch für viele Jahre!"

„Jesus aber antwortete und sprach zu ihnen: Ihr irrt, weil ihr die Schrift nicht kennt noch die Kraft Gottes!"

(Matthäus 22,29)

23

Brauchen wir es wirklich?

Ein Mann hatte in seiner Gier nach Geld einen großen Goldschatz erworben und in seinem Geiz im Garten vergraben. Jede Woche grub er nachts das Loch auf und berauschte sich am Anblick seines Vermögens. Irgendwann muss ihn dabei jemand beobachtet, seinen Goldschatz ausgegraben und mitgenommen haben. Als der Geizhals das nächste Mal seinen Garten aufgrub, um den Goldschatz zu betrachten, fand er nur das leere Loch. Vor lauter Schmerz und Wut schrie der Mann, heulte und jammerte. Als die Nachbarn zusammenliefen, klagte er ihnen seinen Verlust. Einer der Nachbarn fragte den Mann, ob er denn das Gold zu etwas gebraucht hätte. „Nein", sagte der Mann, „ich wollte es nur jede Woche ansehen und mich daran freuen!" – „Wenn du das Gold gar nicht gebraucht hast, dann kannst du ebenso gut jede Woche das leere Loch anschauen! Das macht doch wirklich keinen Unterschied."

„Denn Geldgier ist eine Wurzel alles Übels; danach hat einige gelüstet, und sie sind vom Glauben abgeirrt und machen sich selbst viele Schmerzen."

(1. Timotheus 6,10)

Nimm dir Zeit

Die einzige Möglichkeit, Zeit zu haben, ist, sich die Zeit zu nehmen.
Nimm dir Zeit zur Arbeit, das ist der Weg zum Erfolg.
Nimm dir Zeit nachzudenken, das ist die Quelle des rechten Tuns.
Nimm dir Zeit zum Spielen, das ist das Geheimnis der Kinder.
Nimm dir Zeit zum Lachen, das ist die Musik der Seele.
Nimm dir Zeit zum Lesen, das ist der Brunnen der Weisheit.
Nimm dir Zeit, freundlich zu sein, das ist die Brücke zum Andern.
Nimm dir Zeit zum Träumen, das ist der Weg zu den Sternen.
Nimm dir Zeit zum Beten, das ist die größte Kraft des Lebens.
Nimm dir Zeit zum Schlafen, das erneuert die Kräfte für Leib und Seele.
Nimm dir Zeit für Menschen, das ist wichtiger als viele Dinge.
Nimm dir Zeit für Gott, denn ohne ihn ist jede Zeit verlorene Zeit!

„Kauft die Zeit aus, denn es ist böse Zeit!"

(Epheser 5,16)

Vorurteile

Nicht weit von einem berüchtigten Klub entfernt waren drei Straßenarbeiter in einer Baustelle beschäftigt. So konnten sie genau sehen, wer so alles den Klub besuchte. Ein stadtbekannter Politiker ging in das anrüchige Haus. „Na ja, was kann man von denen schon erwarten", sagt der eine Bauarbeiter. Dann müssen sie sehen, wie auch der jüdische Rabbi das Haus aufsucht. „Das überrascht mich nicht", sagt der andere Bauarbeiter. Schließlich sehen sie auch einen buddhistischen Mönch in den Klub gehen. „Sieh an, die sind auch nicht besser", sagt der dritte Bauarbeiter. Und dann sehen sie den katholischen Priester ihrer Ortsgemeinde sein Gesicht verdeckend in das Haus schlüpfen. „Ist das nicht schrecklich", sagten sie alle drei, „eines der Mädchen muss im Sterben liegen, dass unser Priester kommen muss." Sehen wir, was wirklich ist? Oder sehen wir, was wir sehen wollen, bei den einen das Schlechte, bei den anderen das Gute? Kann manches einfach deswegen nicht sein, weil wir es nicht wahrhaben wollen?

„Die Liebe freut sich nicht über die Ungerechtigkeit, sie freut sich aber an der Wahrheit; sie erträgt alles, sie glaubt alles, sie hofft alles, sie duldet alles!"

(1. Korinther 13,6f)

Er wird's wohl machen

Paul Gerhardt (1607–1676) wurde 1667 nach zehn Jahren Pfarrertätigkeit an St. Nikolai in Berlin seines Amtes enthoben, weil er als überzeugter Lutheraner dem Toleranzedikt des Großen Kurfürsten nicht zustimmen konnte. Er verließ Berlin und reiste durchs Land, ohne zu wissen, wohin er sich wenden könnte. Seine Frau war untröstlich und völlig aufgelöst. Paul Gerhardt versuchte sie vergeblich mit guten Worten aufzumuntern. Schließlich las er ihr sein berühmtes Lied „Befiehl du deine Wege" vor. Aber seine Frau war von Kummer und Sorge ganz krank. Da trafen sie in einem Gasthaus zwei Gesandte des Herzogs Christian zu Merseburg. Sie kamen ins Gespräch und mussten hören, dass die beiden nach Berlin unterwegs waren, um einen entlassenen Pfarrer Paul Gerhardt nach Merseburg einzuladen. Der Herzog von Merseburg unterhielt den entlassenen Pfarrer und verschaffte ihm 1669 das Archidiakonat zu Lübben in der Niederlausitz, wo Paul Gerhardt 1676 dann auch gestorben ist.

„Befiehl du deine Wege und was dein Herze kränkt
der allertreusten Pflege des, der den Himmel lenkt.
Der Wolken, Luft und Winden gibt Wege, Lauf und Bahn,
der wird auch Wege finden, da dein Fuß gehen kann!

Hoff, o du arme Seele, hoff und sei unverzagt!
Gott wird dich aus der Höhle, da dich der Kummer plagt,
mit großen Gnaden rücken; erwarte nur die Zeit,
so wirst du schon erblicken die Sonn der schönsten Freud!"

(Paul Gerhardt)

„Befiehl dem Herrn deine Wege und hoffe auf ihn, er wird's wohl machen!"

(Psalm 37,5)

Sind wir verloren?

Eine Fabel aus Indien erzählt von zwei Tauben, die in einem Feigenbaum wohnten. Die eine neigte zur Schwermut, sah alles düster, hatte kein Vertrauen in das Leben und befürchtete ständig ein Unglück. Gerade jammerte sie der anderen Taube vor: „Schau, unsere letzte Stunde ist gekommen, siehst du dort unten den Schützen mit Pfeil und Bogen? Er legt sicher schon auf uns an und gleich wird er uns erlegen. Und über uns kreist schon der räuberische Falke, um sich auf uns beide zu stürzen. Wir sind verloren, es gibt kein Entrinnen." – „Warum machst du dir so viele dunkle und schwere Gedanken? Lebe das Leben, solange es gut ist. Die Not kann sich so schnell wenden, und riesige Berge von Schwierigkeiten können in einem Augenblick zerfallen. Hab Vertrauen!"
In diesem Augenblick biss eine Schlange den Schützen in den Fuß. Erschrocken schoss er den Pfeil in die Luft. Der traf den Falken und durchbohrte ihn. Und die beiden Tauben flogen fröhlich davon.

„Bleibe fromm und halte dich recht; denn einem solchen wird es zuletzt gut gehen!"

(Psalm 37,37)

Ob Hoffnung ist

Manchmal trete ich vor die Tür,
atme aus und ein, reibe die Augen,
halte Ausschau, ob Hoffnung ist.
Ich beobachte die Luft,
stelle die Färbung des Windes fest,
bestimme den Stand der Sonne
über meinem Haus,
prüfe die Verlässlichkeit der Straße.
Wo soll ich es ablesen?
Die Freundlichkeit der Passanten
ist veränderlich.
Auch die Zeitungsfrau
bringt keine Gewissheit.
Oder sollte es
am eigenen Herzschlag liegen,
am Zustand des Magen-Darm-Systems,
am Kalziumgehalt meiner kleinen Philosophie?
Die Fenster der Nachbarschaft
gucken verdächtig.
Da denke ich dann an den,
der noch im Aberglauben den Glauben sah,
die heimliche Hand nicht zurückwies,
die sein Gewand berührte,
nur sein Gewand,
um zu sehen, ob Hoffnung ist,

und greife blind in den Morgen.

(Detlev Block)

„Herr, frühe wollest du meine Stimme hören, frühe will ich mich zu dir wenden und aufmerken."

(Psalm 5,4)

Fachlich und menschlich

Ein Abteilungsleiter sagt von seinem Direktor: „Fachlich ist er ein Ass, menschlich ist er ein Aas!"
Wir haben uns daran gewöhnt, bei Führungskräften in Politik, Wirtschaft und Kultur die fachliche Kompetenz von der menschlichen Stärke zu trennen. Und ehrlich gesagt, wäre uns doch bei einer schwierigen Operation ein fachlich guter Chirurg lieber als ein netter Mensch. Und in der Bank wäre eine sehr gute Beratung wichtiger als die charakterliche Qualität einer Bankkauffrau. Mit wem ein Vorstand einer Firma seine Abende und wie seine Nächte verbringt, wie er zu Hause lebt und seine Kinder versteht, interessiert niemanden – Hauptsache, er macht seinen Job besser als andere.
Und doch geht von Menschen, die im beruflichen und persönlichen Bereich gleichermaßen gut und kompetent sind, eine große Anziehung aus. Gerade wir Christen sollten als ganze Person und in allen Bereichen unseres Lebens, am Arbeitsplatz, in der Familie, in der Freizeit und im Urlaub, immer als ganze Menschen von Christus geprägt und an ihm orientiert sein. Wir wollen unser Leben nicht aufspalten in verschiedene Bereiche, sondern in allen Feldern des Lebens Gottes Willen ausleben und uns als seine Leute erweisen. Denn genauso fragwürdig wäre ein anderes Urteil: „Menschlich ist er ein lieber, frommer Kerl, fachlich ist er ein Versager!" Versuchen wir in allem so gut wie möglich zu sein, ohne den Druck des Perfektionismus, aber mit der erlösten Freude daran, dass für Gott immer das Beste gut genug ist.

„So lasst euer Licht leuchten vor den Leuten, damit sie eure guten Werke sehen und euren Vater im Himmel preisen!"

(Matthäus 5,16)

Ins Gebet nehmen

Jemanden mal ordentlich ins Gebet nehmen bedeutet, jemanden energisch zurechtweisen, ihm Vorhaltungen machen oder ihm ins Gewissen reden. Es gibt unterschiedliche Erklärungen für diese Redensart. Einmal könnte sie aus der Beichtpraxis stammen, wenn nämlich der Beichtvater dem Beichtenden nach dem Sündenbekenntnis Gebete vorsprach, in die er den reuigen Sünder mit hineinnahm. Eine andere Erklärung wäre der mittelalterliche Brauch, in das Gebet den Tadel für bestimmte Verfehlungen hineinzunehmen. Und noch eine ganz andere Erklärung denkt an das alte plattdeutsche Wort „Gebett" für Gebiss, das man schwierigen Pferden anlegte: man zügelte sie, indem man sie ins „Gebett" nahm. Das wäre dann der Redensart „Jemanden an die Kandare nehmen" ähnlich. Denn Kandare ist ebenfalls die Gebissstange am Pferdezaum, mit der man die Pferde leitet. Wie auch immer man die Redensart erklärt, am schönsten wäre sie ganz wörtlich und dann positiv verstanden: Jemanden mit in das Gebet, in die Fürbitte nehmen. Das wäre das Beste, was wir füreinander tun könnten. Wen möchte ich heute mal ordentlich ins Gebet nehmen?

„Ich ermahne euch aber durch unseren Herrn Jesus Christus und durch die Liebe des Geistes, dass ihr mir kämpfen helft durch eure Gebete für mich zu Gott!"

(Römer 15,30)

Reden und Schweigen

Zu einem griechischen Gelehrten kam einst ein junger Mann, um sich von dem berühmten Weisen in der Redekunst ausbilden zu lassen. Zur Probe nahm der Gelehrte den jungen Mann in seine Rhetorikklasse auf. Der Junge redete pausenlos, unterbrach seine Mitschüler und manchmal sogar den Lehrer. Nach der Probezeit bot der Weise dem Jungen an, ihn auszubilden, forderte aber das doppelte Honorar. Der junge Mann meinte darauf, dass er doch schon so gut reden könne, und warum er dann doppelt so viel zahlen müsse. Und der Weise erklärte ihm: „Du musst nicht nur das rechte Reden noch lernen, sondern vor allem das rechte Schweigen. Darum das doppelte Honorar!"

„Denn so spricht Gott der Herr, der Heilige Israels: Wenn ihr umkehrt und stille bliebet, so würde euch geholfen; durch Stillesein und Hoffen würdet ihr stark sein. Aber ihr wollt nicht!"

(Jesaja 30,15)

Selbstverliebt

Eine alte Sage erzählt von Narziss, dem schönen Jüngling. Jeden Tag geht er zu einem Teich, um seine Schönheit im Spiegelbild des Wassers zu sehen und sich zu bewundern. Er ist von seiner Schönheit so fasziniert, dass er eines Tages beim Betrachten das Gleichgewicht verliert, in den Teich stürzt und ertrinkt. An jener Stelle im Teich wächst nun eine Blume, die den Namen Narzisse bekommt.

Aber die Sage weiß auch noch einen anderen Schluss, nämlich, dass der Teich nun so traurig war, dass seine Tränen den Süßwassersee in einen Teich aus salzigen Tränen verwandeln. Die Waldfeen fragen den Teich, warum er so sehr weine. „Ich trauere um Narziss!", sagt der Teich. „Ja, das verstehen wir", sagen die Feen, „du warst doch der Einzige, der die Schönheit des Narziss aus nächster Nähe bewundern konnte, wenn er sich täglich in dir beschaute!" – „Wohl weine ich um Narziss, aber dass er so schön war, habe ich nie bemerkt. Ich weine nur darum, weil sich, wenn er sich über mein Wasser beugte, meine Schönheit in seinen Augen spiegelte!"

Wie viele Male haben sich Menschen gar nicht wahrgenommen, weil sie sich so selbstverliebt im andern gesehen haben?

„Wie habt ihr das Eitle so lieb und die Lüge so gern!"

(Psalm 4,3b)

Zum Glück gibt es Gott

„Die einen sagen: Haltet Einkehr bei euch selbst,
dort werdet ihr Ruhe finden. Und das ist nicht wahr.

Die anderen sagen: Wendet euch nach außen,
sucht das Glück, indem ihr euch zerstreut. Und das ist nicht wahr.

Das Glück ist weder außer uns noch in uns;
es ist in Gott!"

(Blaise Pascal)

Wenn Gott unser Glück ist, wird es auch tief in uns einziehen, und wir werden mit ihm weit hinausziehen in die Welt.

So spricht der Herr: „Tretet hin an die Wege und schauet und fragt nach den Wegen der Vorzeit, welches der gute Weg sei, und wandelt darin, so werdet ihr Ruhe finden für eure Seele!" Aber sie sprechen: „Wir wollen es nicht tun!"

(Jeremia 6,16)

Peinlich

Die Sensationslust der Menschen treibt die Reporter der Boulevard-presse zu immer dreisteren Tricks, um nahe an Katastrophen und Unfälle heranzukommen. In einer Kleinstadt liefen alle Menschen auf der Straße zusammen, weil es einen Unfall gegeben hatte. Der Zeitungsreporter konnte durch die dicke Traube von Menschen nicht durchkommen, um zu sehen, was geschehen war. Da kam ihm ein rettender Gedanke. Er rief laut: „Ich bin der Vater des Opfers, bitte lassen Sie mich durch!"
Die Menge machte ihm Platz, sodass er direkt zur Unfallstelle gelangte. Und dort musste er, peinlich, peinlich, sehen, dass das Opfer ein Esel war.

„Siehst du einen, der schnell ist zum Reden, da ist für einen Toren mehr Hoffnung als für ihn!"

(Sprüche 29,20)

Jetzt geht es aber rund!

„Jetzt geht es aber rund!", sagte der Spatz und flog in den Ventilator.
„Jetzt geht es aber rund!", sagen wir Menschen und sind am Ende
ganz zerfetzt.
Wir ängsten und ärgern, albern und altern,
brennen und beißen, bitten und bangen,
chauffieren und charmieren,
dünkeln und dackeln, denken und ducken, drehen und deichseln,
eilen und eifern, ekeln und erregen,
fliegen und fahren, flüchten und fluchen,
geizen und gieren, gammeln und gaffen,
hetzen und hasten, hamstern und horten,
intrigieren und inhalieren,
jagen und jammern, jetten und juchzen,
kaufen und keifen, kuren und küren,
lärmen und laufen, leiden und lachen, lauern und locken,
mimen und meckern, machen und meinen,
neiden und nörgeln, necken und naschen,
ochsen und ordnen, offerieren und opponieren,
plappern und plauschen, pokern und powern,
quengeln und quasseln,
reisen und rasen, rennen und raffen,
sausen und süffeln, sagen und sabbeln,
schmausen und schmusen, schachern und scherbeln,
timen und trimmen, trinken und tanzen,
unken und üben,
verzehren und verkommen, vermarkten und verprassen,
wagen und wissen, weichen und wanken,
zittern und zagen, zaudern und zögern, zweifeln und zwingen!

Jesus sagt: „Wenn ihr müde vom Umherlaufen und kaputt vom ver-
geblichen Rennen seid, kommt her zu mir, ich gebe euch Ruhe und
Leben. Denn ich bin gekommen, dass ihr Leben und volle Genüge
habt!"

(Johannes 10,10)

Gott zu Besuch

Ein frommer Rabbi pflegte jeden Tag in den Tempel zu gehen. Da überkam ihn eines Tages der Wunsch, Gott zu begegnen. Und er trug auch gleich seine Bitte im Tempel vor: „Seit Jahren, Herr, komme ich täglich hierher. Jetzt wäre es mir recht, wenn du auch mal in mein Haus kommen würdest und mich besuchtest!"
Da antwortete Gott: „Geht in Ordnung. Morgen komme ich! Mach alles bereit!"

Der fromme Rabbi lief eiligst nach Hause und traf alle Vorbereitungen für den Besuch. Er scheute keinen Aufwand und keine Mühe.
In aller Frühe des nächsten Tages, als das ganze Haus schon nach Sauberkeit, Kuchen und Süßspeisen duftete, kam ein kleiner Junge vorbei und bat um ein Stückchen Kuchen. Der Rabbi versuchte zu beschwichtigen: „Morgen, mein Junge, morgen sollst du deinen Kuchen bekommen. Heute, nein, das geht nicht; heute kommt Gott zu Besuch!" Und er schickte den kleinen Störenfried weg. Aber Gott schien es an diesem Tag gar nicht so eilig zu haben; er ließ lange auf sich warten. Mitten hinein in diese erwartungsvolle Atmosphäre platzte ein müder Wanderer. Es war schon Mittag geworden, und er hatte Hunger. „Nein, heute nicht!", beschied ihm der fromme Rabbi, „weißt du, heute kommt Gott; da störst du bloß!" Der Tag neigte sich dem Ende zu, und Gott ließ immer noch auf sich warten. Als die Spannung schier unerträglich wurde, klopfte ein verschmutzter, kranker Bettler an die Tür. Auch er bekam vom frommen Rabbi eine Abweisung: „Bitte, heute nicht. Morgen, wenn du willst, aber bitte nicht heute! Heute kommt Gott. Er muss jede Minute hier eintreffen. Geh, du störst bloß!"

Aber Gott kam nicht – nicht an diesem Tag. Und voller Zorn und Enttäuschung legte sich der fromme Rabbi schlafen. Am nächsten Morgen war seine Wut noch nicht verraucht, und er überhäufte Gott im Tempel mit derben Anklagen und zornigen Vorwürfen: „Seit Jahr und Tag komme ich hierher. Ist es da zu viel verlangt, wenn du ein einziges Mal zu mir kommen sollst?!"

Doch Gott antwortete: „Was willst du denn? Dreimal war ich gestern bei dir. Dreimal hast du mich wieder weggeschickt!"

(Eine jüdische Parabel)

„Dann wird er ihnen antworten und sagen: Wahrlich, ich sage euch: Was ihr nicht getan habt einem von diesen Geringsten, das habt ihr mir auch nicht getan!"

(Matthäus 25,45)

Gute und böse Einsamkeit

Wenn man nicht alleine sein kann, nicht zu sich selber findet und immer auf andere angewiesen ist, wenn man bei anderen Beifall und Bestätigung sucht, wenn man sich anderen anpasst und nach ihrem Urteil richtet, wenn man immer nur ankommen und akzeptiert sein will, wird es Zeit, die gute Einsamkeit zu lernen.

Gute Einsamkeit ist, wenn man mit sich versöhnt und eins ist, für sich selber wählen und entscheiden und sich aus sich selbst verstehen und annehmen kann. Gute Einsamkeit ist das Bewusstsein, ein Same zu sein, den Gott in dieses Leben ausgesät hat, ein Same, der unvergleichlich ist und auf dem Boden der Liebe Gottes seine Frucht bringen wird. Gute Einsamkeit ist, wenn man mit sich selbst und Gott Frieden hat und die Gemeinschaft nicht zur eigenen Befriedigung und Bestätigung missbraucht. Gute Einsamkeit ist für jede Form der Gemeinsamkeit ein Segen und niemals eine Belastung.

Wenn man gut alleine sein kann, selbstbewusst und mit sich eins ist, wenn man mit seiner Einsamigkeit und Einmaligkeit versöhnt ist und andere nicht braucht zur Rechtfertigung und Erfüllung des eigenen Lebens, dann muss man sich hüten vor der bösen Einsamkeit.

Die böse Einsamkeit entzieht und verweigert sich anderen. Böse Einsamkeit sucht die innere und äußere Unabhängigkeit. Sie will nicht teilen, nicht teilhaben und teilgeben. Böse Einsamkeit ist oft zur Selbstverliebtheit verkommenes Selbstbewusstsein. Und aus der Einmaligkeit wird dann die kauzig besondere und fremde Persönlichkeit. Böse Einsamkeit will die gute Vernetzung des Lebens nicht gelten lassen und spinnt sich im Netz der eigenen Vorstellungen abartig ein.

Die gute Einsamkeit wollen wir lernen. So werden wir erst richtig gemeinschaftsfähig. Und die böse Einsamkeit wollen wir meiden, denn nur dann bleiben wir richtige Menschen und Mitmenschen!

„In einem jeden offenbart sich der Geist zum Nutzen aller!"

(1. Korinther 12,7)

Die Hölle

Es war einmal ein Mann. Der starb und fand sich in einem herrlichen Palast wieder. Ihn umgaben Köstlichkeiten aller Art. Jede Art von Entspannung und Vergnügen war möglich. Diener in zauberhaftem Livree ermutigten ihn: Sie können hier alles kostenlos und sofort genießen, alle Speisen, alle Vergnügen, jede Form der Unterhaltung. Der Mann genoss voller Freude all die Delikatessen und Vergnügungen, von denen er zu Lebzeiten nur träumen konnte.

Nach einigen Wochen wurde dem Mann so übel und er fand alles so langweilig, dass er einen Diener bat: Bringen Sie mir bitte irgendeine Art sinnvoller Beschäftigung, etwas Schönes zu tun, eine Herausforderung! Der Diener antwortete traurig: Das tut mir leid, hier gibt es leider keinerlei Aufgaben oder Arbeit zu vergeben. Darauf sagte der Mann ganz empört: Das ist ja eine schöne Bescherung. Da könnte ich ja ebenso gut in der Hölle sitzen und schmachten! Und der Diener antwortete vorsichtig: Was meinen Sie, wo Sie hier sind?

„Und der Herr, unser Gott, sei uns freundlich und fördere das Werk unserer Hände bei uns. Ja, das Werk unserer Hände wollest du fördern!"

(Psalm 90,17)

Der höchste Berg

Was ist der Gipfel der Freude, wo liegt die höchste Zuspitzung des Glücks, was ist die erhabenste Erfüllung des Lebens, und wo wohnt der Himmel auf Erden? Es gibt einen besonderen Ort, den höchsten und besten Berg, die absolute Spitze und den Gipfel aller Sehnsucht: die Liebe! Dieser heilige und gesegnete Berg hat etwas Besonderes. Wer ihn erreicht hat und die höchste Freude und letzte Erfüllung gefunden hat, hat nur einen Wunsch: hinabzusteigen in die Niederungen des Lebens und mit denen die Tage zu teilen, die in der Tiefe der Not und Last, der Sorge und Schmerzen, der Tränen und Leiden, der Enttäuschungen und Einsamkeiten wohnen. Bin ich auch schon auf dem besonderen Berg, und zu wem kann ich heute mit Liebe kommen? Das Wasser und die Liebe haben eines gemeinsam, sie suchen immer die tiefste Stelle.

„Seid so unter euch gesinnt, wie es auch Christus war: Er, der in göttlicher Gestalt war ..., entäußerte sich selbst und nahm Knechtsgestalt an ... Er erniedrigte sich selbst und ward gehorsam bis zum Tode, ja bis zum Tode am Kreuz!"

(Philipper 2,5-8)

Gegen das Böse

Ein englisches Märchen erzählt, dass der Mond erfahren hatte, dass, wenn er nachts nicht leuchtete, die bösen Mächte über die guten Kräfte siegen würden. Im Moor würden dann die Geister und Dämonen die Menschen vom Weg ab und ins Verderben bringen. Der Mond konnte das kaum glauben und machte sich verhüllt auf den Weg zur Erde, um das zu überprüfen.

Im Moor angekommen, musste der verhüllte Mond spüren, wie die bösen Mächte ihn in das Wasser und die Tiefen ziehen wollten. Er führte einen heftigen Kampf mit den dunklen Mächten. Da kam ein Mensch näher, der in der Dunkelheit auch in Gefahr geriet. Als der Mond ihm helfen und vor dem Verderben retten wollte, verrutschte seine Kapuze und es wurde mondhell, sodass der Mensch seinen Weg finden und sein Leben retten konnte.

Der Mond aber hatte, so entblößt und erkannt, alle seine Kraft verloren und wurde von den Geistern und Dämonen in die Tiefe gezogen. So blieben nun die Nächte dunkel und immer mehr gewann das Böse die Oberhand. Da erinnerte sich der Mann an die nächtliche Begegnung mit dem Mond. Mit noch anderen Helfern machten sie sich auf, um den Mond im Moor zu suchen und ihn zu befreien. Aus einem Wasserloch leuchtete ihnen ein kleiner Teil des Mondes entgegen. Mit aller Kraft holten sie den Mond unter einem schweren Stein aus der Tiefe hervor, befreiten so den freundlichen Helfer der Nacht, und es wurde wieder hell und auch für Menschen sicher und gut.

„Denn wir haben nicht mit Fleisch und Blut zu kämpfen, sondern mit Mächtigen und Gewaltigen, nämlich den Herren der Welt, die in dieser Finsternis herrschen, mit den bösen Geistern unter dem Himmel. Deshalb ergreift die Waffenrüstung Gottes, damit ihr an dem bösen Tag Widerstand leisten und alles überwinden und das Feld behalten könnt!"

(Epheser 6,12f)

Verrückte Gesellschaft

Wir sind eine verrückte Gesellschaft. Wir setzen uns und einander unter enormen Leistungsdruck. Von der Einschulung bis zur Berentung müssen wir immer mehr, besser und schneller schaffen und Hochleistung bringen. So geraten wir unter erheblichen Erfolgsdruck und bald auch unter Zeitdruck. Wir müssen funktionieren, und zwar rasch und effektiv. Und weil wir den Leistungsdruck fast nicht mehr ertragen, setzen wir uns dann unter den Erlebnisdruck der Zerstreuung. Wir müssen immer mehr, besser und schneller erleben. Spaß, Abenteuer und Vergnügen reihen sich immer schneller aneinander. Die Angst, etwas zu verpassen, setzt uns mächtig unter Druck. Erlebnis und Zerstreuung heißen die Zauberworte, leisten und sich was leisten die Maximen, leistungsfähig und genussfähig die Werte. Leistung und Erlebnis stehen zudem beide unter dem Druck der vergehenden Zeit. In die paar Jahre müssen immer mehr Ergebnisse und Erlebnisse hinein. Wer sich über seine Leistung und seine Erlebnisse definiert, findet eben nicht die Stillung seiner Sehnsucht, sondern gerät in die Unzufriedenheit und Abhängigkeit.

„Siehe, meine Tage sind eine Handbreit bei dir, und mein Leben ist wie nichts vor dir. Wie gar nichts sind alle Menschen, die doch so sicher leben, sie gehen daher wie ein Schatten und machen sich viel vergebliche Unruhe; sie sammeln und wissen nicht, wer es einbringen wird!"

(Psalm 39,6f)

43

Blinde Wächter

Eine Geschichte aus der alten UdSSR erzählt, dass in einer Tischlerei von den Arbeitern immer mehr Werkzeuge und Material gestohlen wurden. Deshalb wurde am Tor ein Wachposten aufgestellt. In der ersten Nacht kommt Petrowitsch mit einem verdächtig großen Sack auf einer Schubkarre aus der Werkstatt. „Was haben Sie da?", ruft der Wächter. „Es sind nur Hobelspäne!", erwidert Petrowitsch. Der Wächter lässt den Sack ausleeren. Und tatsächlich waren nur Hobelspäne in dem Sack. Das wiederholte sich nun jede Nacht. Ein großer Sack auf einer Schubkarre, aber immer nur Hobelspäne. Schließlich wurde der Wächter wütend und voller Zorn packte er den Arbeiter: „Ich weiß, dass Sie etwas im Schilde führen, und es macht mich ganz verrückt, dass ich nicht weiß, was es ist. Ich werde Sie gehen lassen, wenn Sie mir sagen, was Sie hier jede Nacht stehlen!" Petrowitsch lächelte und antwortete: „Schubkarren!"

„So spricht der Herr über die Hirten seines Volkes: Alle ihre Wächter sind blind, sie wissen alle nichts!"

(Jesaja 56,10)

Alleinsein

Mit Recht fürchten wir das Alleinsein. Schon Gott hat ganz am Anfang über uns gemeint: „Es ist nicht gut, dass der Mensch allein sei!" Und so haben es Menschen auch immer als bedrückend empfunden, wenn sie ganz allein waren.

Aber als Ergänzung zum Miteinander und von der Urbedeutung des Wortes her verliert das Alleinsein das Bedrückende. Im Ursinn bedeutet Alleinsein: All-eins-Sein! Einmal wäre das, dass in mir alles eins ist: Leib und Seele, Gabe und Grenze, Arbeit und Ruhe, Sein und Schein, Fernweh und Heimweh, Wahrheit und Liebe, Herkunft und Zukunft. Bin ich mit allem in mir eins und versöhnt? Wer so mit sich eins und identisch ist, kann gut allein und ebenso mit anderen zusammen sein.

Zweitens hieße es, mit allen eins zu sein. Ohne Groll und Hass auf andere, ohne jemanden zu beneiden oder zu verachten, die tiefe Solidarität mit allen Menschen zu empfinden. So anders andere Menschen sind, ich kann mit mir und zugleich auch mit allen versöhnt und eins sein.

Und drittens wäre es auch, mit dem All, also mit Gott und seinem Weltall, eins zu sein. Mit Gott und seiner Schöpfung, mit Jesus und seinem Heil, mit der Geschichte und ihrer Verheißung und mit der Kreatur und ihrer Sehnsucht nach letzter Erlösung eins zu sein.

Ein solches All-eins-Sein mit allem in mir, mit allen anderen und mit Gott, in dem alles zusammengefasst ist, wäre eine Gestalt des Alleinseins ohne Schrecken, aber mit viel Zauber und die beste Voraussetzung für ein gelingendes Miteinander.

„Denn in ihm ist alles geschaffen, was im Himmel und auf Erden ist, das Sichtbare und das Unsichtbare, es seien Throne oder Herrschaften oder Mächte oder Gewalten, es ist alles durch ihn und zu ihm geschaffen. Und er ist vor allem, und es besteht alles in ihm."

(Kolosser 1,16f)

Schwach und stark

Eine Eiche wächst an einem Fluss in vielen Jahren zu einem starken Baum heran. Wie viele Widrigkeiten und Gefahren, Erschütterungen und Belastungen hat sie schon überstanden! Aber eines Tages tobt ein so heftiger Sturm und reißt mit solcher Wucht an Stamm, Ästen und Zweigen, dass alle Gegenwehr der Eiche vergeblich ist. Alle Kräfte hat sie mobilisiert, um gegen den Sturm zu bestehen, aber schließlich wird sie entwurzelt und stürzt in ihrer ganzen Größe in den Fluss. Als sich die Eiche vom Sturz erholt und ein wenig umgeschaut hat, sieht sie erstaunt die zarten Schilfrohre unversehrt am Ufer stehen. Und voller Verwunderung fragt sie die dünnen Halme, wie sie einen solchen Sturm haben überleben können. Die Schilfrohre sagen dem Baum: „Wir sind schwach. Wir können gegen einen solchen Sturm nicht kämpfen. Vielleicht hast du dich zu sehr angestrengt, hast verbissen gekämpft und dich völlig verkrampft. Wir lassen uns vom Sturm biegen, aber nicht knicken. Wir kämpfen nicht, wir fügen und wiegen uns. Und irgendwann hört der Sturm auf. Und so überleben wir."

„Der Herr wird für euch streiten, und ihr werdet stille sein!"

(2. Mose 14,14)

Können Perlen traurig machen?

Ein Beduine verirrte sich in der Wüste. Tagelang irrte er umher, erlitt die glühende Hitze und nachts die klirrende Kälte. Völlig entkräftet drohte er zu verhungern, und die Todesangst packte den verzweifelten Mann. Da entdeckte er eine verlassene Lagerstätte, an der Kaufleute mit ihren Kamelen gerastet haben mussten. Mit letzter Kraft untersuchte er den Ort und fand ein kleines Ledersäckchen. Mit großer Hoffnung betastete und öffnete er den kleinen Beutel aus feinem Leder und hoffte darin etwas Essbares, vielleicht Mandeln oder Nüsse zu finden. Doch dann erschrak er, denn er fand nur Perlen und war unendlich traurig.

(Nach einem arabischen Märchen)

Es gibt viele kostbare Perlen, die das Leben bereichern: Kultur und Bildung, gute Bücher und schöne Musik, Reichtum und Ehre, Erfolg und Ansehen, Reisen und Abenteuer, Haus und Garten, Natur und Technik. Aber an den Grenzen des Lebens, wenn wir am Verhungern und Verdursten sind an Leib und Seele, machen sie oft nur traurig. Dann brauchen wir Brot und Wasser des Lebens.

„Jesus aber sprach zu ihnen: Ich bin das Brot des Lebens. Wer zu mir kommt, den wird nicht hungern; und wer an mich glaubt, den wird nimmermehr dürsten!"

(Johannes 6,35)

Ich will zum Verbinden

Jeden Samstag wurde bei uns zu Hause Wasser in einem großen Topf auf dem Küchenherd zum Kochen gebracht, eine Zinkwanne auf zwei Küchenstühle gestellt und mein Bruder und ich einmal in der Woche eingeweicht und abgeschrubbt. Was machen zwei Jungen im Alter von 4 und 6 Jahren, bis das Wasser heiß und die Prozedur fällig ist? Sie vergnügen sich mit einer Handtuchschlacht. Wir tobten durch die Wohnung. Jeder hatte in sein Handtuch einen dicken Knoten gemacht und dann ging die Post ab.

Mein Bruder blieb mit seinem Handtuch so unglücklich im Griff des Topfes hängen, dass er sich das kochend heiße Wasser über den Rücken zog. Er war sofort bewusstlos und wurde in ein Krankenhaus gebracht. Dort lag er – damals, 1946, ohne große ärztliche Möglichkeiten – über ein halbes Jahr und rang mit dem Tod. Als er schließlich nach Hause kam, war der ganze Rücken vom Nacken bis zum Gesäß eine einzige eitrige Wunde, die täglich neu verbunden werden musste. Nachts, wenn die Schmerzen für ihn unerträglich wurden, wimmerte, weinte und schrie er über das ganze Haus: „Ich will zum Verbinden. Ich halt's nicht mehr aus. Ich will zum Verbinden!"

Nie werde ich diese Schreie vergessen, und es ist mir so, als wenn die ganze Menschheit und alle Kreaturen nach Heilung und Linderung, Behandlung und Genesung schreien. Wir müssen zum Verbinden, zum Arzt und Heiland unseres Lebens!

„Ihre Wege habe ich gesehen, aber ich will sie heilen und sie leiten und ihnen wieder Trost geben; und denen, die da Leid tragen, will ich Frucht der Lippen schaffen. Friede, Friede denen in der Ferne und denen in der Nähe, spricht der Herr; ich will sie heilen!"

(Jesaja 57,18f)

Keiner sucht mich

Rabbi Baruchs Enkelkind spielte einst mit anderen Jungen Verstecken. Er suchte ein besonders gutes Versteck und verbarg sich sorgsam. Dort wartete er, dass ihn sein Spielkamerad suche und ob er ihn wohl finden könne. Als er sehr lange dort gesessen und niemand ihn gefunden hatte, kam er aus seinem Versteck hervor, und da musste er überrascht feststellen, dass ihn überhaupt niemand gesucht hatte. Weinend kam er in die Stube des Großvaters gelaufen und beklagte sich über seine Spielkameraden: „Keiner sucht mich", sagte er immer wieder unter Tränen. Da weinte auch Rabbi Baruch und sagte zu dem Jungen: „So spricht Gott auch: Ich verberge mich, aber keiner sucht mich!"

(Nach Martin Buber)

„Suchet den Herrn, solange er zu finden ist; rufet ihn an, solange er nahe ist."

(Jesaja 55,6)

Äußere und innere Verwandlung

Eine alte indische Fabel erzählt von einer Maus, die in großer und ständiger Angst vor der Katze lebte. Ein Zauberer hatte Erbarmen mit der ängstlichen Maus und verwandelte sie in eine Katze. Aber nun hatte die Katze eine ständige Angst vor dem Hund. Also verwandelte der Zauberer sie in einen großen Hund. Doch nun als Hund fürchtete sie den Panther. Und der Zauberer verwandelte sie in einen schwarzen Panther. Doch nun hatte sie solche Angst vor dem Jäger.

Da gab der Zauberer auf, verwandelte sie wieder in eine Maus und meinte: „Dir wird keine äußere Verwandlung helfen, denn du hast immer das Herz einer Maus!"

Welche Rolle auch immer wir im Leben der Gesellschaft einnehmen, wir bleiben im Herzen immer dieselben Menschen. Es sei denn, wir könnten innen verwandelt und mit einem neuen Herzen beschenkt werden.

„Und ich will ihnen ein anderes Herz geben und einen neuen Geist in sie geben und will das steinerne Herz wegnehmen aus ihrem Leibe und ihnen ein fleischernes Herz geben!"

(Hesekiel 11,19)

Die Freude, Freude zu machen

Elisabeth von Thüringen hatte als Witwe vor den Toren der Stadt Marburg ein Hospital gegründet und pflegte darin Kranke und Arme. Eines Tages erhielt sie zu ihrer eigenen Versorgung zweitausend Mark in Silber vom Landgrafen Heinrich Raspe. Sogleich beschloss sie, ein Viertel der Summe an Arme zu verteilen, und ließ bekannt machen, alle Notleidenden der Umgebung sollten sich an einem bestimmten Tag im Hospital einfinden.

Als der Tag herangekommen war, versammelte sich eine große Schar von Armen, Kranken und bedürftigen Alten im Hof des Hospitals. Während des ganzen Tages verteilte Elisabeth das Geld und tröstete und ermutigte die Leute. Am Abend blieben noch viele Schwache und Alte da, denn der Heimweg am gleichen Tag war ihnen zu beschwerlich. Elisabeth ließ mitten im Hof ein großes Feuer anzünden, damit sich alle wärmen konnten. Dann wurden sie gewaschen und gespeist. Die geschundenen und verhärteten Menschen spürten, dass ihnen nicht bloß ein Almosen gegeben wurde, sondern ihnen Liebe und Herzlichkeit begegnete. Sie fühlten sich als eine große Familie und sangen und lachten. Da sagte Elisabeth zu ihren Gefährtinnen: „Seht, ich habe immer gesagt, man muss die Menschen froh machen."

(Aus Legenden der Christenheit)

„Freuet euch in dem Herrn allewege, und abermals sage ich: Freuet euch! Eure Güte lasst kund sein allen Menschen! Der Herr ist nahe!"
(Philipper 4,4f)

Es geht auch einfach

In grauer Vorzeit beklagte sich einst ein mächtiger König, dass der harte, unebene und bisweilen steinige Boden seines Reiches seinen Füßen Schmerzen bereite. Und so befahl er, das ganze Land mit dicken Kuhhäuten auszulegen.

Als sein Hofnarr von solchem Vorhaben hörte, lachte er den König aus, nannte ihn einen viel größeren Narren: „Was für eine total verrückte Idee, Eure Majestät! Warum solch ein unnützer Aufwand? Lasst Euch zwei kleine Stücke weicher Kuhhaut zurechtschneiden und unter Eure Füße binden, so habt Ihr die gleiche Wirkung!"

Das tat der König, und so wurden die Schuhe erfunden.

„Niemand betrüge sich selbst. Wer unter euch meint, weise zu sein in dieser Welt, der werde ein Narr, dass er weise werde!"

(1. Korinther 3,18)

Nur die Liebe zählt

Sie hieß Miriam, die Bitternis, aber sie war ein Sonnenschein.
Sie war mit einem Downsyndrom behindert, aber sie hatte mehr Herz und Gefühl als viele andere Menschen. Sie war klein im Wuchs, aber groß in der Zuneigung und Empfindsamkeit. Sie hatte ihre Grenzen, aber sie hatte das Größte, was Menschen brauchen und erfahren: Sie wusste sich von Gott, ihren Eltern und Freunden wirklich geliebt. Sie wurde nur 21 Jahre alt, aber sie hat mehr gelebt als viele mit 91 Jahren. Ihr Leben war kurz, aber wesentlich, richtig und intensiv.
Ihre Lebensgeschichte war eine Erfolgsgeschichte besonderer Art: Sie konnte lesen und schreiben, musizieren und basteln, schwimmen und Rad fahren, Ski und Rollschuh laufen, in die Stadt fahren und einkaufen, sich behaupten und orientieren. Aber ihre Lebensgeschichte war noch mehr: eine Liebesgeschichte.
Auf einem großen Blatt Papier hatte sie – von 35 Herzen umrahmt – die Summe ihres Lebens aufgeschrieben: NUR DIE LIEBE ZÄHLT! Miriam schrieb mitten in die Herzen der Personen, denen ihre Liebe galt, ihren Eltern, Lehrerinnen und Lehrern, Schülerinnen und Schülern – „Ich liebe meine Klassenkameraden, so wie die sind!" – und dazu das Wichtigste, was Menschen je wissen, sagen und weitergeben können: „Nur die Liebe zählt!" Sie war ein krankes Kind und starb früh an einer Infektion, aber sie war ein Gotteskind und lebt ewig mit Jesus.
Hunderte Menschen zeigten bei der Trauerfeier, wie sehr sie Miriam in ihr Herz geschlossen, wie viel sie von ihr empfangen und wie viel sie mit ihr verloren hatten.
Sie ist nun am Ziel ihres Lebens. Und wir müssen schauen, dass wir es nicht verfehlen: „Nur die Liebe zählt!"

„Die Hauptsumme aller Unterweisung aber ist die Liebe aus reinem Herzen und aus gutem Gewissen und aus ungefärbtem Glauben!"
(1. Timotheus 1,5)

Das Leben

„Ach, Leben! Du bist interessant, manchmal fröhlich, oft sehr schmerzlich, aber so spannend wie ein Buch, das eine wahre Geschichte verkündet, eine Geschichte wahrer Freuden und Leiden, das nicht von erdachten Menschen handelt, die der Fantasie des Dichters entstammen, sondern von Menschen aus Fleisch und Blut. Manchmal möchte man das Ende gerne bald wissen, aber der Roman nimmt so gefangen, dass man sich von seinem Verlauf nicht losreißen kann, man kann nicht ein Kapitel auslassen, nicht eine Seite, ja nicht einen Buchstaben!" (Janusz Korczak)

Lassen wir keinen Buchstaben aus, keinen Moment, keinen Augenblick, keine Sekunde unseres Lebens, das wir nur einmal haben, das zu wertvoll ist, als dass wir es vertändeln und vertreiben. Carpe diem – pflücke den Tag wie eine reife Frucht, eine große Kostbarkeit und einen unwiederbringlichen Schatz.

„Fülle uns frühe mit deiner Gnade, so wollen wir rühmen und fröhlich sein unser Leben lang!"

(Psalm 90,14)

Liebe oder Lüge

Ein Facharbeiter wurde dringend von seiner Firma nach Hause gerufen, weil sein Vater im Sterben lag. Als einziger Sohn erhielt er drei Tage Sonderurlaub. Als der Mann nach stundenlanger Fahrt schließlich im Krankenhaus eintraf und auf die Intensivstation gebracht wurde, sah er sofort, dass der Mann, der dort in tiefer Bewusstlosigkeit mit Schläuchen und Kabeln an Geräten und Monitoren angeschlossen war, nicht sein Vater war. Irgendjemand hatte sich geirrt und einen falschen Arbeiter genannt. Der Mann fragte den Arzt, wie lange der Mann noch leben könnte.

„Nur noch ein bis zwei Stunden! Sie haben es gerade noch geschafft. Ihr Vater kann nicht sterben, bevor Sie nicht noch einmal bei ihm waren!" Der Mann nahm am Bett Platz und dachte an den Vater, der nur in der Hoffnung, seinen Sohn noch einmal zu sehen, am Leben war. Er griff nach der Hand des Sterbenden und sagte ihm leise ins Ohr: „Vater, ich bin da, ich bin gekommen, um dich noch einmal zu sehen!" Der Vater umklammerte die Hand, ein zufriedenes Lächeln blieb auf seinem Gesicht, bis er nach einer Stunde friedlich einschlief. Ist das eine Lüge oder eine Liebe oder beides?

„Die Liebe tut dem Nächsten nichts Böses. So ist nun die Liebe des Gesetzes Erfüllung!"

(Römer 13,10)

Nur ein Ton

„Ein kurzer, froher Gruß mag mein Letztes sein, was ich euch geben kann. Ich bin meine Straße fröhlich gegangen mitten durch alle Schrecknisse des Krieges hindurch, und ich bin reich geworden in all der Armut des stillen Heimwehs. Mein Letztes an euch kann nichts anderes sein als ein fröhliches Lobsingen, wie ein helles jubilierendes Osterlied: Ich habe seine Herrlichkeit gesehen! Christus ist mir wie ein Fels gewesen, wie ein Bruder, und gerade in den schweren Stunden war er mir so nahe, dass mir keine Welt und kein Tod eine Erschütterung sein konnte.

Wenn ich von euch scheiden muss, wenn ich nicht mehr heimkehren darf, dann weiß ich das eine so ganz gewiss: Ich darf in die Heimat, ich darf zu meinem Heiland. Mein Leben klingt nur in einem Ton aus, und der heißt: Lobe den Herrn, o meine Seele, und vergiss nicht, was er dir Gutes getan hat." (Werner Hennig, im Alter von 30 Jahren 1943 im Krieg gefallen)

„Dankbarkeit ist die Wachsamkeit der Seele gegen die Kräfte der Zerstörung!"

(Gabriel Marcel)

„Denn ich bin der Herr, dein Gott, der deine rechte Hand fasst und zu dir spricht: Fürchte dich nicht, ich helfe dir!"

(Jesaja 41,13)

Die Fußmatte

Während einer Gemeindewoche in einem kleinen Dorf fiel mir allabendlich ein großer Mann auf, der deutlich behindert, aber besonders aufmerksam war. Nach einem Vortrag über den Wert des Menschen kam er mit Tränen in den Augen zu mir. Ich hatte an dem Abend über die Augen der Liebe gesprochen, mit denen Gott besonders die schwachen, kleinen, verwundeten und geschundenen Menschen ansieht. In den Augen Gottes sind alle Menschen – unabhängig von Leisten, Können und Wissen – kostbare Schätze und grenzenlos geliebt. So kostbar und geliebt, dass Gott seinen einzigen Sohn für sie dahingibt. Das hatte den Mann, der im Alltag verachtet, zurückgesetzt und ausgeschlossen war, so beglückt und erfreut, aufgerichtet und ermutigt. Mit ungelenken Gebärden und schweren Worten machte der Mann mir verständlich, dass er zu gerne die Kassette mit dem Vortrag haben möchte, aber kein Geld habe. Ich nahm ihn in den Arm und schenkte ihm voller Freude die Kassette.

Am Abend darauf kam er mit einer großen Tüte in die Kirche und brachte hinterher unbeholfen und verschämt eine Fußmatte daraus hervor. In der Behinderteneinrichtung hatte er selbst diese Fußmatte hergestellt und schenkte sie mir. Viele Menschen hätten ihn wie eine Fußmatte behandelt und mit Füßen getreten, aber nun sei er ein kostbarer Schatz bei Gott. Nun war ich gerührt und von seinem Geschenk tief bewegt. Welch ein Wechsel von der Fußmatte zur Perle.

Sechzehn Jahre lang hat die unverwüstliche Matte vor unserer Haustür gelegen. Und bei jedem Betreten und Verlassen des Hauses hab ich an den behinderten Mann gedacht und ihm von Herzen gewünscht, dass er das nie vergisst, dass er bei Gott ein Juwel ist.

„Weil du in meinen Augen so wert geachtet und auch herrlich bist, habe ich dich herzlich lieb!"

(Jesaja 43,4)

Einsichten

„Wem das Wasser bis zum Hals steht, der sollte seinen Kopf nicht hängen lassen!" Das Sprichwort ist witzig und einsichtig, aber der Appell ist negativ begründet.

„Die Menschen werden vergehen vor Furcht, denn die Kräfte der Himmel werden ins Wanken geraten. Wenn aber dieses anfängt zu geschehen, dann seht auf und erhebt eure Häupter, weil sich eure Erlösung naht!", sagte Jesus einst zu seinen Jüngern. Seine Aufforderung ist positiv begründet, nicht mit dem Untergang, sondern mit der Erlösung.

Wir können die Schöpfung bewahren, weil wir ansonsten die Folgen zu spüren bekommen. Wir können sie aber auch bewahren aus Liebe zu Gott.

Wir können mit Armen und Notleidenden teilen, weil sie uns eines Tages mit in das Verderben hineinziehen könnten. Wir können aber auch helfen aus Liebe und um der anderen willen.

Wir können mit falschen Lebensweisheiten aufhören, weil wir sonst daran zugrunde gehen. Wir können auch auf Gott „aufhören" und seinem Maß und seiner Weisung folgen.

Wir können in die Gemeinde gehen, um der Einsamkeit zu entfliehen. Wir können aber auch, um den Leib Christi zu stärken und in der Welt sichtbar zu machen, uns in die Gemeinde einbinden lassen.

Lassen wir uns die Einsichten aus der Not und Bedrohung geben? Oder gewinnen wir die Einsichten aus der Liebe und dem guten Rat Gottes zu einem besseren Leben? Lassen wir uns nur durch massive Bedrohungen verändern? Oder wird uns die starke Liebe Jesu ziehen und erneuern?

„Und weil die Ungerechtigkeit überhand nehmen wird, wird die Liebe in vielen erkalten. Wer aber beharrt bis ans Ende, der wird selig werden!"

(Matthäus 24,12f)

Aber die Liebe ist die größte

Pflicht ohne Liebe macht verdrießlich,
Verantwortung ohne Liebe macht rücksichtslos,
Gerechtigkeit ohne Liebe macht hart,
Freundlichkeit ohne Liebe macht heuchlerisch,
Klugheit ohne Liebe macht grausam,
Ordnung ohne Liebe macht kleinlich,
Ehre ohne Liebe macht hochmütig,
Besitz ohne Liebe macht geizig,
Glaube ohne Liebe macht fanatisch.
Ein Leben ohne Liebe ist sinnlos.
Doch ein Leben in Liebe ist Glück und Freude.

(Inschrift in einer Einsiedelei)

„Wenn ich mit Menschen- und mit Engelszungen redete und hätte die Liebe nicht; so wäre ich ein tönendes Erz oder eine klingende Schelle ... Nun aber bleiben Glaube, Hoffnung, Liebe, diese drei; aber die Liebe ist die größte unter ihnen!"

(1. Korinther 13,1.13)

Geliebt

In Henrik Ibsens Drama Peer Gynt geht es um einen wilden, stämmigen Burschen, der mit seinen Raufereien und Abenteuern seine Eltern zur Verzweiflung und das ganze Dorf zu Hass und Ablehnung bringt. Nur Solvejg, die Tochter armer Zuzüglerleute, ist ihm gewogen. Aber er verrät ihre Liebe und muss schließlich nach wilden Verfehlungen und wüsten Eskapaden seine Heimat verlassen. Jahre schlägt sich Peer Gynt auf abenteuerliche Weise in Afrika herum.

Als alter Mann mit eisgrauem Haar und Bart kehrt er in seine Heimat zurück. Und endlich ganz am Schluss seines Lebens findet Peer Gynt die Kraft, „mittendurch" und nicht mehr „drumherum" zu gehen. Er tritt Solvejg gegenüber, die ein ganzes Leben auf ihn gewartet hat, und bekennt ihr alle seine Verfehlungen, Lug und Trug, Mord und Totschlag, List und Gemeinheit, Brutalität und Egoismus. Das schreckliche Übermaß seiner Schuld kann Solvejg nicht schrecken. Sie ist glücklich, dass Peer Gynt endlich zurückgekehrt ist. Und er fragt sie ungläubig: „Weißt du, wo ich all die Jahre wirklich war?" Sie aber antwortet: „Auch als du ferne weiltest, warst du immer in meiner Liebe!" Wer immer den Mut hat, nicht mehr drumherum, sondern mittendurch zu Gott zu gehen mit all seiner Schuld und Last, dem wird Gott sagen: „Du warst immer in meiner Liebe!"

„Ich habe dich je und je geliebt, darum habe ich dich zu mir gezogen aus lauter Güte!"

(Jeremia 31,3)

Neunmalklug oder ein bisschen weise

Dumme Menschen verurteilen, kluge Menschen urteilen, weise Menschen teilen!

Dumme Menschen binden, kluge Menschen verbinden, weise Menschen lassen los!

Dumme Menschen sind überheblich, kluge Menschen sind selbstsicher, weise Menschen sind erlöst!

Dumme Menschen leben vom Schein, kluge Menschen leben vom Streben, weise Menschen leben im Sein!

Dumme Menschen säen Zwietracht, kluge Menschen suchen Eintracht, weise Menschen sind eins!

Dumme Menschen wehren sich mit Waffen, kluge Menschen bewaffnen sich mit Worten, weise Menschen entwaffnen mit Liebe!

Dumme Menschen lassen sich gehen, kluge Menschen beherrschen sich, weise Menschen lassen sich führen!

Dumme Menschen sind ängstlich und drohen, kluge Menschen dulden und ertragen, weise Menschen verzeihen und vergessen!

Dumme Menschen finden sich klug, kluge Menschen meinen weise zu sein, weise Menschen halten sich für einfältig!

An viele andere Menschen haben wir beim Lesen gedacht. Doch am besten wirken die neun Sätze, wenn wir sie nur für uns bedenken: Der Dumme in mir, der Kluge in mir, der Weise in mir …

„Die Furcht des Herrn ist der Weisheit Anfang. Klug sind alle, die danach tun. Sein Lob bleibt ewiglich!"

(Psalm 111,10)

Habe Geduld

Eine orientalische Geschichte erzählt von einem Gläubigen, der sich zum Heiligtum aufmacht, um dort zu beten und zur Ruhe zu kommen. Nach einem weiten Weg kommt er schließlich im Gotteshaus an, betritt es voller Hoffnung und Erwartung. Aber auch nach Stunden gelingt es ihm nicht, sich zu sammeln. Seine Gedanken gehen spazieren, und er hört sich die Gebete wie leere Formeln heruntersagen. Ganz verzweifelt fragt er einen Priester um Rat. „Seit wann sind Sie denn hier?", fragt der Priester. „Ich bin vor einigen Stunden angekommen." – „Dann haben Sie Geduld. Ihre Seele kommt nach, sie braucht noch etwas Zeit, um hier zu sein!"

„Geduld aber habt ihr nötig, damit ihr den Willen Gottes tut und das Verheißene empfangt!"

(Hebräer 10,36)

Abgeschrieben oder eingeschrieben?

Manche Menschen träumen davon, einmal im Guinnessbuch der Rekorde eingetragen zu werden. Und wenigen gelingt das auch mit irgendwelchen besonderen Leistungen. Aber sind das nicht oft nebensächliche oder gar lächerliche Dinge, wie besonders lange auf einem Pfahl sitzen, in der Badewanne liegen, unter Wasser bleiben oder Kirschkerne spucken etc.? Was ist daran so wirklich Besonderes? Wir kommen sicher niemals in das Buch der Rekorde. Aber es gibt in der Tat etwas viel Größeres, nämlich im Buch des Lebens persönlich eingetragen zu sein. Die Bibel gebraucht dieses Bild, um uns den Wert und die Würde des Lebens in den Augen Gottes wichtig zu machen. Gott schreibt seine Kinder persönlich in das Buch des Lebens. Wir gehören ihm und niemand kann uns diese Würde nehmen. Vielleicht werden wir von Menschen einmal abgeschrieben, weil wir die Leistung nicht mehr bringen oder versagt und enttäuscht haben. Aber bei Gott sind wir nicht abgeschrieben, sondern eingeschrieben, mit unserem Namen und für alle Ewigkeit.

„Freut euch aber, dass eure Namen im Himmel geschrieben sind!"
(Lukas 10,20)

Alles hat seine Zeit

Die Hast und Hetze unserer modernen Gesellschaft hat zwei Gründe. Der eine liegt im Verlust der ursprünglich in der Schöpfung Gottes gegebenen Einteilung der Zeit in Arbeit und Ruhe, Werktag und Feiertag, Sommer und Winter, Saat und Ernte. Alles hat seine Zeit, das Schaffen und Ruhen, das Loslassen und Heimkommen, das Tun und Lassen, das Besinnen und Beginnen. Die moderne Gesellschaft entwickelt einen Zwang zur Beschleunigung und Optimierung. Nachtruhe, Wochenende, Feiertage, Winterruhe sind dem Beschleunigungszwang zum Opfer gefallen. Unsere Lebensweise in Arbeit, Freizeit und Ernährung hat sich völlig von den schöpfungsmäßig geordneten Rhythmen gelöst. Alles hat keine Zeit mehr, wenn nicht mehr alles seine Zeit hat!

Der zweite Grund liegt in dem Verlust der ewigkeitlichen Dimension des Lebens. Wenn Menschen nicht mehr die Erfüllung und Vollendung ihres Lebens in einer neuen, ewigen Welt erwarten, wird die Zeit des irdischen Lebens mächtig knapp. Wer nicht mehr an die Auferstehung und die Krönung des Lebens in Ewigkeit glaubt, wird in dieses Leben alles hineinpacken wollen, was geht und doch nicht geht. Und so entsteht in der Angst, etwas zu versäumen, und der Gier, noch alles zu erleben, jene Hast und Ungeduld, Hetze und Aufgeregtheit, die uns bisweilen ganz krank macht. Alles hat keine Zeit mehr, wenn wir die Ewigkeit verlieren!

„Alles hat seine Zeit, und alles Vorhaben unter dem Himmel hat seine Stunde ... Gott hat alles schön gemacht zu seiner Zeit, auch hat er die Ewigkeit in ihr Herz gelegt; nur dass der Mensch nicht ergründen kann das Werk, das Gott tut, weder Anfang noch Ende!“

(Prediger 3,1.11)

Guter Rat ist nicht teuer

1799 schreibt Matthias Claudius an seinen Sohn unter der Überschrift „Gold und Silber habe ich nicht; was ich aber habe, gebe ich dir!" einen bewegenden Brief.

„Lieber Johannes! Es ist nicht alles Gold, lieber Sohn, was glänzt, und ich habe manchen Stern vom Himmel fallen und manchen Stab, auf den man sich verließ, brechen sehen. Es ist nicht groß, was nicht gut ist; und es ist nichts wahr, was nicht besteht. Halte dich zu gut, Böses zu tun. Hänge dein Herz an kein vergänglich Ding. Die Wahrheit richtet sich nicht nach uns, lieber Sohn, sondern wir müssen uns nach ihr richten.

Was du sehen kannst, das siehe, und brauche deine Augen, und über das Unsichtbare und Ewige halte dich an Gottes Wort. Bleibe der Religion deiner Väter getreu und hasse die theologischen Kannengießer. Lerne gerne von anderen, und wo von Weisheit, Menschenglück, Licht, Freiheit, Tugend geredet wird, da höre fleißig zu. Doch traue nicht flugs und allerdings, denn die Wolken haben nicht alle Wasser ... Worte sind nur Worte, und wo sie so gar leicht und behände dahinfahren, da sei auf deiner Hut, denn die Pferde, die den Wagen mit Gütern hinter sich haben, gehen langsameren Schrittes.

Nimm dich der Wahrheit an, wenn du kannst, und lass dich gerne ihretwegen hassen; doch wisse, dass deine Sache nicht die Sache der Wahrheit ist, und hüte, dass sie nicht ineinanderfließen, sonst hast du deinen Lohn dahin. Nicht die frömmelnden, aber die frommen Menschen achte und gehe ihnen nach. Ein Mensch, der wahre Gottesfurcht in seinem Herzen hat, ist wie die Sonne, die da scheint und wärmt, wenn sie auch nicht redet.

Tue, was des Lohnes wert ist, und begehre keinen!"

„Halte, was du hast, dass niemand deine Krone nehme!"

(Offenbarung 3,11)

Der Reiz des Geheimnisvollen

Sonne und Mond waren verheiratet. Sie liebten einander sehr, aber sie waren unglücklich, denn Sonne war ein eifersüchtiger Ehemann. Er war eifersüchtig auf alle Gewässer, in welchen sich seine schöne Gemahlin spiegelte, er war eifersüchtig auf die Wolken, die großen und die kleinen, die still vorüberschwebten und Mond mit ihren flaumenweißen Flügeln verstohlen liebkosten, und er war eifersüchtig auf das Himmelsblau, in welchem sie sich sorglos dahintreiben ließ.

Mond war aber auch wirklich zu kokett! Jede Nacht ging sie allein und unverschleiert wie eine Christin aus! Sie stieg hinab zu den Seen und Teichen, um sich wohlgefällig darin zu betrachten, tauchte in tiefe Brunnen und schlüpfte durch Ranken und Blattwerk und allerfeinste Fensterritzen in die Kammern junger Schläfer, um sie zu necken.

Sonne stellte Mond deswegen zur Rede und sprach in vorwurfsvollem Ton: „Es ziemt sich nicht, dass du allein ausgehst und deine Schönheit jedermann sehen lässt! Eine Frau hat sittsam und bescheiden zu sein und sich zu bedecken; so schreibt es das Gesetz ihr vor! Also verbirg deine Schönheit in Zukunft hinter einem Schleier!"

Davon wollte Mond aber nichts wissen und gab trotzig zur Antwort: „Warum soll ich meine Schönheit verstecken? Du hast gut reden! Du spazierst den ganzen Tag in der Welt herum, während ich eingesperrt bin, und lässt mich des Nachts allein. Gibt es denn ein anderes – und unschuldigeres! – Vergnügen für mich, als mich ein wenig bewundern zu lassen?"

Da drohte Sonne: „Ich werde mir unter den schönen Gestirnen der Nacht eine neue Gemahlin wählen, die tugendhafter ist, als du es bist! Sieh dort die Venus! Sie glänzt klar und rein wie ein Tautropfen, wenn das erste Morgenlicht auf ihn fällt, und die Ferne umgibt sie mit einem Schleier aus Süße und Geheimnis. Ja, mein Entschluss steht fest: Ich werde mich mit Venus vermählen!"

Mond erschrak – und überlegte. War ein Schleier es wert, auf einen so strahlenden Gatten zu verzichten? „Nein", dachte sie, „nein!" Und sie versprach, den Schleier anzulegen. Fortan verbarg sie ihr Antlitz hinter den zarten Nebelgespinsten, welche in der Dämmerung von den Teichen aufsteigen, und hüllte sich in den milchigen Dunst, der sich des Nachts aus den feuchten Wiesen erhebt. So wurde sie noch schöner und wurde noch viel mehr geliebt, denn es war der Reiz des Geheimnisvollen um sie und jener Zauber, den das Verborgene besitzt.

(Märchen aus Marokko)

„Siehe, meine Freundin, du bist schön! Siehe, schön bist du! Deine Augen sind wie Taubenaugen hinter deinem Schleier!"

(Hoheslied 4,1)

Unbesiegbar

Vom Menschen kann der nicht besiegt werden, der seine eigenen Laster besiegt hat. Denn keiner wird besiegt, solang ihm nicht vom Gegner das, was er liebt, fortgenommen wird.

Wer daher das allein liebt, was ihm nicht fortgenommen werden kann, der ist zweifellos unbesiegbar und wird auch von keinem Neid mehr geplagt sein. Dann liebt er nämlich etwas, in dessen Liebe und Genuss er sich mit vielen teilt, und je mehr es sind, umso reichlicher werden sie zu beglückwünschen sein. Denn er liebt Gott aus ganzem Herzen, aus ganzer Seele und aus ganzem Verstand und liebt den Nächsten wie sich selbst. Diesem Nächsten also missgönnt er nicht zu sein, was er selbst ist; er verhilft ihm vielmehr dazu, so viel er kann. Und auch verlieren kann er den Nächsten nicht, den er wie sich selbst liebt, weil er auch in sich selbst nicht das liebt, was den Augen oder den anderen leiblichen Sinnen unterliegt. Er hat ja den, den er wie sich selbst liebt, im Innern bei sich selbst.

(Aurelius Augustinus)

„Aber in dem allen überwinden wir weit durch den, der uns geliebt hat!"

(Römer 8,37)

Vergebung ist besser als Vergeltung

Einst lebte ein König, dessen Land vom benachbarten König erobert worden war. Der besiegte König und seine Familie wurden gefangen genommen. Nur der Prinz entkam. Er wollte seine Familie befreien. – Am Tag der Hinrichtung seines Vaters stand er verkleidet unter den Schaulustigen und suchte verzweifelt einen Weg, um den Vater zu retten. Dieser sah den Sohn und sagte, als spräche er zu sich selbst: „Handele nicht übereilt. Groll kann nur durch Vergeben überwunden werden." – Nach dem Tod des Vaters wollte der Prinz Rache, ließ sich von dem verhassten Herrscher als Diener einstellen und gewann sein Vertrauen. – Als der König auf einer Jagd seinen Kopf in den Schoß des Jünglings bettete und einschlief, zog dieser seinen Dolch und setzte ihn an die Kehle des Schlafenden. Da erinnerte er sich der Worte seines Vaters und konnte den König nicht töten. Als dieser erwachte, erzählte er dem Prinzen, ihm habe geträumt, der Sohn des früheren benachbarten Königs habe ihn töten wollen. Da gab sich der Prinz zu erkennen und berichtete ihm von seinem Vorhaben und dessen Verhinderung. Der König war tief beeindruckt, bat den Prinzen um Verzeihung und setzte für ihn das ehemalige Königreich wieder instand.

(Nach einer indischen Erzählung)

„Sprich nicht: Ich will Böses vergelten! Harre des Herrn, der wird dir helfen!"

(Sprüche 20,22)

Die Notlüge

Samuel Keller erzählt in seinen Erinnerungen: „Als ich einen schwer kranken Mann besuchte, der das Abendmahl von mir erbeten hatte, traf ich den Arzt am Krankenbett und fragte ihn auf Lateinisch, wie es um den Mann stehe. Ebenfalls auf Lateinisch sagte mir der Arzt, dass der Mann die Nacht nicht überlebe. Dann tröstet der Arzt den Mann mit einer guten Medizin und macht ihm Hoffnung auf Besserung. Als der Arzt gegangen war, sah mich der Mann mit klaren Augen an und sagte: Herr Pastor, Sie werden mich nicht belügen, was sagte der Arzt, wie es um mich steht?

Als ich es ihm schonend erklärt hatte, bat der Mann seine Frau, die beiden Jungen aus der Fabrik zu holen, damit er vor dem Abendmahl noch mit ihnen reden könne. Ich unterhielt mich mit dem Mann. Und bald darauf kamen Mutter und die Söhne in das Krankenzimmer. Jetzt hat der Sterbende einen Abschied mit seinen Jungen gemacht, der eines Königs würdig gewesen wäre. Was er ihnen über die wichtigen Dinge des Lebens ans Herz legte, wie er über ihre Aufgabe an der Mutter und den kleinen Geschwistern mit ihnen sprach, war ergreifend, und tief bewegt knüpfte ich daran an und wir feierten alle zusammen das Abendmahl. Ein tiefer Friede zog in die Herzen und das Haus ein, und versöhnt konnte der Mann noch in der Nacht heimgehen.

Das wäre bei einer Notlüge nicht geschehen, wenn ich dem Beispiel des Arztes gefolgt wäre. Haben nicht gerade Sterbende ein besonderes Recht auf Wahrheit und Liebe?"

„Darum legt die Lüge ab und redet die Wahrheit, ein jeder mit seinem Nächsten!"

(Epheser 4,25)

Zu einem Baum

Welche Betroffenheit auf einmal,
wenn der Blick auf einen Baum fällt,
auf einen Baum wie diesen.
Sag Eiche, sag Linde, sag Ahorn.

Schön so ein Stamm. Gesammelte Kraft
aus allen Wettern und Jahreszeiten,
sich eigenwillig verschenkend
in eine Wolke aus zärtlichem Gelb und Grün.

Nicht weglaufen wollen, stehen und wurzeln.
Blühen und welken und wieder blühen.
Auch über schmerzlichem Boden
das Dach der Treue breiten.

Blätter – wie viele verraschelte Träume.
Äste – wie viele abgeschlagene Bitten.
Aber die Narben lachen,
und die Verwundungen haben überlebt.

Auch er nicht in den Himmel gewachsen.
Die Sprache des Holzes sagt demütig Ja.
Wäre er Mensch,
wäre er wissend und weise.

Schön so ein Baum
und gut sich darunterzustellen.
Er will nichts anderes sein,
als was er ist.
So einen Freund müsste man haben.
So müsste man selber sein.

(Detlev Block)

„Die Weisheit ist ein Baum des Lebens allen, die sie ergreifen, und glücklich sind, die sie festhalten!" (Sprüche 3,18)

Wasserkraft

Ein Lehrer spricht im Sachkundeunterricht mit den Kindern über die Wasserkraft. Anschaulich lernen sie, wie früher der Bach das Mühlrad antrieb und der Müller so das Getreide zu Mehl verarbeiten konnte. Reißende Gebirgsströme trieben mit ihrer Wasserkraft die riesigen Schneidemaschinen in den Sägewerken an. Dann wurde die Dampfmaschine erfunden und Dampflokomotiven zogen die Personen- und Güterzüge durch die Welt. Stauseen wurden errichtet und mit Wasserkraft große Turbinen angetrieben und Strom erzeugt. Die Kinder sind erstaunt über die Vielfalt der Wasserkraft. Als der Lehrer in den folgenden Stunden den Stoff noch einmal abfragen will, fragt er die Klasse: „Wer von euch kann mir ein besonders eindrückliches Beispiel der Wasserkraft nennen?" Da meldet sich ein kleiner Pfiffikus und sagt verschmitzt: „Meine Mutter heult so lange, bis ihr mein Vater das neue Kleid kauft!"

Tränen sind eine Kraft. Sie drücken Trauer und Schmerz aus. Sie laufen vor Rührung und Bewegung. Sie sind Ausdruck von Mitleid und Erbarmen. Und sie geben dem Bitten und Betteln eine besondere Dringlichkeit.

„Zu dieser Zeit wurde Hiskia todkrank. Und der Prophet Jesaja kam zu ihm und sprach: So spricht der Herr: Bestelle dein Haus, denn du wirst sterben! Er aber wandte sein Gesicht zur Wand und betete zum Herrn. Und Hiskia weinte sehr. Als aber Jesaja noch nicht hinausgegangen war, kam das Wort des Herrn zu ihm: Kehre um und sage Hiskia: So spricht der Herr: Ich habe dein Gebet gehört und deine Tränen gesehen. Siehe, ich will dich gesund machen, und ich will fünfzehn Jahre zu deinem Leben hinzutun!"

(2. Könige 20,1-6)

Wasserkraft

„Weine nur, wenn Leid dich drückt,
wenn die Fluten höher steigen.
Wenn aus Trübsal Zweifel blickt
und sich ringsum Brände zeigen.
Jede Träne, die dir rinnt,
hat Gott gnädig aufgefangen.
Heiße Tränen Perlen sind,
die an Gottes Thron gelangen.

Jede hat er dort gezählt
für die Krone voll der Gnaden.
Jede hat er auserwählt,
voll mit Tränenlast beladen.
Der, der dir dein Denken gab,
zeigt dir, was nicht auszudenken.
Was hier Tränen sind, vermag
er in Perlen dir zu schenken."

(Helmut Spörl)

„Sammle meine Tränen in deinen Krug; ohne Zweifel, du zählst sie!"
*„Höre mein Gebet, Herr, vernimm mein Schreien und schweige nicht
zu meinen Tränen!"*

(Psalm 56,9 und 39,13)

Wasserkraft

Tränen über den eigenen Schmerz sind wichtig und richtig. Wir haben sie alle geweint und gespürt, wie gut es tut, sich ausweinen zu können. Aber es gibt noch andere Tränen, die Tränen über das Verlorensein der Menschen und die Not ihres Lebens. In Psalm 126,6 heißt es: „Sie gehen hin und weinen und streuen ihren Samen und kommen mit Freuden und bringen ihre Garben." Jesus weinte über Jerusalem und ließ seinen Tränen über den Unglauben der Menschen seinen Lauf: „Wenn doch auch du erkenntest zu dieser Zeit, was zu deinem Frieden dient! Aber nun ist es verborgen vor deinen Augen."

(Lukas 19,41f)

Paulus hat die Menschen in der Weltstadt Ephesus drei Jahre lang begleitet und sie zu Jesus eingeladen: „Denkt daran, dass ich drei Jahre lang Tag und Nacht nicht abgelassen habe, einen jeden unter Tränen zu ermahnen!" (Apostelgeschichte 20,31)

Die Liebe zu den Menschen findet ihren stärksten Ausdruck darin, dass man um sie weinen kann. So schreibt Paulus an die Korinther: „Ich schrieb euch unter vielen Tränen; nicht, damit ihr betrübt werden sollt, sondern damit ihr die Liebe erkennt, die ich besonders zu euch habe!" (2. Korinther 2,4)

Auf dem Evangelisationskongress in Manila wurde das Wort vom „compassionate evangelism" von dem „mitleidenden Evangelisieren" geprägt. Die Menschen so sehr zu lieben, dass wir mit ihnen leiden und um sie weinen, wäre sicher ein guter Schlüssel, die Herzen aufzuschließen für Gott.

„Und als Jesus das Volk sah, jammerte es ihn; denn sie waren abgehetzt und zerstreut wie Schafe, die keinen Hirten haben!"

(Matthäus 9,36)

Immer mit der Ruhe

An einem noch recht kalten Tag im späten Frühling begann eine Schnecke den Stamm eines Kirschbaums hinaufzuklettern. Ganz langsam, Zentimeter um Zentimeter kroch sie nach oben. Die Spatzen auf dem Nachbarbaum lachten über die langsame Schnecke. Ein Spatz flog nahe an die Schnecke heran und piepste ihr zu: „He, du Dummkopf, siehst du nicht, dass an dem Kirschbaum gar keine Früchte sind?" Die Schnecke ließ sich überhaupt nicht beeindrucken und antwortete gelassen: „Macht nichts, bis ich oben bin, sind welche dran!"
Auch im Leben geht selbst der Langsamste, der ein Ziel vor Augen hat, noch schneller als der, der ohne ein Ziel herumsaust und hastig irgendwelchen Nichtigkeiten nachrennt.

„So spricht der Herr: Tretet hin an die Wege und schauet und fragt, welches der gute Weg sei, und wandelt darin, so werdet ihr Ruhe finden für eure Seele! Aber sie sprechen: Wir wollen's nicht tun!"

(Jeremia 6,16)

Wege aus der Ausweglosigkeit

„Komme, was mag! Gott ist mächtig! Wenn unsere Tage verdunkelt sind und unsere Nächte finsterer als tausend Mitternächte, so wollen wir stets daran denken, dass es in der Welt eine große segnende Kraft gibt, die Gott heißt. Gott kann Wege aus der Ausweglosigkeit weisen. Er will das dunkle Gestern in ein helles Morgen verwandeln – zuletzt in den leuchtenden Morgen der Ewigkeit. Amen."

(Martin Luther King)

„Gott hat uns nicht gegeben den Geist der Furcht, sondern der Kraft und der Liebe und der Besonnenheit."

(2. Timotheus 1,7)

Das verschleuderte Kreuz

Ein junger, armer Maler in Paris ging im Jahr 1834 mit mühsam ersparten hundert Franken zu einer Auktion. Nachdem er für 75 Franken ein Bett gekauft hatte, wollte er eben sich entfernen, als ein altes, ganz mit Staub und Schmutz überzogenes Kruzifix zur Versteigerung kam, für das unter rohen Späßen nur ganz wenig geboten wurde. „Es ist sehr schwer, es wird von Blei sein", meinte einer, „ich gebe drei Franken dafür." – „Fünf Franken!", rief da unser Maler, dem der Spott der Leute wehtat. Er erhielt's und ging schnell damit davon.

Am andren Morgen reinigte er es mit einer Bürste und las an seinem Fuß den Namen „Benvenuto Cellini". Das war ja, wie er wusste, ein berühmter Künstler zu Florenz gewesen (1500–1571), und fast noch mehr war er erstaunt, als sich bei weiterer Reinigung ergab, dass das Kruzifix zum Teil aus Gold gefertigt war.

Er ging sofort mit dem Kruzifix zu einem kunstverständigen Goldschmied, der ihm den Wert des seltenen Kunstwerks auf 60.000 Franken schätzte.

So viel bezahlte ihm auch der König dafür, der von dem Fund erfuhr, und setzte dazu noch den jungen Maler an seinem Hofe in Arbeit, sodass er bald zu Ruhm und Ansehen gelangte.

Das kostbare Kruzifix war einst bei der Französischen Revolution im Schloss Versailles vom Pöbel geraubt und dann verschleudert worden.

„Das Wort vom Kreuz ist eine Torheit denen, die verloren werden, uns aber, die wir selig werden, ist es eine Gotteskraft!"

(1. Korinther 1,18)

Der letzte Halt

Martin Luther ist in seinem Leben durch manche Anfechtungen und Prüfungen gegangen. Sein letzter Halt war das erste Gebot: „Wenn mir alles unbegreiflich vorkommt, ja, wenn sogar das Bild des Heilandes mir zeitweilig verdunkelt wird, dann ist mein letzter Halt das, was Gott im ersten Gebot gesagt hat: Ich bin der Herr, dein Gott! Also die Wahrheit: Ich habe mich nicht selbst erschaffen, ich bin nicht allein mit mir selber und mit meinem Schicksal. Ich stehe in der Hand dessen, ohne den ich keinen Atemzug tun könnte. Gott hätte mich nicht erschaffen, wenn er kein Ziel mit mir hätte. Er fängt kein Werk an, um es dann unvollendet wegzuwerfen und liegen zu lassen!"

„Und nun spricht der Herr, der dich geschaffen hat, Jakob, und dich gemacht hat, Israel: Fürchte dich nicht, denn ich habe dich erlöst; ich habe dich bei deinem Namen gerufen; du bist mein! Wenn du durch Wasser gehst, will ich bei dir sein, dass dich die Ströme nicht ersäufen sollen; und wenn du ins Feuer gehst, sollst du nicht brennen, und die Flamme soll dich nicht versengen."

(Jesaja 43,1f)

Jossel Rackower spricht mit Gott

Im Warschauer Ghetto wurde in einer Flasche das Bekenntnis eines Juden gefunden: „Ich, Jossel, Sohn des Jossel Rackower, schreibe diese Zeilen, während das Warschauer Ghetto in Flammen steht; das Haus, in dem ich mich befinde, ist eines der letzten, das noch nicht brennt. Schon seit einigen Stunden werden wir beschossen, und ringsum stürzen die Mauern ein; in kurzer Zeit wird auch dieses Haus, wie fast alle anderen Häuser des Ghettos, seinen Bewohnern und Verteidigern zum Grab werden. Die roten Sonnenstrahlen, die durch das halbvermauerte Fenster meines Zimmers hereinkommen – dieses Zimmers, aus dem ich tage- und nächtelang den Feind beschossen habe –, zeigen mir, dass es Abend wird; die Sonne kann nicht wissen, wie wenig ich es bedaure, dass ich sie nicht mehr aufgehen sehen werde. Mit uns ist etwas Merkwürdiges geschehen: alle unsere Begriffe und Gefühle haben sich gewandelt. Der plötzliche Tod, der uns überfällt, erscheint uns als Erlöser, als ein Befreier, als ein Kettenbrecher …

Als ich mich im Wald versteckte, begegnete mir in der Nacht ein Hund, ein kranker, verhungerter Hund, den Schwanz zwischen die Beine geklemmt. Wir spürten sofort die Gemeinsamkeit unserer Lage, denn dem Hund ging es nicht viel besser als uns. Er hat sich an mich geschmiegt, hat seinen Kopf in meinen Schoß vergraben und mir die Hände geleckt. Ich glaube, ich habe nie vorher so geweint wie in dieser Nacht. Ich bin ihm um den Hals gefallen und habe geweint wie ein Kind. Es wird niemanden wundern, wenn ich sage, dass ich damals die Tiere beneidete. Aber ich empfand noch etwas anderes als Neid: es war Scham, ich habe mich vor dem Hund geschämt, dass ich kein Hund bin, sondern ein Mensch, und dass wir in einen Geisteszustand geraten sind, wo uns das Leben ein Unglück, der Tod ein Erlöser, der Mensch eine Plage und die Nacht ein Labsal sind."

„Denn meine Seele ist übervoll an Leiden, und mein Leben ist nahe dem Tode!"

(Psalm 88,4)

Jetzt ist meine Stunde gekommen

„Millionen Menschen in der weiten, großen Welt, verliebt in den Tag, in Sonne und Licht, haben keine Ahnung davon, wie viel Finsternis und Unglück die Sonne uns gebracht hat. Sie ist zum Werkzeug in den Händen der Bösewichter geworden, sie wurde von ihnen benutzt, um die Spuren derer anzuleuchten, die sich vor ihnen retten wollten. Als ich mich mit meiner Frau und unseren sechs Kindern in den Wäldern versteckte, hat die Nacht, nur die Nacht uns in ihrem Schoß verborgen, der Tag hat uns denen ausgeliefert, die unsere Seelen suchten. Niemals werde ich den Feuerhagel vergessen, der auf die Tausende Flüchtlinge auf der Straße von Grodno nach Warschau herunterregnete. Mit der Sonne sind auch die Flugzeuge aufgestiegen und haben uns gemordet und gemordet. Bei dieser Schlächterei kam meine Frau um mit dem siebenmonatigen Kind im Arm. Zwei weitere meiner restlichen fünf geliebten Kinder verschwanden an diesem Tag. Sie haben David und Jehuda geheißen, und einer war vier, der andere sechs Jahre alt. Bei Sonnenuntergang sind die wenigen Überlebenden weiter ihren Weg in Richtung Warschau gegangen. Ich aber mit meinen drei übrig gebliebenen Kindern bin durch die Wälder und Felder rings um den Schlachtplatz geirrt und habe die verlorenen Kinder gesucht. Wie Messer haben die ganze Nacht hindurch unsere Stimmen die Totenstille zerschnitten. David! Jehuda! Aber nur ein hilfloses, herzzerreißendes Echo hat unsere Schreie beantwortet, wie ein Totengebet. Ich habe meine beiden Kinder nie mehr gesehen. In einem Traum befahlen sie mir, sie nicht weiter zu suchen, da sie sich in Gottes Hand befänden. Meine letzten Kinder kamen im Warschauer Ghetto um. Jetzt ist meine Stunde gekommen."

„Ich liege unter den Toten verlassen wie die Erschlagenen, die im Grabe liegen, derer du nicht mehr gedenkst und die von deiner Hand geschieden sind!"

(Psalm 88,6)

Jossel Rackower aus dem Warschauer Ghetto

„Ich bin jetzt 45 Jahre alt, und wenn ich auf die vergangenen Jahre zurückblicke, so kann ich behaupten, soweit ein Mensch überhaupt etwas mit Sicherheit behaupten kann: ich hatte ein herrliches Leben. Mein Leben war einmal vom Glück gesegnet, aber ich wurde nie übermütig.

Ich hatte ein offenes Haus für jeden Bedürftigen, und ich war glücklich, wenn ich einem Menschen gefällig sein konnte. Ich habe Gott in glühender Hingabe gedient, und meine einzige Bitte an ihn war, ich solle ihm dienen dürfen mit dem ganzen Herzen, mit der ganzen Seele und mit der ganzen Kraft. Nach allem, was ich erlebt habe, kann ich nicht behaupten, dass diese Einstellung ganz unverändert geblieben ist. Mit Sicherheit aber kann ich behaupten, dass sich mein Glaube an ihn nicht um ein Haar verändert hat. Früher, als es mir gut ging, war meine Beziehung zu ihm wie zu einem, der mir immer Gnade erwiesen hat und in dessen Schuld ich immer war. Jetzt aber ist es die Beziehung zu einem, der auch mir etwas schuldet. Darum denke ich, ich habe das Recht, ihn zu mahnen: ich fordere nicht wie Hiob, Gott möge mit seinem Finger auf meine Sünde zeigen, damit ich weiß, womit ich die Strafe verdiene. Größere und Bessere sind mit mir der Ansicht, dass es sich bei dem, was jetzt geschieht, nicht mehr um Strafe für Sünden handelt. Es geht etwas ganz Besonderes vor in der Welt – es ist jetzt die Zeit, da der Allmächtige sein Gesicht von den Betenden abwendet. Gott hat sein Gesicht vor der Welt verstellt. Und darum sind die Menschen ihren eigenen wilden Trieben überlassen."

„Mein Gott, mein Gott, warum hast du mich verlassen? Ich schreie, aber meine Hilfe ist ferne. Mein Gott, des Tages rufe ich, doch du antwortest nicht, und des Nachts, doch finde ich keine Ruhe!"

(Psalm 22,2f)

Noch drei Flaschen Benzin

„Ich habe noch drei Flaschen Benzin. Sie sind mir teuer wie dem Säufer der Wein. Nachdem ich die letzte Flasche über meine Kleider gegossen habe, werde ich diese Zeilen in die leere Flasche in den Ziegeln des halbvermauerten Fensters verstecken. Sollte jemand die Zeilen finden und lesen, so mag er vielleicht das Gefühl eines Juden verstehen, eines von Millionen, der gestorben ist, verlassen von Gott, an den er so stark glaubte ...

Zwölf Menschen waren wir in diesem Zimmer, als der Aufstand begann; und neun Tage haben wir gegen den Feind gekämpft. Meine elf Kameraden sind gefallen. Sie sind still gestorben, selbst der kleine Junge ist still gestorben wie seine älteren Kameraden. Das geschah heute früh; der Junge war auf den Berg der Toten geklettert, um durch das halbvermauerte Fenster zu schauen. So stand er einige Minuten neben mir. Plötzlich ist er hintenübergefallen, ist hinuntergerollt von dem Leichenhaufen und wie ein Stein liegen geblieben. Zwischen den beiden schwarzen Locken auf seiner kleinen bleichen Stirn stand ein Blutstropfen – eine Kugel durch den Kopf ...

Ich liege auf der Erde, während ich diese Zeilen schreibe. Ringsum liegen meine toten Kameraden. Ich schaue in ihre toten Gesichter, und es scheint, als ob sie lächelten, als wollten sie sagen: Hab ein wenig Geduld, du Narr, noch ein paar Minuten, und auch dir wird alles klar werden. Besonders das Gesicht des kleinen Jungen scheint zu lächeln. Er lacht mich aus mit jenem stillen und vielsagenden Lächeln eines Menschen, der viel weiß und der mit einem Menschen spricht, der nichts weiß. Er weiß schon alles, und ihm ist alles klar. Er weiß, warum er geboren wurde und warum er so früh sterben musste, da er doch erst fünf Jahre lebte. Und falls er es nicht weiß, so weiß er doch wenigstens, dass Wissen und Nichtwissen darüber unwichtig und bedeutungslos sind im Angesicht der göttlichen Herrlichkeit in jener besseren Welt, in der er sich jetzt befindet. Vielleicht in den Armen seiner ermordeten Eltern, zu denen er zurückgekehrt ist. In zwei Stunden werde ich auch wissen. Vorläufig lebe ich aber noch, und vor meinem Tod will ich als Lebender zu meinem Gott sprechen wie ein einfacher lebendiger Mensch, der den großen, aber unglückseligen Vorzug hatte, ein Jude zu sein."

„Herr, Gott, mein Heiland, ich schreie Tag und Nacht vor dir. Lass mein Gebet vor dich kommen, neige deine Ohren zu meinem Schreien!"

(Psalm 88,2f)

Jossel Rackower spricht mit Gott

„Es gibt kein ganzeres Ding als ein gebrochenes Herz, sagte ein großer Rabbi. Und es gibt kein auserwählteres Volk als jenes, das immer verfolgt wird. Falls ich bisher nicht geglaubt hätte, dass Gott uns zum auserwählten Volk bestimmt hat, unsere Leiden haben mich davon überzeugt. Ich glaube an den Gott von Israel, auch wenn er alles dazu getan hat, mich an ihn unglauben zu machen. Ich glaube an seine Gesetze, auch wenn ich seinen Taten die Berechtigung abspreche … Ich frage ihn: Du sagst, wir haben gesündigt. Natürlich haben wir gesündigt. Dass wir dafür bestraft werden – auch das kann ich verstehen. Ich will aber, dass du mir sagst, ob es eine Sünde in der Welt gibt, die eine solche Strafe verdient?

Ich will dir klar und offen sagen, dass wir jetzt mehr als in jeder anderen Epoche unseres unendlichen Leidensweges – wir, die Gepeinigten, die Geschändeten, die Erstickten, die lebendig Begrabenen und lebendig Verbrannten, wir, die Beleidigten und Erniedrigten, die zu Millionen Ermordeten – das Recht haben zu wissen, wo die Grenzen deiner Geduld liegen. Ich kann dich nicht loben für die Taten, die du duldest. Ich segne aber und lobe dich für deine schreckliche Größe, die gewaltig sein muss, wenn selbst das, was jetzt geschieht, auf dich keinen Eindruck macht.

Und eben, weil du so groß bist und ich so klein, bitte ich: Ich warne dich um deines Namens willen! Höre auf, deine Größe zu beweisen, indem du die Unglücklichen schlägst!"

„Darum will ich auch meinem Munde nicht wehren. Ich will reden in der Angst meines Herzens und will klagen in der Betrübnis meiner Seele!"

(Hiob 7,11)

Das sind meine letzten Worte an dich

„Der Tod kann auf mich nicht warten, und ich muss mit dem Schreiben aufhören. Das Feuer in den oberen Stockwerken wird von Minute zu Minute schwächer. Jetzt fallen die letzten Verteidiger unserer Festung, und mit ihnen fällt und stirbt das große, schöne, das gottesfürchtige jüdische Warschau. Die Sonne ist im Untergehen, und ich danke dir, Gott, dass ich sie nicht mehr aufgehen sehen werde. Roter Schein fällt durchs Fenster, und das Stück Himmel, das ich sehe, ist rot und fließend wie eine Blutkaskade. Spätestens in einer Stunde werde ich mit Frau und Kindern vereint und mit Millionen meines Volkes in einer besseren Welt sein, wo es keinen Zweifel mehr gibt und wo Gott der einzige Herrscher ist.

Ich sterbe ruhig, aber nicht befriedigt, ein Geschlagener, aber kein Verzweifelter, ein Gläubiger, aber kein Betender, ein Verliebter in Gott, aber kein blinder Amensager. Ich bin ihm nachgegangen, auch wenn er mich von sich geschoben hat, ich habe sein Gebot erfüllt, auch wenn er mich dafür geschlagen hat, ich habe ihn lieb gehabt und war und bin verliebt in ihn, auch wenn er mich zur Erde erniedrigt, zu Tode gepeinigt, zur Schande und zum Gespött gemacht hat.

Und das sind meine letzten Worte an dich, mein zorniger Gott: Es wird dir nicht gelingen! Du hast alles getan, damit ich nicht an dich glaube, damit ich an dir verzweifle! Ich aber sterbe genau, wie ich gelebt habe, im felsenfesten Glauben an dich!

Höre, Israel, der Ewige ist unser Gott, der Ewige ist einig und einzig!"

„Aber ich weiß, dass mein Erlöser lebt, und als Letzter wird er über dem Staub sich erheben. Und ist meine Haut noch so zerschlagen und mein Fleisch dahingeschwunden, so werde ich doch Gott sehen!"

(Hiob 19,25f)

Ein schreckliches und herrliches Bild

Matthias Grünewald sollte für ein Siechenspital einen Altar malen, der Menschen, die von Schmerzen gequält und vom Sterben geängstet werden, trösten könnte. Sollte er einen Weisen mit einem klugen Buch, einen Gelehrten mit wunderschöner Robe, einen König mit einer Krone, einen Krieger mit blitzender Waffe, einen Liebhaber mit einer Frau im Arm malen?

Grünewald malte Jesus, den gequälten und leidenden, entstellten und blutenden, schreienden und sterbenden Mann am Kreuz. Er sollte die Menschen im Leiden und Sterben ihres Lebens erreichen und trösten. Aber Grünewald malte auf denselben Altar auch den auferstehenden Christus in aller seiner Herrlichkeit. Der Christus, der den Tod und das Leid, die Schuld und das Schicksal getragen und überwunden hat, trägt noch die Wundmale des irdischen Jesus.

Das ist der Trost und die Botschaft des Altars: Jesus, der am Kreuz unter entsetzlichen Qualen stirbt, und der herrliche Sieger, der auferstehende Christus, sind ein und derselbe. Jesus leidet für uns und überwindet das Leid. Jesus stirbt für uns und überwindet den Tod. Jesus trägt unsere Schuld und eröffnet die Vergebung und das ewige Leben.

„Am Abend aber des ersten Tages der Woche kam Jesus und trat mitten unter sie und spricht zu ihnen: Friede sei mit euch! Und als er das gesagt hatte, zeigte er ihnen die Hände und seine Seite. Da wurden die Jünger froh, dass sie den Herrn sahen!"

(Johannes 20,19f)

Frieden

Frieden fängt beim Frühstück an
Breitet seine Flügel
Fliegt dann durch die Straßen
Setzt sich auf die Dächer dann
Großer Sehnsuchtsvogel
Breitet seine Flügel aus
Dass Friede sei in jedem Haus
Opa wiegt das Enkelkind
Auf den alten Knien
Zeigt dem Kind den Vogelflug
Wie der Knecht den Herrn ertrug
Und der Vogel fliegt sich wund
Von Bucht zu Bucht von Sund zu Sund
Trägt sein Zeichen vor sich her
Von Land zu Land von Meer zu Meer
Dass der Mensch sein Leid erkennt
Von Kontinent zu Kontinent
Bis die Taube nicht mehr kann: –
Frieden fängt beim Frühstück an

(Hanns Dieter Hüsch)

„Den Frieden lasse ich euch, meinen Frieden gebe ich euch. Nicht gebe ich euch, wie die Welt gibt. Euer Herz erschrecke nicht und fürchte sich nicht!"

(Johannes 14,27)

Zeit lieben oder totschlagen?

„Du liebe Zeit!", sagen wir. Aber lieben wir sie wirklich? Manchmal vertreiben wir sie wie eine lästige Fliege. Stört uns die Zeit so sehr? Manchmal schlagen wir sie gar tot. Ist sie uns so gefährlich und bedrohlich? Und manchmal vertändeln und verplempern wir unsere kostbare Zeit. Ist sie uns so gleichgültig und nebensächlich?

Eine Frau sagt zu ihrem Mann: „Ich gehe mal eben für zehn Minuten zur Nachbarin rüber. Würdest du bitte alle halbe Stunde die Suppe umrühren?"

Will ich diesen Tag heute empfangen wie ein Geschenk, lieben wie eine Kostbarkeit, gestalten wie eine einmalige Gelegenheit, nutzen und ausgehen wie etwas ganz Großes, das Beste daraus machen, was möglich ist, und das versöhnt lassen, was nicht geht, für das danken, was gelingt, und für das um Vergebung bitten, was danebengeht, und am Abend den Tag in Gottes Hände zurücklegen?

„Lasst uns aber Gutes tun und nicht müde werden; denn zu seinerzeit werden wir auch ernten, wenn wir nicht nachlassen. Darum, solange wir noch Zeit haben, lasst uns Gutes tun an jedermann, allermeist aber an des Glaubens Genossen!"

(Galater 6,9f)

Wie ein Schmetterling

Eine alte Lebensweisheit sagt: „Das Glück ist wie ein Schmetterling! Jage ihm nach, und er entwischt dir. Setz dich ruhig hin, und er lässt sich auf deiner Schulter nieder!"
Was können wir also tun, um das Glück zu erhaschen? Wir müssen erstens aufhören, mit aller Gewalt hinter ihm her zu sein. Dann könnten wir uns ruhig dem Leben widmen. Und schließlich sollten wir zu dem Warten noch das Bitten fügen. Wir wollen das Glück nicht zwingen, aber unseren Herrn bitten. Das sind wohl die besten Voraussetzungen für das Glück.

„Der auch seinen eigenen Sohn nicht verschont hat, sondern hat ihn für uns alle dahingegeben — wie sollte er uns mit ihm nicht alles schenken?"

(Römer 8,32)

Ich gebe mein Leben auf ...

„Wie ein schwerer, dunkler Kloß aus Trauer und Einsamkeit, Erschöpfung und Übelkeit bin ich. Keine Kraft, keine Freude, kein Licht, keine Hand! Schmerzen machen mich dumpf, Trauer stumpf, Verletzungen wund und krank. Herr, erbarme dich!

Ich bin krank, elend, erschöpft, leer und stumpf. Keiner merkt es. Es geht immer weiter. Keine Ruhe, keine Besinnung, keine Erholung. Wenn einer mal sagen würde: Ruh dich aus! Alle fordern, erwarten, beanspruchen. Herr, erbarme dich!

Ich bin nur noch betäubter Schmerz, weggeschobene Angst, überspielte Ohnmacht, verdrängte Kränkung, tiefe Einsamkeit. Herr, erbarme dich!

Alles in mir schreit. Die Seele schreit nach Geborgenheit. Die Nerven schreien nach Ruhe. Die Augen verlangen nach heilen Bildern. Das Herz möchte Frieden. Die Ohren lauschen auf gute Worte. Die Beine wollen Bewegung. Die Hände suchen einen festen Halt. Die Lunge schreit nach frischer Luft. Der Kopf möchte Klarheit. Der Leib sucht Wärme und Fürsorge. Mein ganzer Mensch schreit: Herr, erbarme dich!

Ich gebe mein Leben auf – dich, Herr!"

(Aus mir überlassenen Tagebuchnotizen eines Verzweifelten)

„Herr, Gott, mein Heiland, ich schreie Tag und Nacht vor dir. Lass mein Gebet vor dich kommen, neige deine Ohren zu meinem Schreien!"

(Psalm 88,2f)

Wo bin ich zu Hause?

Aus der Frucht der Baumwollpflanze
werden feine Fäden gesponnen,
aus feinen baumwollweißen Fäden
werden zarte Tücher gewebt,
kunstvoll bunte Borten schmücken den Saum.

Hauchzart umhüllen Tücher und Kleider
Königinnen und Priesterinnen im Alten Ägypten,
von Priestergewändern aus Byssus und feinem Linnen
erzählt die Bibel.
Äthiopische Frauen und Männer tragen die Natela,
zunächst im Norden des Landes, heute überall.
Kaum eine Ausländerin kehrt ohne Natela
in ihre Heimat zurück.

Das Tuch ist leicht und weich,
uralte Kunst, zum Gebrauch im Leben
immer neu gestaltet.
Es wärmt bei Kälte
und schützt vor Sonne,
es schenkt Schönheit
und flattert im Wind.
Fest geknotet,
trägt es das Kind auf dem Rücken,
als Schleier getragen,
umhüllt es die Braut zur Zeit der Freude,
mit der schweren Borte nach vorn
bedeckt es den Kopf zur Zeit der Trauer,
um die Schultern geschlungen
ist es Begleiterin im Alltag.

Umhüllt deine Kirche dich
wie dies Tuch aus dem lebendigen Baumwollstrauch?
Nimmt sie die Wärme deines Herzens auf
und schützt dich vor der Kälte deiner Angst?

Weckt sie die Schönheit deiner Seele
und lässt deinen Gedanken freien Flug?
Gibt sie deiner Freude und Trauer
Ausdruck und Form?
Begleitet sie dich auf den Schritten
deines Alltags?
– Dann findest du dich in ihr,
dann ist sie dein Zuhause.

(Almut Tasgara-Tumat)

„Wie lieb sind mir deine Wohnungen, Herr Zebaoth! Wohl den Menschen, die in deinem Hause wohnen, die loben dich immerdar."
(Psalm 84,2.5)

Der große Bruder

In einem Kinderheim arbeitet neben vielen anderen Mitarbeiterinnen eine Diakonisse. Sie wird von allen liebevoll Schwester Angela genannt. Eines Tages fragt ein Kind, das neu in das Haus gekommen ist: „Warum nennen dich alle Schwester?" Bevor sie antworten kann, ruft ein Junge: „Das ist doch klar, weil sie einen Bruder hat!"
Die Diakonisse hat dem Kind natürlich noch erklärt, dass sie zu einer Schwesternschaft gehört. Aber die Antwort des Jungen hat es eigentlich genau getroffen. Sie hat den besten Bruder der Welt, zu dem sie gehört. In einer Zeit, in der „Big Brother" so etwas wie ein Programm des völligen Durchschaut- und Kontrolliertwerdens ist, in einer Gesellschaft, in der der „Große Bruder" eher zum Fürchten gerät, erinnern wir uns daran, dass Christen in Jesus einen wirklich guten und verlässlichen Bruder haben. Das war für Schwester Angela die Berufung und Erfüllung zugleich, Jesus mit ihrem Leben zu dienen, der unser aller Bruder geworden ist.

„Denn wer den Willen meines Vaters im Himmel tut, der ist mir Bruder und Schwester und Mutter!"

(Matthäus 12,50)

Fürst des Friedens

Einst standen Argentinien und Chile wegen heftiger Grenzstreitigkeiten vor einem Krieg. Die Waffen waren bereit, Soldaten aufmarschiert und Kanonen in Stellung gebracht. Da gelang es besonnenen Menschen aus beiden Ländern, den Krieg zu verhindern und einen Frieden zu schließen. Nun goss man aus den aufgefahrenen Kanonen ein riesiges Standbild, das Christus auf der Grenze stehend darstellt. Die Christusstatue hält in der einen Hand das Kreuz, und die andere Hand reckt er segnend über die Völker. Der Sockel des Standbildes trägt die Inschrift: „Eher sollen die Berge der Anden in Staub zerfallen, als dass die Völker von Argentinien und Chile den Frieden brechen, den sie zu Füßen ihres Erlösers zwischen sich aufgerichtet haben!"

Christus ist der Friedefürst, der Erste des Friedens. Er hat uns den Frieden mit Gott geschenkt. Und zu seinen Füßen können wir auch unter uns den Frieden machen. Die Waffen können umgegossen werden in das Bild des segnenden Friedefürsten. Zu Füßen unseres Erlösers ist dann kein Raum mehr für Krieg und Hass, Zerstörung und Feindschaft.

„Und der Friede Christi, zu dem ihr auch berufen seid in einem Leibe, regiere in euren Herzen; und seid dankbar!"

(Kolosser 3,15)

Non frustra – nicht vergeblich!

Einem jungen Franzosen, der bei der Belagerung von Saint Quentin verwundet worden war und auf einer Pritsche im Lazarett lag, fiel ein Traktat auf seiner Bettdecke in die Augen. Er las es durch und bekehrte sich zu Jesus Christus. Das Denkmal dieses Mannes mit einer Bibel in der Hand steht noch heute in Paris vor der „Kirche des Konsistoriums". Der Mann war Admiral Coligny, der Führer der Reformation in Frankreich.

Aber jenes kleine Traktat hatte seine Wirkung noch nicht beendet. Auch Colignys Krankenschwester in jenem Lazarett, eine „barmherzige Schwester", die deswegen Gewissensbisse bekam und das Blatt ihrer Äbtissin brachte, kam dadurch samt ihrer Oberin zum Glauben an Christus. Sie floh aus Frankreich in die Pfalz, wo sie einen jungen Holländer traf, dessen Frau sie später wurde. Der segensreiche Einfluss, den sie auf ihren Mann ausübte, wirkte sich auf ganz Europa aus, denn der Holländer war Wilhelm III. von Oranien, ein Vorkämpfer für Freiheit und Glauben in den Niederlanden.

„Darum, meine lieben Brüder und Schwestern, seid fest, unerschütterlich und nehmt immer zu in dem Werk des Herrn, weil ihr wisst, dass eure Arbeit nicht vergeblich ist in dem Herrn!"

(1. Korinther 15,58)

Die Legende vom Rotkehlchen

Es war zu der Zeit, da unser Herr die Welt erschuf – gegen Abend kam es ihm in den Sinn, einen kleinen grauen Vogel zu erschaffen. „Merke dir, dass dein Name Rotkehlchen ist!", sagte unser Herr zu dem Vogel, als er fertig war – und ließ ihn fliegen. – Da flog der Vogel zu unserem Herrn zurück. „Warum soll ich Rotkehlchen heißen, wenn ich ganz grau bin?", fragte er. Der Herr lächelte nur still und sagte: „Ich habe dich Rotkehlchen genannt, aber du musst selbst zusehen, dass du dir deine roten Brustfedern verdienst."

Eine unendliche Menge von Jahren war seit diesem Tage verflossen. – Da brach ein neuer Tag an, der auch in der Geschichte der Erde lange nicht vergessen werden sollte. Am Morgen dieses Tages saß ein Rotkehlchen auf einem kleinen Hügel vor den Mauern Jerusalems. Es erzählte seinen Jungen vom Schöpfungstage und von der Namensgebung. „Seht nun", schloss es betrübt, „so viele Jahre sind seither verflossen, so viele Rosen haben geblüht, so viele junge Vögel sind aus ihren Eiern gekrochen, aber das Rotkehlchen ist immer noch ein kleiner grauer Vogel." – Die Jungen rissen ihre Schnäbel weit auf und fragten, ob ihre Vorfahren nicht versucht hätten, irgendeine Großtat zu vollbringen, um die unschätzbare rote Farbe zu erringen. „Wir haben alle getan, was wir konnten", sagte der kleine Vogel, „aber es ist uns allen misslungen. – Wir hofften auf den Gesang. Schon das erste Rotkehlchen dachte, die Sangesglut werde seine Brustfedern rot färben. Aber es täuschte sich. – Wir hofften auf unsere Tapferkeit. Schon das erste Rotkehlchen kämpfte tapfer mit anderen Vögeln. Es dachte, seine Brustfedern werden sich rot färben vor Kampfeslust. Aber es scheiterte." – Der Vogel hielt mitten im Satz inne, denn aus einem Tore Jerusalems kam eine Menschenmenge gezogen. – „Nein, es ist zu entsetzlich", rief er seinen Jungen zu. „Ich will nicht, dass ihr diesen Anblick seht – da sind drei Missetäter, die gekreuzigt werden sollen." – Das Rotkehlchen konnte die Blicke nicht von den drei Unglücklichen wenden. „Wie grausam die Menschen sind!", sagte der Vogel nach einem Weilchen. „Auf dem Kopf des einen haben sie eine Krone aus stechenden Dornen befestigt." – Er sah, wie das Blut auf die Stirn des Gekreuzigten tropfte, da vermochte er nicht mehr still in seinem Neste zu bleiben. – „Wenn ich auch nur klein und schwach bin, so muss ich doch etwas für diesen armen Gequälten tun können", dachte der Vogel, verließ sein Nest und flog hinaus in die Luft. – Allmählich fasste er Mut, flog ganz nahe hinzu und zog mit seinem Schnabel einen Dorn aus, der in die Stirn des Gekreuzigten gedrungen war. Während er dies tat, fiel ein Tropfen Blut auf seine Kehle, verbreitete sich dort rasch und färbte alle seine zarten Brustfedern ein. –

Als der Vogel wieder in sein Nest kam, riefen ihm seine kleinen Jungen zu: „Deine Brust ist roter als Rosen!" – „Es ist nur ein Blutstropfen von der Stirne des armen Mannes", sagte der Vogel. „Der verschwindet, sobald ich in einem Bach bade." Aber so viel der kleine Vogel auch badete, die rote Farbe verschwand nicht von seiner Kehle, und als seine Kleinen herangewachsen waren, leuchtete die blutrote Farbe auch an ihren Brustfedern, wie sie auf jedes Rotkehlchens Brust und Kehle leuchtet, bis auf den heutigen Tag.

(Nach Selma Lagerlöf, gekürzt)

„Gutes zu tun und mit andern zu teilen, vergesst nicht; denn solche Opfer gefallen Gott wohl!"

(Hebräer 13,16)

Die bessere Antwort

Jerusalem (AFP) – Die Eltern eines von der israelitischen Armee getöteten Palästinenserjungen haben der Transplantation seiner Organe an kranke Israelis zugestimmt. Zwei zwölfjährigen jüdischen Kindern wurden das Herz, die Leber, eine Lunge und eine Niere des neunjährigen Ali Mohammed Jawarish übertragen.

Was war dem vorausgegangen? Der kleine Ali war in Bethlehem von einem Gummigeschoss israelischer Soldaten getroffen worden. Er wurde schwer verletzt ins Hadassah-Krankenhaus in Westjerusalem eingeliefert, doch dort verweigerte man seine Aufnahme. Daraufhin wurde Ali zu einem Krankenhaus in Ostjerusalem transportiert. Seine Odyssee war damit aber noch nicht zu Ende, denn er wurde weiter in ein Krankenhaus nach Ramallah im Westjordanland gebracht. Weil man ihm dort nicht helfen konnte, kam er schließlich wieder zurück in die Hadassah-Klinik, die ihn diesmal aufnahm; zu spät. Trotz alledem entschieden sich die Eltern nach seinem Tod für die Transplantation zur Rettung jüdischer Kinder.

(Aus der Süddeutschen Zeitung vom März 1999)

„Seht zu, dass keiner dem andern Böses mit Bösem vergelte, sondern jagt allezeit dem Guten nach untereinander und gegen jedermann!"
(1. Thessalonicher 5,15)

Liebe erlöst

Ein griechisches Märchen erzählt von einer bösen Frau, die hoch oben in den Bergen wohnte und eines Tages unten im Dorf ein kleines Mädchen entführte. Als die Mutter des Kindes den Verlust bemerkte, lief sie von Schmerz und Sorge um ihr Kind getrieben den Bergen entgegen.

Als es dunkel geworden war, kam sie an eine kleine Hütte. Dort wohnte eine alte Frau, die ihr versprach, ihr den Weg zu der Hexe zu erklären, wenn sie einige Aufgaben für sie erledigte. Die Mutter tat alles, was die Frau von ihr erbat. Sie tat es rasch und sorgfältig, um nur bald zu ihrem Kind zu gelangen. Am Morgen gab die alte Frau der Mutter die Beschreibung des Weges zu der Hexe, warnte sie aber vor dem großen Wolf, der vor ihrem Haus angekettet sei. Sie erklärte der Mutter, dass sie nur in das Haus hinein und auch wieder hinaus gelangen könne, wenn sie jeweils ein Stückchen Fleisch aus ihrem eigenen Schenkel dem Wolf als Fraß vorwerfe. Die Mutter rannte los, fand das Haus und sah den großen Wolf, der vor dem Haus wachte, und ohne Bedenken warf sie dem Wolf ein Stück aus ihrem Bein vor, gelangte in das Haus, holte ihr Kind leise aus dem Haus der schlafenden Hexe heraus, riss sich nochmals ein Stück aus ihrem Schenkel, um an dem Wolf vorbei in die Freiheit zu gelangen. Erst als sie mit ihrem geliebten Kind in Sicherheit war, spürte sie die Erschöpfung und die Wunde und weinte vor Glück und Schmerz zugleich.

„Er ist um unserer Missetat willen verwundet und um unserer Sünde willen zerschlagen. Die Strafe liegt auf ihm, auf dass wir Frieden hätten, und durch seine Wunden sind wir geheilt."

(Jesaja 53,5)

Der Ostergruß

Ich bin Landwirt. Meine Frau ist in Russland geboren. Seit vielen Jahren bewohnen wir unseren eigenen Hof in Yorkshire, England. Damals suchten wir eine Haushaltshilfe, und meine Frau äußerte den Wunsch, eine russische Emigrantin einzustellen.

Drei Wochen vor Ostern trat ein junges Mädchen bei uns ihre Stellung an, ungefähr sechzehnjährig und stets mit einem freundlichen Lächeln auf den Lippen. Wie wohltuend war ihre frische Art, weil damals in unserer Familie, besonders zwischen uns Eheleuten, nicht eitel Friede herrschte.

Am Ostermorgen hatten wir einen heftigen Streit. Ein böses Wort gab das andere, bis ich schließlich sogar Mühe hatte, mich äußerlich zu beherrschen. Ich hatte Lust, alles kurz und klein zu schlagen.

So saß ich denn am Frühstückstisch mit geballten Fäusten. Als es an der Tür klopfte, sprang ich auf. Aber herein trat das Mädchen mit dem Tablett, und mit sanftem Lächeln sagte es: „Kristos voskres!"

Der Gegensatz war unbeschreiblich. Da waren wir beide, meine Frau und ich, mit zornroten Köpfen und Herzen voller Hass, und daneben dieses Mädchen, das Frieden ausstrahlte.

Meine Frau wandte sich um, bedeckte das Gesicht mit den Händen und begann zu weinen. Ich sah diese Tränen, fragte mich überrascht, was hier passiert sei, und sagte: „Was hat das Mädchen gesagt?" Denn ich verstehe nur wenig Russisch.

Meine Frau blickte auf – ich werde das nie vergessen. Als ich sie ansah, las ich in ihrem Blick etwas von der Liebe, die sie mir vor Jahren entgegengebracht hatte. Ganz einfach sagte sie: „Christus ist auferstanden. Das hat Anna gesagt!" Plötzlich verstand ich den Zusammenhang. Es war ja Ostern, und an Ostern grüßte man sich in Russland mit den Worten: „Christus ist auferstanden."

Was für traurige Erinnerungen musste dieser Gruß in meiner Frau geweckt haben. Ich erkannte, dass sie sich im Geist zurückversetzte in längst vergangene Zeiten. Wortlos trat sie zu mir, legte die Hände auf meine Schulter und sagte: „Es tut mir leid, mein Lieber, bitte verzeih mir, wenn du kannst."

„Ich dir verzeihen? Wir haben Vergebung nötig, auch ich."

Sie können sich kaum vorstellen, welche Veränderung das in unserem

Haus bewirkt hat. Wahrhaftig, Christus war in unseren Herzen auferstanden. Wir schauten auf zu ihm und begannen gemeinsam, ihm zu dienen.

Es würde zu weit führen, wenn ich alles berichten wollte, was seither geschehen ist. Ich weiß nur, dass wir heute zu den glücklichsten Menschen gehören, und das, weil uns jemand im rechten Augenblick an die große, herrliche Botschaft erinnert hat: „Der Herr ist wahrhaftig auferstanden!"

(N.N.)

„Nun aber ist Christus auferstanden von den Toten als Erstling unter denen, die entschlafen sind!"

(1. Korinther 15,20)

Protest gegen den Tod

Die Kraft von Ostern entfaltet sich auch darin, dass wir dem Tod in all seinen Spielarten das Recht bestreiten, sich über Gebühr aufzuspielen. „Der Tod mit seiner Macht wird nichts bei mir geacht. Er bleibt ein totes Bild, und wär er noch so wild!" (Paul Gerhardt – EG 112,4). Das ist nicht die Verharmlosung des Todes, wohl aber Aufstand und Protest gegen den Tod.

Christen geben dem Tod der Beziehungen, der Gefühle, dem Absterben der Hoffnung und des Glaubens – so weit wie möglich – keinen Raum. Sie erteilen den Vorboten des Todes, der Trostlosigkeit, Verzweiflung und Resignation Hausverbot in ihrem Lebenshaus. Sie weigern sich, mit den Agenten des Todes, der Krankheit, dem Krieg, dem Hunger und Unrecht, zusammenzuarbeiten. Und sie verschweigen den Auferstandenen nicht, den Grund ihrer Hoffnung.

Sicher, manchmal, wenn der Tod sein Unwesen treibt, in Eschede, im Kosovo, in Tschetschenien oder im eigenen Lebensumfeld, wird es auch uns Christen die Sprache verschlagen. Aber auch dann werden wir mit stiller Hoffnung dabei sein, werden Hand anlegen, wo wir eben können, werden klagen, segnen und beten. Und auch darin sind wir Christen „Protestleute gegen den Tod" (Blumhardt).

(Dr. Burghard Krause)

„Kämpfe den guten Kampf des Glaubens; ergreife das ewige Leben, wozu du berufen bist und bekannt hast das gute Bekenntnis vor vielen Zeugen!"

(1. Timotheus 6,12)

Ein Bild des Todes

Der berühmte Erzbischof von Mailand, der heilige Karl Borromäus, ließ einst einen Künstler ein Bild malen, das den Tod darstellen sollte. Der Maler fertigte einen Entwurf an und zeigte dem Bischof den Tod als Knochenskelett mit einer Sense in der Hand. Doch damit war der Erzbischof überhaupt nicht einverstanden. So wollte er den Tod nicht gemalt haben. „Male den Tod als einen Engel mit einem goldenen Schlüssel in der Hand!"

Wir wissen um die Grausamkeit des Todes und die schmerzliche Erfahrung des Sterbens. Der Tod ist wirklich nicht der „Freund Hein", der uns vom Leben erlöst. Aber er ist im Glauben an die Auferstehung Jesu auch nicht der Sensenmann, der als Skelett uns bedroht. Seit Jesus den Tod überwunden und ein ewiges Leben eröffnet hat, kann der Tod auch ein Engel sein, der uns die Tür zum Vaterhaus und zur ewigen Herrlichkeit aufschließt.

„Fürchte dich nicht! Ich bin der Erste und der Letzte und der Lebendige. Ich war tot, und siehe, ich bin lebendig von Ewigkeit zu Ewigkeit und habe die Schlüssel des Todes und der Hölle!"

(Offenbarung 1,17f)

Die Kraft von Ostern

Die Kraft von Ostern zeigt sich auch darin, dass wir aus der begrenzten Zeit, die uns bis zu unserem eigenen Tod noch bleibt, nicht eine ganze „Ewigkeit" herausschlagen müssen. Durch Jesu Auferweckung von den Toten ist der Himmel nach vorne offen – wir müssen nicht bereits aus unserem kleinen Leben den „Himmel auf Erden" herauspressen. Wir müssen nicht bis zur Erschöpfung jagen und hetzen, raffen und gieren, um ja nicht das Leben zu verpassen. Was uns an Lebenszeit bis zum Tod noch verbleibt, ist nicht die „letzte Gelegenheit". Da kommt noch was. Denn Gott verspricht uns Ewigkeit, in der uns nichts mehr von ihm und seiner Liebe trennen kann. Durch Ostern sind wir nie mehr vom Leben abgeschnitten.

Das macht gelassen im Blick auf alle Lebenshoffnungen, die sich im Hier und Jetzt noch nicht erfüllen.

Glaubenskraft von Ostern her – ich hoffe, sie wird mir auch einmal helfen zu sterben, loszulassen, mich fallen zu lassen in die Hand, die mein Leben hält. Der Protest gegen den Tod hier auf der Erde wird sich dann vermählen mit der Einwilligung in den Tod als dem Tor zum Leben.

(Dr. Burghard Krause)

„Denn Christus ist mein Leben, und Sterben ist mein Gewinn!"

(Philipper 1,21)

Der Mensch denkt und Gott lenkt

Einst regierte im Orient ein gütiger König. Er hatte ein Herz für die Armen und half mit Almosen, wo er konnte. Jede Woche kamen zwei Bettler an sein Palasttor und baten um ein Brot. Der eine Bettler pries laut den König und seine Güte. Der andere nahm still den Laib Brot und dankte Gott. Dem König missfiel das, und er stellte den Bettler zur Rede. Aber der sagte nur: „Wäre Gott nicht so gut zu dir, könntest du mir auch nichts geben! Gott gehört die Ehre."

Der König wollte dem Bettler eine Lehre erteilen und befahl dem Bäcker, zwei völlig gleiche Brote zu fertigen, aber in das eine wertvolle Edelsteine einzubacken. Weiter befahl er, genau darauf zu achten, dass der Bettler, der stets den König lobte, das Brot mit den Edelsteinen bekäme. Der aber war gerissen und spürte sofort, dass sein Brot schwerer war, und meinte, es sei nicht gut gebacken und der Teig innen noch feucht. So bot er ganz unschuldig dem anderen Bettler sein Brot an. Der tauschte ganz bereitwillig sein Brot mit dem anderen, lobte Gott und ging damit nach Hause. Dort aß er das gute Brot, fand die Edelsteine und dankte Gott noch mehr, dass er nun nicht mehr betteln gehen müsste.

Als der König schließlich über sein Ausbleiben verwundert den anderen Bettler fragte und von dem Tausch hörte, musste er einsehen, dass seine Lektion misslungen und der Bettler recht behalten hatte. Gott allein gibt und handelt, und selbst ein König kann nur vollbringen, was und wie Gott will.

„Meine Gedanken sind nicht eure Gedanken, und eure Wege sind nicht meine Wege, spricht der Herr!"

(Jesaja 55,8)

Bewahrt

Die Titanic wurde von den besten Experten des 20. Jahrhunderts gebaut und ging unter, und 1517 Menschen ertranken in jener schrecklichen Nacht. Die Arche Noahs wurde auf Gottes Anweisung von gehorsamen Amateuren gebaut und bewahrte die sechs Menschen, die sich von Gott warnen und einladen ließen, vor dem Untergang.

Die fast ungebrochene Vertrauensseligkeit des modernen Menschen im Blick auf die Technik und all die menschlichen Möglichkeiten der Lebenssicherung machen nachdenklich. Und die Krankheit des Misstrauens auf die göttlichen Anweisungen und Versprechen des Lebens wird immer stärker!

Wer mit Liebe und Gehorsam Gottes Worten und Einladungen folgt, bleibt am Ende bewahrt.

„Durch den Glauben hat Noah Gott geehrt und die Arche gebaut zur Rettung seines Hauses, als er ein göttliches Wort empfing über das, was man noch nicht sah; durch den Glauben sprach er der Welt das Urteil und hat ererbt die Gerechtigkeit, die durch den Glauben kommt!"

(Hebräer 11,7)

Himmel und Hölle

Das ist die Hölle, wenn sich der Mensch auf Gottes Thron setzt.
Und das ist der Himmel, wenn der Mensch auf Gottes Schoß sitzt.
Wenn Menschen sein wollen wie Gott, tut sich die Hölle auf.
Wenn Gott in Jesus sein will wie ein Mensch, öffnet sich der Himmel.
Wenn Menschen ihre Türme bis an den Himmel bauen, werden sie sich die Hölle bereiten.
Wenn Jesus in seiner Liebe bis in die Hölle hinabsteigt, baut er uns die Leiter bis in den Himmel.
Wenn Menschen Übermenschen werden, geraten sie zu Unmenschen.
Wenn Menschen Gottes Kinder werden, geraten sie zu wahren Menschen.

„Sie sprachen: Wohlauf, lasst uns eine Stadt und einen Turm bauen, dessen Spitze bis an den Himmel reiche, damit wir uns einen Namen machen!"

(1. Mose 11.4)

„Wahrlich, wahrlich, ich sage euch: Ihr werdet den Himmel offen sehen und die Engel Gottes hinauf- und herabfahren über dem Menschensohn!"

(Johannes 1,51)

Die Geheimnisse des Lebens nicht einsperren

Ein persischer König wollte einst seinem Volk eine Freude machen und brachte von einem seiner Feldzüge eine Sonnenuhr mit. Durch diese Uhr, die man bisher nicht kannte, veränderte sich das ganze Leben im Königreich. Die Leute fingen an, die Zeit einzuteilen und zu nutzen. Die Vergänglichkeit und Einmaligkeit der Stunden wurde den Menschen bewusst. Sie wurden pünktlich, zuverlässig und sorgfältig und gingen bewusster und besser mit der Zeit um. So entstand in den folgenden Jahren ein spürbar besseres Wohlergehen der Menschen. Eines Tages starb der König, den die Leute so sehr schätzten und verehrten. Aus Dankbarkeit und als Denkmal bauten sie um die Sonnenuhr herum einen wunderschönen Tempel mit herrlichem Prunk und großer Pracht.

Doch groß war ihre Ernüchterung, als sie merkten, was sie da angerichtet hatten. Als der Tempel fertig war, konnten die Sonnenstrahlen die Uhr nicht mehr erreichen. Und so vermochte die Sonnenuhr ihnen keine Orientierung mehr zu geben. Das alte ungeordnete Leben kehrte zurück, der Wohlstand verschwand und das Königreich zerfiel.

„Aber der Allerhöchste wohnt nicht in Tempeln, die mit Händen gemacht sind. So spricht der Herr: Der Himmel ist mein Thron und die Erde der Schemel meiner Füße; was wollt ihr mir denn für ein Haus bauen?"

(Apostelgeschichte 7,48f)

Wir haben die Wahl

„Man kann auf so vielerlei Weise Gutes tun, als man sündigen kann, nämlich mit Geld, Worten und Werken!" (Georg Christoph Lichtenberg)

Was kann man mit Geld alles Gutes tun, Segen stiften, Not lindern, Unglück abwenden, Menschen helfen und Gott ehren! Und was kann man mit Geld für Unheil anrichten, Böses schaffen, Schöpfung zerstören, Beziehungen vergiften, Menschen verhungern lassen und Gott die Ehre rauben. Wir haben die Wahl!

Was kann man mit Worten helfen und raten, ermutigen und trösten, vergeben und heilen, lieben und mitleiden, Menschen Freude machen und Gott danken. Und was kann man mit Worten verurteilen und verachten, beschimpfen und klein machen, verraten und kränken, verleumden und zerstören, Menschen belügen und Gott fluchen. Wir haben die Wahl!

Was kann man mit Werken alles bewirken und aufbauen, Frieden schaffen und Gerechtigkeit üben, Schöpfung bewahren und Kinder erziehen, Menschen beistehen und Gott dienen. Und was kann man mit Werken alles verderben und vernichten, Unheil und Zerstörung anrichten, Kriege führen und Gemeinheiten tun, Menschen verletzen und Gott missachten. Wir haben die Wahl!

„Gefällt es euch aber nicht, dem Herrn zu dienen, so wählt euch heute, wem ihr dienen wollt. Ich aber und mein Haus wollen dem Herrn dienen!"

(Josua 24,15)

Negativ oder positiv sehen

Ein Märchen erzählt vom Adler, dem König der Lüfte. Er hörte immer wieder viel Rühmliches in seinem Reich von einem Vogel, der alle mit seinem Gesang entzückte. So sandte der Adler den Pfau und die Lerche zur Nachtigall, um herauszufinden, ob all die wunderbaren Berichte auch auf Wahrheit beruhten. Der Pfau und die Lerche sollten die Nachtigall in Ruhe betrachten und anhören und dem Adler dann von ihren Eindrücken berichten. Als sie zurückkamen, sagte der Pfau zum Adler: „Die Nachtigall hat ein ganz und gar unscheinbar graues Federkleid, und der Anblick eines solch erbärmlichen Kittels hat mich so abgestoßen, dass ich auf ihren Gesang gar nicht mehr gehört habe!" Und die Lerche sprach zum Adler: „Mein König, der Gesang der Nachtigall ist so wunderbar und einmalig, ihre Melodien haben mich so sehr entzückt und begeistert, dass ich ganz und gar vergessen habe, noch auf ihr Federkleid zu achten!"

„Darum lasst uns nicht mehr einer den andern richten, sondern richtet vielmehr darauf euren Sinn, dass niemand einem anderen Anstoß oder Ärger bereite!"

(Römer 14,13)

Die Wurzel der Liebe

„Ein für alle Mal schreibt dir darum ein kurzes Gebot Folgendes vor: Liebe und tu, was du willst! Wenn du schweigst, schweige aus Liebe; sprichst du, so sprich aus Liebe; wenn du tadelst, tadle aus Liebe; wenn du verzeihst, verzeih aus Liebe. Die Wurzel der Liebe soll das Innerste deines Herzens sein: Aus dieser Wurzel kann nichts als Gutes hervorkommen." (Augustinus)

Kann die Liebe das Innerste meines Herzens sein? Gottes Urteil über das menschliche Herz ist da sehr viel nüchterner: „Das Dichten und Trachten des menschlichen Herzens ist böse von Jugend auf!" (1. Mose 8,21)

Nein, die Liebe wurzelt nicht in meinem Herzen, aber mein Herz kann in der Liebe Gottes wurzeln. Sie ist eindeutig und rein, absolut und gut. Aus dieser Wurzel kann nichts als Gutes hervorkommen.

„Des Gottlosen Lust ist, Schaden zu tun; aber die Wurzel der Gerechten wird Frucht bringen."

(Sprüche 12,12)

Das beste Band

Parvis, der König von Persien, hatte einen Feldherrn, der sich durch seine hervorragenden Fähigkeiten sowohl beim König als auch beim Heer hohes Ansehen erworben hatte. Leider jedoch war er ein Mensch mit hitzigem Gemüt und neigte dazu, voreilig Entschlüsse zu fassen. – Eines Tages fühlte er sich vom König gekränkt und beschloss deshalb, einen Aufstand gegen ihn vorzubereiten. Parvis erfuhr davon und beriet sich mit seinen Wesiren. Diese zweifelten nicht daran, dass der Rebell unverzüglich in Ketten zu legen sei. Der König hörte sich den Rat an, er hörte jedoch auch auf sein Herz. Er ließ den Feldherrn kommen – und überschüttete ihn mit Freundlichkeiten. Er bat ihn wegen der Kränkung um Verzeihung, versicherte ihn seiner bleibenden Gunst und rühmte seine Verdienste. Die Folge war, dass der Feldherr nicht nur sogleich von seinem Vorhaben abließ, sondern dem König fortan mit unerschütterlicher Treue zur Seite stand. Zu seinen Wesiren aber sagte der Herrscher: „Für Hände und Füße braucht man viele Ketten, und die sind grausam. Für das Herz jedoch braucht man nur eine. Und wenn ein Mensch edler Art ist, umfängt sie ihn für alle Zeit."

(Nach einer orientalischen Geschichte)

„Über alles aber zieht an die Liebe, die da ist das Band der Vollkommenheit!"

(Kolosser 3,14)

Ist da etwas Schweres im Wege?

„Steh froh auf zu deinem Werktage, wenn du es kannst. Und kannst du es nicht, was hindert dich daran? Ist da etwas Schweres im Wege? Was hast du gegen das Schwere? Dass es dich töten kann. Es ist also mächtig und stark. Das weißt du von ihm. Und was weißt du vom Leichten? Nichts. An das Leichte haben wir gar keine Erinnerung. Selbst wenn du also wählen dürftest, müsstest du nicht eigentlich das Schwere wählen? Fühlst du nicht, wie verwandt es mit dir ist? ... Und bist du nicht im Einklang mit der Natur, wenn du es wählst? Meinst du, dem Keim wäre es nicht leichter, in der Erde zu bleiben? – Es gibt gar nicht ein Leichtes und ein Schweres. Das Leben selbst ist das Schwere. Und Leben willst du doch? Du irrst also, wenn du das Pflicht nennst, dass du das Schwere auf dich nimmst. Es ist Selbsterhaltungstrieb, was dich dazu drängt. Was aber ist denn Pflicht? Pflicht ist, das Schwere zu lieben ... du musst da sein, wenn es dich braucht."

(Rainer Maria Rilke)

„Ja, du machst hell meine Leuchte, der Herr, mein Gott, macht meine Finsternis licht. Denn mit meinem Gott kann ich über Mauern springen!"

(Psalm 18,29f)

Worauf du dich verlassen kannst!

Was sollen wir denen sagen, die äußerlich und innerlich erschüttert zu uns kommen mit der Klage: „Alles ist uns zerbrochen: das Vertrauen zu den Menschen, das Vertrauen zu uns selber. Unser Leben, einst mit stolzen Hoffnungen angefangen, hat uns bitter enttäuscht." Was sollen wir den jungen Leuten sagen, die, von der Unruhe dieser Zeit ergriffen, hierhin und dahin laufen? Hinter ihrem oft wunderlichen Wesen, ihren verzerrten und verkrampften Worten und Gedanken verbirgt sich doch nur diese eine Sehnsucht: „Gebt uns einen festen Grund, auf dem man stehen kann!" Wo ist die Gewissheit, die uns Ruhe gibt? Was sollen wir unserm eigenen Herzen sagen, wenn es, von Schuld und Schicksal hin- und hergerissen, immer wieder schwankend werden will, wenn auch da, wo der Glaube eine Macht wurde, der Zweifel wieder Raum gewinnt und die Niederlagen und Enttäuschungen unsre Müdigkeit zu einem Nebel werden lassen, den wir nicht mehr durchstoßen können? Ich weiß nur einen Rat: dass wir uns unverwandt an die Tat Gottes halten, die so fest und klar ist wie die Ewigkeit – an das Sterben und Auferstehen Jesu Christi.

(Friedrich von Bodelschwingh)

„Ich bin der gute Hirte. Der gute Hirte lässt sein Leben für die Schafe. Meine Schafe hören meine Stimme, und ich kenne sie, und sie folgen mir. Und ich gebe ihnen das ewige Leben, und sie werden nimmermehr umkommen, und niemand wird sie aus meiner Hand reißen!"

(Johannes 10,11.27f)

Offen gesagt, was das Herz sich wünscht

Wenn ich eine Pflanze wäre, möchte ich keine von den nützlichen Pflanzen sein, die zu viel mit den Menschen zu tun haben. Weder Hafer noch Korn noch gelagerte Gerste, die nicht ins Feld gehen können, wie es in Ordnung wäre. Man lässt dem Korn nicht einmal seine Kornblumen, um sich zu zerstreuen.

Vor allem möchte ich nicht zu diesen Gemüsen gehören, die so fügsam und aufgereiht sind, diese liniengerade abgesteckten Mohrrüben, diese mit der Rute gelenkten Bohnen, diese Salate, die man zwingt zu erbleichen, ihr Herz zusammengepresst, wenn es ringsum so schön ist und sie so gern ganz geöffnet sein möchten.

Ich wäre noch einverstanden, ein Kraut für Heilgetränke zu sein, Quendel oder Malve oder Salbei, nur müsste es auf einer dieser windgepeitschten Höhen sein, wo nur Hirten sie pflücken. Aber lieber wäre ich Heidekraut, Blauer Enzian, Ginster, Distel im Notfall, auf einer verlassenen Heide.

Und wenn ich ein Tier wäre, möchte ich kein Tier im Hause oder auf dem Bauernhof sein, weder eine Ziege, die man an den Pfahl bindet, noch eins von diesen Hühnern im Wirtschaftshof. Nein, nein, da wäre ich lieber Hase oder Fuchs oder Hirschkuh oder Nachtigall, die dem Menschen nur an dem Tage begegnen, da er sie tötet.

Und doch werde ich mein ganzes Leben lang eins der zahmsten Haustiere sein, ein Lasttier, ein Kettenhund, ein Kanarienvogel im Käfig. Oder Suppengemüse. Das wird der Wille Gottes gewesen sein.

(Marie Noël)

„Kommt her zu mir, alle, die ihr mühselig und beladen seid; ich will euch erquicken. Nehmt auf euch mein Joch und lernt von mir; denn ich bin sanftmütig und von Herzen demütig; so werdet ihr Ruhe finden für eure Seelen. Denn mein Joch ist sanft, und meine Last ist leicht!"
(Matthäus 11,28-30)

Was verfolgt uns?

Einen Tag war Wojciech Ciesieski alt, als britische Soldaten am Sonntag, dem 15. April 1945, das KZ Bergen-Belsen befreiten. Heimlich, im Dreck der Elendsbaracken, hatte ihn seine Mutter Alexandra zur Welt gebracht. Das Kind war gesund, obwohl die Mutter schwer an Typhus erkrankt war.

Seinen 55. Geburtstag feierte der Ingenieur aus Warschau am Ort seiner Geburt. Zusammen mit rund 250 Überlebenden aus aller Welt nahm Ciesieski an einer Gedenkfeier auf dem ehemaligen KZ-Gelände in Bergen-Belsen teil. „Ich muss nicht in meinen Pass sehen, um zu wissen, wo ich geboren bin. Das vergisst man nie. Wir haben das Lager zwar verlassen, aber das Lager verlässt uns nie!", sagte der polnische Katholik.

Viele Menschen haben in ihrer Kindheit schreckliche Eindrücke und bedrückende Erlebnisse gehabt, die sie nie mehr loswerden. In Angstträumen und Schwermut tauchen diese dunklen Erfahrungen immer wieder auf.

Was verfolgt uns nicht alles aus unserer Lebensgeschichte?

Aber auch Gott möchte uns mit seiner Güte und Freundlichkeit, seiner Liebe und Barmherzigkeit verfolgen, solange wir leben. Und es kann sein, dass sich das Gute Gottes gegen das Böse dieser Welt irgendwann auch in unserer Seele durchsetzt.

„Gutes und Barmherzigkeit werden mir folgen mein Leben lang, und ich werde bleiben im Hause des Herrn immerdar!"

(Psalm 23,6)

Der falsche Blick

Ein persisches Märchen erzählt von einem reichen Kaufmann und seinem wunderschönen Papagei. Der Kaufmann war in seinen Papagei so vernarrt, dass er viele Stunden mit dem Papagei das Sprechen und allerlei Kunststücke übte. Jedes Mal, wenn der Papagei etwas gut gesagt oder eines seiner vielen Kunststücke gemacht hatte, bekam er aus einem Sack zur Belohnung ein Stück Zucker. So achtete und liebte der Papagei den Zuckersack über alles.

Eines Abends, als der Kaufmann nach einem langen Arbeitstag müde zu Bett ging, bat er den Vogel, wach zu bleiben und auf das Haus mit seinen wertvollen Schätzen achtzugeben. Der Papagei wachte sorgsam die ganze Nacht und ließ dabei seinen Zuckersack nicht aus den Augen. Gegen Morgen kamen die Diebe und raubten das ganze Haus aus. Alle die kostbaren Sachen nahmen sie mit, den Sack mit dem Zucker ließen sie achtlos zurück.

Am nächsten Morgen ging der Kaufmann entsetzt durch die Räume und beklagte den Verlust all seiner Schätze. Doch immer wieder plapperte der Papagei: „Der Zuckersack ist doch da!"

So kommt mir eine Gesellschaft vor, die langsam all ihrer wirklichen Werte beraubt und ihrer eigentlichen Schätze verlustig geht. Aber die Menschen beruhigen sich mit ihren kleinen Zuckersäckchen und trösten sich mit den Liebhabereien, die ihnen geblieben sind. Die Schöpfung wird verdorben, die Gesellschaft krank, Ehe und Familie zerstört, die Werte verlassen und das Gute belächelt – Hauptsache, wir behalten unsere kleinen Zuckerstückchen.

„Denn solche dienen nicht unserem Herrn Christus, sondern ihrem Bauch; und durch süße Worte und prächtige Reden verführen sie die Herzen der Arglosen."

(Römer 16,18)

Wenn Gott ruft

Einst kam ein junger Mann nach Bethel zu Vater Bodelschwingh mit dem Wunsch, als Missionar nach Übersee zu gehen. Begeistert erzählte er, dass er sich dazu berufen fühle. Bodelschwingh war zunächst sehr zurückhaltend, denn er wusste, wie oft menschliche Begeisterung einen solchen Lebenswunsch auslösen konnte. So schickte er den jungen Mann erst einmal in das tropenmedizinische Institut, um seine Tropentauglichkeit feststellen zu lassen. Der Arzt hatte für den jungen Mann nach der umfangreichen Untersuchung eine niederschmetternde Nachricht. Höchstens ein Jahr werde er den Strapazen der Tropen standhalten können. Sein ärztliches Urteil: nicht tropentauglich.

Traurig kam der Mann mit dem Arztbericht zu Bodelschwingh. Der fragte ihn unverblümt: „Wären Sie denn nun bereit, für ein Jahr hinauszugehen und das unter Umständen mit Ihrem Leben zu bezahlen?" – „Ja", sagte der junge Mann, ohne zu zögern, „ich bin bereit!" – „So gehen Sie in Gottes Namen hinaus!" So wurde der junge Mann Missionar der Bethel-Mission und blieb über 50 Jahre auf dem Missionsfeld.

Wenn Gott ruft und nicht menschliche Begeisterung uns bewegt, dann gibt es auch einen Weg und eine Erfüllung.

„Als Paulus die Erscheinung gesehen hatte, da suchten wir sogleich nach Mazedonien zu reisen, gewiss, dass uns Gott dahin berufen hatte, ihnen das Evangelium zu predigen."

(Apostelgeschichte 16,10)

Mehr wahre Glückseligkeit

Sich amüsieren, heißt eigentlich von der Wortgeschichte her: die Muse loswerden. Amüsement wäre also das Vergnügen ohne Kunst und Verstand, ohne Inspiration und Weisheit, der Spaß der Hohl- und Plattköpfe.

„Wenn die Menschen gewohnt wären, unter das Getümmel ihrer Geschäfte und Zerstreuungen bisweilen ernsthafte Augenblicke der Betrachtung zu mengen, so würden ihre Freuden vielleicht weniger rauschend sein, aber die Stelle derselben würde eine ruhige Heiterkeit der Seele einnehmen, der keine Zufälle mehr unerwartet sind. Und selbst die sanfte Schwermut, dieses zärtliche Gefühl, davon ein edles Herz aufschwillt, wenn es in einsamer Stille die Nichtswürdigkeit alles dessen erwägt, was bei uns allgemein für groß und wichtig gilt, würde mehr wahre Glückseligkeit enthalten als die ungestüme Belustigung des Leichtsinnigen und das laute Lachen des Toren."

(Immanuel Kant)

„Ich freue mich im Herrn, und meine Seele ist fröhlich in meinem Gott; denn er hat mir Kleider des Heils angezogen und mich mit dem Mantel der Gerechtigkeit gekleidet."

(Jesaja 61,10)

Gerecht geteilt

Als ich meinem kleinen Patenjungen einst eine Tafel Schokolade mitbrachte, bestand seine Mutter darauf, dass er sie mit seinem gut ein Jahr jüngeren Bruder teilen sollte. Schweren Herzens brach er die Tafel in zwei Teile, verglich sie kurz miteinander und gab seinem Bruder die etwas kleinere Hälfte. Ganz behutsam erinnerte seine Mutter ihn daran, dass man beim Teilen immer dem anderen die bessere Hälfte gibt. Worauf er seinem Bruder die beiden Teile in die Hand drückte und meinte: „Dann soll er teilen!"

Ein sehr reicher Mann wollte einst angesichts seines nahen Todes seinen großen Besitz gerecht unter seine Söhne aufteilen. Da er aber damit rechnete, dass jeder von beiden den anderen übervorteilen würde, machte er bei einem Notar folgendes Testament: „Die im Einzelnen aufgeführten Besitztümer soll mein ältester Sohn nach seinem Dafürhalten in zwei Teile teilen. Mein jüngerer Sohn aber soll davon zuerst die Hälfte wählen, die er bekommen möchte. So hoffe ich, gerecht geteilt zu haben!"

„Was wahrhaftig ist, was ehrbar, was gerecht, was rein, was liebenswert, was einen guten Ruf hat, sei es eine Tugend, sei es ein Lob – darauf seid bedacht!"

(Philipper 4,8)

120

Das Glück

„Wo suchen die Menschen das Glück? Dort, wo es niemals ist. Nämlich im Reichtum, in der Befriedigung des eigenen Ehrgeizes, darin, dass sie bei Nachbarn und Bekannten Bewunderung erwecken. Sie meinen, Reichtum könnte ihnen alles geben, was Glück schafft. Also tritt ihnen der Schweiß auf die Stirn, Dornen zerkratzen ihnen die Füße, und dennoch, ohne auf ihre zerrüttete Gesundheit zu achten, auf die vielen nervenaufreibenden Anstrengungen, die bitteren Enttäuschungen, immer weiter jagen sie blindlings dem Gold hinterher!"

(Janusz Korczak)

„Jesus sprach zu ihnen: Seht zu und hütet euch vor aller Habgier; denn niemand lebt davon, dass er viele Güter hat."

(Lukas 12,15)

Loslassen und gewinnen

Eine Palme lässt ihre Früchte los, wenn sie reif sind. Sie freut sich, wenn andere ihre Früchte teilen und genießen. Die Menschen halten ihre Früchte fest, als wollten sie sagen: „Das sind meine, niemand darf sie mir nehmen und keiner soll davon essen!"
Aber wie soll eine Palme wachsen und reifen, neue Früchte und Blätter bekommen, wenn sie nicht loslassen und dabei alles gewinnen kann? So hat die Palme am Ende noch mehr Weisheit als die aufgeklärten und auf sich bedachten Menschen.

„Macht Kranke gesund, weckt Tote auf, macht Aussätzige rein, treibt böse Geister aus. Umsonst habt ihr es empfangen, umsonst gebt es auch!"

(Matthäus 10,8)

Ein kleines Stück vom großen Leben

Es ist dem Menschen beigegeben
ein kleines Stück von einem großen Leben
das sich vollzieht ohn' Unterschied
Ob Bettler oder hohes Tier
von einer Hand voll Erde sind wir alle hier
Bis Gras wächst über dieses Lied
Wollt darum freundlich sein und euch mit
Heiterkeit versehen
Es hat der Mensch zu kommen und zu gehen
Dieses ist ausgemacht von Anfang an
mit Hochmut ist nicht viel
Es ist dem Menschen aufgegeben
mit Güte Gutes zu erstreben
ohn' Unterlass
Auch soll er das was nötig ist zum Leben
mit allen teilen
und aller Kreatur zu Hilfe eilen
bis Blumen wachsen aus dem Gras
Wollt darum gnädig sein und nicht mit Hohn verachten
die nichts auf dieser Welt zustande brachten
Wenn es bestimmt dass wir gen Himmel reisen
dann ist mit Reichtum nichts mehr zu beweisen
Es wird dem Menschen nachgegeben
wenn er bereut und ändert sein bisherig' Leben
Der Tanz ist tot
der Mensch kehrt heim zu Tisch und Brot
der Rausch verfliegt die Demut siegt
die Masken sind gefallen
Doch größer wär des Menschen Not
war nicht ein Gott der milde mit uns allen.

(Hanns Dieter Hüsch)

„Ein Mensch ist in seinem Leben wie Gras, er blüht wie eine Blume auf dem Felde; wenn der Wind darübergeht, so ist sie nicht mehr da, und ihre Stätte kennt sie nicht mehr. Die Gnade aber des Herrn währt von Ewigkeit zu Ewigkeit über denen, die ihn fürchten!"

(Psalm 103,15ff)

Die Suche nach der Wahrheit

Eine orientalische Geschichte erzählt von drei weisen Männern, die miteinander besprachen, was sie den Menschen auf ihren Lebensweg Gutes mitgeben könnten. Und sie wurden eins darüber, dass sie den Menschen am besten die Wahrheit geben sollten. Aber die Menschen müssten die Wahrheit selbst suchen, damit sie auch als besonders wertvoll erkannt würde. „Wo sollen wir die Wahrheit verbergen?", fragten sich die drei Weisen. Der Erste meinte, in einem Gletscher auf dem höchsten Berg wäre die Wahrheit doch gut versteckt. Der Zweite meinte, das wäre zu leicht und schlug vor, die Wahrheit auf dem Grund des tiefsten Meeres in einer Muschel zu verbergen. Der Dritte aber sagte, das wäre auch noch zu leicht und riet, die Wahrheit im Menschen selbst zu verstecken. Dort werde er sie nur sehr schwer finden.

„Wenn ihr bleiben werdet an meinem Wort, so seid ihr wahrhaftig meine Jünger und werdet die Wahrheit erkennen, und die Wahrheit wird euch freimachen!"

(Johannes 8,31f)

Irrtümer

Wir halten, was nicht hält, und gehen unter im Sumpf der falschen Sicherheiten.

Wir zählen, was nicht zählt, und verlieren alle Werte und Würde.

Wir klammern uns an die Erde, während Gott den Himmel weit für uns geöffnet hat.

Wir verachten das Brot des Lebens, während uns der Hunger ins Gras beißen lässt.

Wir trauen dem frischen Lebenswasser nicht, während der Durst nach Liebe uns zu den abgestandenen Tümpeln der Ideologien treibt.

Wir trinken nicht den Wein der Freude, wir amüsieren uns lieber zu Tode.

Wir nehmen das Opfer Jesu nicht an, wir opfern unser Leben aber den Göttern von Ansehen und Wohlstand.

Wir lassen uns nicht erlösen und bleiben lieber Sklaven unserer eigenen Süchte.

Der Lebendige ist so gut zu uns, und wir spielen dem Leben so übel mit.

Gott hat alles für uns bereit, aber wir tun alles, um verloren zu gehen.

Gott hat unser Leben teuer erkauft, und wir nehmen es ihm weg und leben aus eigener Kraft.

„Der auch seinen eigenen Sohn nicht verschont hat, sondern hat ihn für uns alle dahingegeben – wie sollte er uns mit ihm nicht alles schenken?"

(Römer 8,32)

Die richtige Sicht

Eine Frau hat ihre Freundin zu Besuch. Beim Kaffeetrinken erzählt sie ihr, wie unordentlich ihre Nachbarin sei. „Ihr Haus ist nie aufgeräumt, der Garten verwildert, die Kinder schmutzig. Schau dir bloß mal ihre Wäsche an, die da draußen auf der Leine hängt. Es ist fast eine Schande, solch eine Nachbarschaft zu haben. Siehst du die dunklen Streifen und Flecken auf ihrer Wäsche? Schau dir mal ihre Laken und Handtücher genau an!" Die Freundin ging ungläubig zum Fenster und schaute lange hinüber in den nachbarlichen Garten. Dann drehte sie sich um und sagte: „Meine Liebe, die Wäsche da drüben ist ganz sauber. Die Streifen und dunklen Flecken sind auf deinen Fensterscheiben!"

Sind die dunklen Flecken, die wir bei anderen entdecken, nicht oft auf unseren Augen- oder Stubenfenstern?

„Was siehst du den Splitter in deines Bruders Auge und nimmst nicht wahr den Balken in deinem Auge?"

(Matthäus 7,3)

Wahrheit oder Wirklichkeit

Ein Mann erhielt von einer Firma, in der er reichlich eingekauft hatte, einen Brief: „Würden Sie uns bitte umgehend den vollen Betrag senden, den Sie uns noch schulden!" Umgehend schrieb der Mann der Firma: „Der volle Betrag, den ich Ihnen noch schulde, ist genau eintausendundfünfhundert Mark!"
Viele Menschen sagen die Wahrheit, ohne die Wirklichkeit, die sie umschreibt, auch zu leben. Die Wahrheiten des christlichen Glaubens wissen und nachsprechen, das ist die eine Seite. Sie auch leben und in der Wirklichkeit des Alltags ausdrücken, eine andere. Sagen und erklären, wie man leben soll, und es auch tun, sind oft zu weit auseinander.

„Seid aber Täter des Wortes und nicht Hörer allein, sonst betrügt ihr euch selbst!"

(Jakobus 1,22)

Abwarten

Nach der Geburt ihres ersten Sohnes geraten Frau und Mann in einen Streit darüber, nach wessen Vater der Junge genannt werden soll. Sie können sich auch nach Tagen nicht einigen und fragen ihren Rabbi um Rat. „Wie heißt dein Vater?", fragt er die Frau. „Mein Vater heißt Levi!" – „Und wie heißt dein Vater?", fragt er den Ehemann. „Mein Vater heißt Levi!" Der Rabbi ist völlig verwirrt: „Wo liegt dann das Problem?"

„Mein Vater", sagt die Frau, „ist ein frommer Gelehrter. Und sein Vater ist ein ruchloser Pferdedieb. Wie kann ich zulassen, dass mein Junge nach einem solchen Schurken genannt wird?"

Der Rabbi dachte lange über diese heikle Situation nach und gab schließlich eine kurze Antwort: „Nennt den Jungen Levi und wartet ab, ob er ein Gelehrter oder ein Pferdedieb wird. Dann könnt ihr euch einigen, nach wem er benannt ist!"

„Unter den Übermütigen ist immer Streit; aber Weisheit ist bei denen, die sich raten lassen!"

(Sprüche 13,10)

Anbindung

Jahrzehnte halten sie zusammen. Ihre Ehe geht durch viele Krisen und Schwierigkeiten. Aber die Liebe reift, und die Beziehung wird immer fester. Da wird der Mann schwer krank und muss monatelang ein schmerzliches Krankenlager erleiden. Jeden Abend vor dem Einschlafen bindet die Frau ihr Handgelenk an seines an, damit sie nachts sofort spürt, wenn ihr Mann wach wird, sich vor Schmerzen wälzt oder etwas braucht.

Solche An-Bindung im tiefsten Sinn des Wortes brauchen wir in den schweren Zeiten und großen Schmerzen des Lebens. Solche Zeichen der Liebe und Zugehörigkeit sind das Schönste und Wichtigste im Leben.

Sie standen sich gegenüber und sahen sich in die Augen.

Sie standen nebeneinander am Altar und gaben Gott ihr Ja.

Sie standen an den Wiegen ihrer Kinder und haben Gott gedankt.

Sie standen Rücken an Rücken und beide schafften ihre Arbeit.

Sie standen all die Jahre vieles durch und standen bis zuletzt zueinander.

Eines Tages liegen sie nebeneinander im Grab,

und miteinander stehen sie auf bei Gott zum ewigen Leben.

„Über alles aber zieht an die Liebe, die da ist das Band der Vollkommenheit."

(Kolosser 3,14)

Sollen wir diese Welt lieben?

Bedenkt, dass jetzt um diese Zeit der Mond die Stadt erreicht.
Für eine kleine Ewigkeit sein Milchgebiss uns zeigt.
Bedenkt, dass hinter ihm ein Himmel ist,
den man nicht definieren kann.
Vielleicht kommt jetzt um diese Zeit
ein Mensch dort oben an.
Und umgekehrt wird jetzt vielleicht
ein Träumer in die Welt gesetzt.
Und manche Mutter hat erfahren,
dass ihre Kinder nicht die besten waren.
Bedenkt auch, dass ihr Wasser habt und Brot,
dass Unglück auf der Straße droht
für die, die weder Tisch noch Stühle haben
und mit der Not die Tugend auch begraben.
Bedenkt, dass mancher sich betrinkt,
weil ihm das Leben nicht gelingt,
dass mancher lacht, weil er nicht weinen kann.
Dem einen sieht man's an, dem andern nicht.
Bedenkt, wie schnell man oft ein Urteil spricht.
Und dass gefoltert wird, das sollt ihr auch bedenken.
Gewiss ein heißes Eisen, ich wollte niemand kränken,
doch werden Bajonette jetzt gezählt, und wenn eins fehlt,
es könnte einen Menschen retten,
der jetzt um diese Zeit in eurer Mitte sitzt,
von Gleichgesinnten noch geschützt.
Wenn ihr dies alles wollt bedenken,
dann will ich gern den Hut, den ich nicht habe, schwenken.
Die Frage ist, die Frage ist, sollen wir sie lieben, diese Welt?
Sollen wir sie lieben?
Ich möchte sagen, wir wollen es üben.
(Hanns Dieter Hüsch)

„So sehr hat Gott die Welt geliebt, dass er seinen eingeborenen Sohn gab, damit alle, die an ihn glauben, nicht verloren werden, sondern das ewige Leben haben!"

(Johannes 3,16)

Das Glück mit dem kleinen Stich

„Hast du Geld, dann hast du nicht Käthen;
hast du die Frau, dann fehln die Moneten.
Hast du die Geisha, dann stört dich der Fächer.
Etwas ist immer. Tröste dich.
Jedes Glück hat einen kleinen Stich.
Wir möchten so viel: Haben. Sein. Und Gelten.
Dass einer alles hat: das ist selten!"

(Kurt Tucholsky)

Jeder kennt die Sehnsucht nach Mehr und die Unzufriedenheit mit dem Vorhandenen. Wir möchten alles: eine Beziehung und die Freiheit, gute Gesundheit und reichlich Geld, eine Arbeit, die Freude macht und Anerkennung findet. So entstehen die Klage über das Fehlende und der Neid auf andere. Dass einer alles hat, das ist selten. Sollen wir uns damit bescheiden und trösten?
Ein Glück, dass es über Haben, Sein und Gelten, über Besitzen, Bewirken und Bedeuten noch eine andere Weise der Lebenserfüllung gibt.
Gott will uns in seiner Liebe wirklich alles geben, die ganze Fülle und die tiefste Stillung unserer Seele. Das ist das Glück ohne den kleinen Stich!

„Der auch seinen eigenen Sohn nicht verschont hat, sondern hat ihn für uns alle dahingegeben – wie sollte er uns mit ihm nicht ALLES schenken?"

(Römer 8,32)

Wirklich freundlich

Der Generaldirektor einer großen Firma lässt einen ganz jungen Angestellten zu sich kommen und eröffnet ihm: „Ich gratuliere, junger Mann. Einen derart schnellen Aufstieg habe ich in all den Jahren in unserer Firma noch nicht erlebt. Vor einem halben Jahr haben Sie bei uns als einfacher Sachbearbeiter angefangen. Nach einem Monat waren Sie bereits Abteilungsleiter. Nach weiteren zwei Monaten waren Sie schon Hauptabteilungsleiter. Und heute ernenne ich Sie zum Ressortleiter. Was sagen Sie dazu?"
„Das ist wirklich freundlich von dir, Papa!"

„Wenn ein Mensch von Jugend auf verwöhnt wird, so wird er am Ende widerspenstig sein!"

(Sprüche 29,21)

133

Standpunktsache

Ein Bettler bekommt schon lange Zeit an einem bestimmten Platz der Stadt von einem freundlichen Mann täglich eine Mark. Eines Tages sind es nur noch fünfzig Pfennig, und nun bleibt es auch bei dem halbierten Betrag. Irgendwann spricht der Bettler den Mann darauf an: „Mein Herr, früher gaben Sie mir täglich eine Mark, und seit einiger Zeit nur noch die Hälfte?" Der Mann antwortet ihm freundlich: „Es tut mir leid, aber mein Sohn studiert jetzt, und dafür brauche ich nun mehr Geld. Sie wissen ja, wie teuer das heutzutage ist. Das müssen Sie doch verstehen!" Da murmelt der Bettler vor sich hin: „Eigentlich unverschämt! Lässt der Mann seinen Sohn auf meine Kosten studieren!"

So verschieden kann man die gleiche Sache beurteilen. Je nach Standpunkt kommt man zu einer völlig anderen Sicht. Gerade in Beziehungsproblemen und in Schwierigkeiten miteinander ist es wichtig, zu seinem eigenen Standpunkt auch einmal den des anderen einzunehmen.

Wichtig ist, dass wir unseren Standpunkt gefunden haben, vertreten und danach leben, und zugleich uns in andere und ihren Standpunkt hineinversetzen, um ihre völlig andere Sicht zumindest zu verstehen.

„Ein jeder aber prüfe sein eigenes Werk; und dann wird er seinen Ruhm bei sich selbst haben und nicht gegenüber einem anderen!"

(Galater 6,4)

Kinder, Kinder

Eltern wetteifern mit den Gaben ihrer Kinder. „Unsere Sabine kann mit ihren fünf Jahren schon ein richtiges Buch lesen!" – „Unser Michael beherrscht mit nur sechs Jahren schon das große Einmaleins!" „Denken Sie, unsere Maria hat mit sieben Jahren schon ein Klavierkonzert gegeben!"
„Unser Tobias ist gerade mal acht Jahre alt und schreibt schon seinen ersten Roman!"
„Das ist doch alles noch nichts gegen unsere Jessica, die hat mit ihren zehn Jahren in einem einzigen Jahr ein Puzzle zusammengesetzt, obwohl auf der Packung steht: 4–5 Jahre!"
Irgendwann werden Eltern die Intelligenz und Begabung ihrer Kinder nicht nur bestaunen, sondern auch bestimmen. Geschlecht und Aussehen, Begabung und Gesundheit der Kinder werden von den Eltern und ihrem Ehrgeiz bestellt und in Auftrag gegeben.
Wie tief krank muss eine Gesellschaft sein, in der nicht nur Autos und Wohnungen, sondern auch Kinder als Statussymbol und zur Befriedigung eigener Wünsche dienen?

„Siehe, Kinder sind eine Gabe des Herrn, und Leibesfrucht ist ein Geschenk!"

(Psalm 127,3)

Das ist gerade deine Größe

Er kannte weder Vater noch Mutter und wusste nicht einmal den Tag seiner Geburt. Als Neger und Sklave zu Beginn des blutigen Bürgerkriegs geboren, wurde George W. Carver später ein berühmter Professor, der die gesamte Landwirtschaft der Südstaaten veränderte. Er malte herrliche Bilder, gab Konzerte, die Präsidenten Coolidge und Roosevelt besuchten ihn und Ford und Gandhi waren seine Freunde. Eines Tages ging Carver – so erzählt eine Geschichte – zum Morgengebet in den Wald.

„Herr, warum hast du die Welt erschaffen?" – „Mann, das ist zu groß für dich. Frage nach etwas Kleinerem!" – „Herr, warum hast du den Menschen geschaffen?" – „Mann, das ist immer noch zu groß für dich. Frage nach etwas Kleinerem!" – „Herr, warum hast du die Erdnuss geschaffen?" – „Das ist gerade deine Größe!" Und George W. Carver ging in sein Labor und entdeckte 153 verschiedene Verwendungen der Erdnuss, und die Landwirtschaft des Südens wurde völlig umgekrempelt.

„Aber wie schwer sind für mich, Gott, deine Gedanken! Wie ist ihre Summe so groß! Wollte ich sie zählen, so wären sie mehr als der Sand. Am Ende bin ich noch immer bei dir!"

(Psalm 139,17f)

Menschlich

Ein brutaler und gefürchteter KZ-Aufseher quält einen Häftling wegen eines lächerlich kleinen Vergehens. Als er ihn schließlich einfach erschießen will, besinnt er sich und sagt zu ihm: „Ich gebe dir eine Chance. Schau mich an! Eines meiner Augen ist ein Glasauge, aber es ist so täuschend echt gemacht, dass du es nicht erkennst. Wenn du es auf Anhieb richtig zeigst, kommst du mit dem Leben davon!" Der Häftling schaut dem Mann genau in die Augen und sagt spontan: „Das linke Auge ist das Glasauge!" Der Aufseher ist überrascht über den guten Blick des Häftlings und fragt zurück: „Woran hast du das so schnell erkannt?" Der Häftling: „Es schaut so menschlich!"
Wann immer Menschen Übermenschen, Herrenmenschen und Helden sein wollten, wurden sie zu Untermenschen, Unmenschen und Handlangern des Bösen. Nur unter Gott wird der Mensch über die Welt und ihre Dinge Herr sein.

„Was ist der Mensch, dass du seiner gedenkst, und des Menschen Kind, dass du dich seiner annimmst? Du hast ihn wenig niedriger gemacht als Gott, mit Ehre und Herrlichkeit hast du ihn gekrönt!"

(Psalm 8,5f)

Mann und Frau

Am Anfang der Zeit gab es nur zwei Menschen auf der Erde, einen Mann und eine Frau. Sie lebten beide in der Wüste, aber sie wussten nichts voneinander. Der Mann hieß Khoi. Er sah die Tiere der Wüste, die großen und die kleinen, und sah, dass jedes Lebewesen einen Gefährten hatte, nur er nicht, und er merkte, dass er allein war.

Da verwandelte er sich in einen blühenden Strauch. Gleich kamen Schmetterlinge und Bienen geflogen. Sie ließen sich auf den duftenden Blüten nieder und saugten den Nektar heraus. Dann flogen sie fort. Die Sonne ging unter. Khoi wurde wieder ein Mensch, und er war noch immer allein. Traurig legte er sich zum Schlafen nieder.

Als die Sonne aufging, verwandelte Khoi sich in einen Strauch voller reifer Beeren. Da schwirrten Vögel herbei und pickten die Beeren ab. Dann flogen sie davon, und wieder blieb Khoi allein zurück.

Am nächsten Morgen wurde Khoi zu einer schönen, grünen Wiese. Viele Tiere kamen, aber nachdem sie das frische Gras abgeweidet hatten, zogen sie weiter.

Da verwandelte sich Khoi in eine Wasserstelle, und alle Tiere kehrten zu ihm zurück: die Bienen und die Schmetterlinge, die Vögel, die Antilopen, Zebras und Elefanten, ja, selbst der Löwe und die Wüstenmaus! Khoi war glücklich, aber nicht lange, denn sobald die Tiere sich satt getrunken hatten, verließen sie ihn. An diesem Abend konnte Khoi lange nicht einschlafen. Er fühlte sich einsamer als jemals zuvor.

Als er am Morgen erwachte und zur Sonne hinaufblickte, war ihm, als habe sie allen Glanz verloren. Sie erschien ihm klein und ungeheuer fern, und sein eigener Schatten kam ihm winzig vor. Er verwandelte sich in einen Baum mit saftigen roten Früchten, doch weil er unglücklich und verbittert war, bedeckten sich der Stamm und die Äste des Baumes mit langen, spitzen Dornen, und kein Tier konnte die Früchte erreichen.

An diesem Tag wanderte die Frau durch die Wüste. Sie wanderte weiter als sonst und kam in Khois Nähe. Die Sonne brannte heiß, und nirgends gab es Schatten. Die Frau war müde und durstig. Sie erblickte den Baum mit den saftigen roten Früchten, trat hinzu und wollte eine Frucht pflücken, aber die scharfen Dornen verletzten sie. Sie blutete und begann zu weinen. Da hatte Khoi Mitleid mit ihr und ließ zwei, drei Früchte auf die Erde fallen. Die Frau sammelte sie auf und setzte sich unter den Baum. Sie aß die Früchte, und während sie aß, spürte Khoi, wie die Dornen von Stamm und Ästen des Baumes verschwanden. Sein Schatten nahm zu, und die Sonne, sie erschien ihm auf einmal wieder so groß und so schön und so strahlend wie am Tage zuvor. Es wurde Abend, und die Frau war immer noch da. Die Sonne ging unter, Khoi wurde wieder ein Mensch, und er war nicht mehr allein.

(Märchen aus Südafrika)

„Und Gott der Herr sprach: Es ist nicht gut, dass der Mensch allein sei; ich will ihm eine Gehilfin machen, die um ihn sei!"

(1. Mose 2,18)

Blütenüberfluss

Voll Blüten steht der Pfirsichbaum,
nicht jede wird zur Frucht,
sie schimmern hell wie Rosenschaum,
durch Blau und Wolkenflucht.

Wie Blüten gehn Gedanken auf,
hundert an jedem Tag –
Lass blühen! Lass dem Ding den Lauf!
Frag nicht nach dem Ertrag!

Es muss auch Spiel und Unschuld sein
und Blütenüberfluss,
sonst wär die Welt uns viel zu klein
und Leben kein Genuss!

(Hermann Hesse)

Wer nur nach Nützlichkeit fragt und immer nur den Ertrag sucht, macht die Welt klein, das Leben arm und den Menschen bedrückt. Gott hat in seine Schöpfung so viel Überfluss hineingewebt, so verschwenderisch das Leben beschenkt. Darum sollten wir nicht so kleinlich die Erbsen zählen und die Erträge abwiegen.

„Herr, wie sind deine Werke so groß und viel! Du hast sie alle weise geordnet, und die Erde ist voll deiner Güter!"

(Psalm 104,24)

Aufwachen

Bruder Schlaf und Schwester Lüge trafen einander, um miteinander ein Komplott zu schmieden. „Ich werde die Menschen müde und schläfrig machen, dass sie kraftlos und tatenlos werden, dass ihre Gliedmaßen schwer werden wie Blei und sie keinen Mut und keine Stärke mehr haben, dem Dunkel zu begegnen und der Dunkelheit die Stirn zu bieten." So sprach Bruder Schlaf. „Und ich werde die Menschen verblenden, gefangen nehmen, verwirren und vergiften. Ich werde sie zermürben und knechten und mit dem tödlichen Gift des Misstrauens ihre Herzen durchziehen." So sprach Schwester Lüge. Doch der Auferstehungsmorgen kam. Seitdem weckt uns der Auferstandene aus der tödlichen Umarmung von Bruder Schlaf und Schwester Lüge. Er weckt uns auf zu neuem Leben, neuer Tatkraft, neuem Tun, neuem Vertrauen, neuem Mut. Mit Ihm ist das Leben gekommen.

„Er weckt mich alle Morgen, er weckt mir selbst das Ohr,
Gott hält sich nicht verborgen, führt mir den Tag empor,
dass ich mit seinem Worte begrüß das neue Licht.
Schon an der Dämmrung Pforte ist er mir nah und spricht!"

(Jochen Klepper)

„Alle Morgen weckt er mir das Ohr, dass ich höre, wie Jünger hören. Gott, der Herr, hat mir das Ohr geöffnet. Und ich bin nicht ungehorsam und weiche nicht zurück!"

(Jesaja 50,5)

Der Weg

In Malaysia half während des Zweiten Weltkrieges ein freundlicher Eingeborener einem geflüchteten Kriegsgefangenen, den Weg zur Küste und von dort aus in die Freiheit zu finden.
Die beiden Männer stolperten durch fast undurchdringlichen Dschungel. Weder die Spur menschlichen Lebens noch ein Pfad war zu erkennen. Der Soldat war so sehr erschöpft, dass er sich fast streitsüchtig an seinen Begleiter wandte: „Weißt du genau, dass dies der richtige Weg ist?"
Die Antwort kam in gebrochenem Englisch: „Hier ist kein Weg ... ich bin der Weg."
Kein ausgehauener Pfad war vorhanden, dem sie hätten folgen können, keine Spur, der ihre Füße nachgehen konnten, keine Fährte, die andere vor ihnen gegangen waren. Wenn der Soldat schließlich die versprochene Freiheit erlangen wollte, blieb ihm nichts anderes übrig, als seine Blicke fest auf den Mann zu richten, der sich seiner angenommen hatte, er musste ihm folgen. Einen Weg gab es nicht. „Ich bin der Weg", hatte der Eingeborene gesagt.
Genau die gleichen Worte hat vor fast zweitausend Jahren ein anderer gesprochen. Er hatte zu seinen betrübten Jüngern von der Herrlichkeit bei seinem Vater im Himmel gesprochen und hinzugefügt: „Ich bin der Weg." (Joh. 14,6)
Er sprach nicht nur über den Weg, der zu seinem Vater führt, er zeigte nicht nur den Weg, er war der Weg!
Das gilt auch für Sie und mich heute. Die Welt wird immer verworrener und chaotischer. Altvertraute Wegzeiger verschwinden. Erprobte und vertraute Pfade versinken. Das Leben gleicht mehr und mehr einem Dschungel, aber wir dürfen Gott danken, dass unsere Hand fest in der seinen ruht.
Ihm können wir vertrauen. Ihm können wir folgen. Ihm können wir uns überlassen für Zeit und Ewigkeit.   (Hermann W. Gockel)

„Jesus spricht zu ihm: Ich bin der Weg und die Wahrheit und das Leben; niemand kommt zum Vater denn durch mich!"

(Johannes 14,6)

Zweierlei Maß

Eine kleine Anekdote erzählt von einer Mutter, die eines Tages eine gute Schulfreundin wiedertrifft. Sie erzählen sich und dann fragt die Freundin nach den Kindern. „Wie geht es deiner Tochter?"

„O, meine Tochter, der geht es gut. Sie hat einen wunderbaren Mann gefunden. Er hat ihr ein eigenes Auto gekauft und mehrere Dienstboten für das große Haus eingestellt. Sie bekommt allen Schmuck, den sie sich wünscht, und ihr Mann liest ihr jeden Wunsch von den Augen ab. Denk dir, sie steht vor Mittag nicht auf, und ihr Mann bringt ihr sogar das Frühstück ans Bett. Meine Tochter ist so glücklich!"

„Und wie geht es deinem Sohn?", fragt die Freundin dann.

„Ja, mein Sohn, der hat etwas Pech gehabt. Stell dir vor, was der für eine Schlampe von Frau hat. Obwohl er ihr ein eigenes Auto gekauft und für das große Haus mehrere Dienstboten eingestellt hat, hat sie immer neue Wünsche und will teuren Schmuck. Und als Dank liegt sie bis Mittag im Bett, und mein Sohn soll ihr sogar noch das Frühstück ans Bett bringen. So eine Unverschämtheit. Mein Sohn ist so unglücklich!"

„Zweierlei Maß ist dem Herrn ein Gräuel!"

(Sprüche 20,10)

„Ist es recht, dass ihr solche Unterschiede macht und urteilt mit bösen Gedanken?"

(Jakobus 2,4)

Eltern und Kinder

Eine Mutter geht mit ihren beiden Kindern spazieren. Im Park wird sie von einer anderen Mutter gefragt: „Wie alt sind Ihre beiden Kinder?" Die Mutter antwortet energisch: „Die Ärztin ist zwei und der Rechtsanwalt vier Jahre alt!"

Eltern möchten ihre Kinder an die Musik heranführen und lassen für ihre drei aufgeweckten Sprösslinge ein Klavier ins Haus schaffen. Abends kommen sie nach Hause. Die Kinder lungern ratlos um das Instrument herum: „Wo ist denn da der Stecker und der Schalter?"

Ein Vater warnt seinen heranwachsenden Sohn vor dem Besuch des Nachtklubs: „Geh niemals in einen solchen Schuppen, du siehst dort Sachen, die du besser nicht sehen würdest." Irgendwann unterhalten sich die Jungen in der Schule über den Klub und stacheln sich gegenseitig auf, es mit einem Besuch zu probieren. Auch der gewarnte Junge kann der Versuchung nicht widerstehen. Nach dem Besuch wird er von seinen Kameraden gefragt: „Na, hast du was gesehen, was du besser nicht gesehen hättest?" – „Ja, unbedingt, meinen Vater!"

„Ihr Kinder, seid gehorsam euren Eltern in dem Herrn; denn das ist recht! Und ihr Eltern, reizt eure Kinder nicht zum Zorn, sondern erzieht sie in der Zucht und Ermahnung zum Herrn!"

(Epheser 6,1.5)

Mutter ist die Beste

Auf einem Auto lese ich in riesengroßen Buchstaben „Frauen fahren besser" und ganz klein darunter „mit Bus und Bahn!". Das ist gemein. Aber noch gemeiner ist der Satz zum Muttertag: „Mutter ist die beste ... Ausrede!".

Für wie viele Fehler, Schwächen, Störungen und Misserfolge im Leben der Erwachsenen muss die Mutter als Ausrede herhalten?

„Mutter hat mich nicht gewollt, Mutter hat mich nicht gestillt, Mutter hat mich nicht geliebt, Mutter hat mich nicht gelobt, Mutter hat mich nicht respektiert, Mutter hat mich nicht losgelassen, Mutter hat mir nicht vertraut ..."

„Mutter hat mich eingeengt, Mutter hat mich unterdrückt, Mutter hat mich allein gelassen, Mutter hat mich überversorgt, Mutter hat mich unselbstständig gemacht, Mutter hat mich gegen Männer aufgehetzt, Mutter hat meinen Bruder vorgezogen, Mutter hat mich viel zu streng erzogen, Mutter hat mir viel zu viele Freiheiten gelassen ..." Diese Litanei zeigt, wie wichtig die Mutterrolle in unserer Gesellschaft und wie groß die Verantwortung der Eltern für die Entwicklung der Kinder ist. Aber erwachsene Menschen tun gut daran, sich mit ihrer Geschichte zu versöhnen, den Eltern zu danken und zu verzeihen und selbst die Verantwortung für ihr Leben zu übernehmen. Wir wollen doch auch sonst nicht ein Leben lang Kinder bleiben, sondern nach Erziehung auch Selbsterziehung lernen.

Der Muttertag wäre eine wunderbare Gelegenheit, Dank und Wertschätzung für unsere Mutter in Worte zu kleiden und auch Verletzungen und Fehler ausdrücklich zu vergeben.

„Lass deinen Vater und deine Mutter sich freuen und fröhlich sein, die dich geboren hat. "

(Sprüche 23,25)

Eltern und Kinder

Eine orientalische Geschichte erzählt von einem Mann in Bagdad, der jeden Morgen fünf Fladenbrote auf dem Markt besorgte. Der Händler fragte ihn nach einiger Zeit, warum er jeden Tag fünf ganze Brote kaufe. Der Mann antwortete geheimnisvoll: „Ein Brot esse ich, zwei Brote gebe ich zurück und zwei Brote leihe ich aus!" – „Wem gibst du zurück, und wem leihst du aus?", wollte der Händler nun neugierig wissen. „Meinen Eltern gebe ich zurück, was sie mir als Kind gegeben haben. Und meinen Kindern leihe ich aus, damit sie mir im Alter vielleicht etwas zurückgeben!"
Eltern dürfen alles geben, den Kindern, was sie brauchen, den Eltern, was sie können. Aber dürfen sie auch was erwarten?

„Denn es sollen nicht die Kinder den Eltern Schätze sammeln, sondern die Eltern den Kindern!"

(2. Korinther 12,14b)

Wer ein Kind anschaut

Wer ein Kind anschaut, sieht Gott ins Angesicht, sagt Martin Luther. Nie dienen wir Gott als dem Leben elementarer als dann, wenn wir uns neuem Leben widmen. Aber die junge Frau, die sich ein Kind wünscht, weil sie so gerne Kleider näht, sollte Puppenmutter bleiben. Der Mann, der sich einen Sohn wünscht, um sein Lebenswerk zu verlängern, sollte lieber eine Stiftung gründen. Kinder haben ein Recht auf erwachsen gewordene Eltern, die selber schon abgenabelt sind von ihren eigenen Vätern und Müttern, die sich auch verabschiedet haben von der Illusion, ein Kind könnte ihre Ehe retten oder ihrem Leben einen Sinn geben. Kinder brauchen vor allem gefestigte Menschen, die dem neuen Leben Geborgenheit geben und bereit sind, ihm bei seiner Entwicklung zu Freiheit und Bindung beizustehen, und dabei ihre eigenen Interessen zurückstellen.

Wer ein Kind anschaut und sich in den Augen des Kindes spiegelt,
wer ein Kind anschaut und sich in ihm verwirklicht sieht,
wer ein Kind anschaut und in ihm weiterleben möchte,
wer ein Kind anschaut und in ihm die Erfüllung seines Lebens sucht,
wer ein Kind anschaut und seinen Stolz damit aufbaut,
wer ein Kind anschaut und es nach seinen Vorstellungen prägt,
sieht nicht Gott ins Angesicht, sondern seinen eigenen Fehlern!

„Tut nichts aus Eigennutz oder um eitler Ehre willen, sondern in Demut achte einer den anderen höher als sich selbst!"

(Philipper 2,3)

Erste Hilfe

Es gehört zum Leben, dass man Kränkungen erfährt. Wer sie, einem schweren Rucksack gleich, anderen nachträgt, wird irgendwann davon erdrückt. Darum zehn gute Ratschläge, wie man mit Verletzungen umgeht:

1. Ruhe bewahren. Jede Aufregung verschlimmert nur die Wunde!
2. Mit Verständnis die Wunde behandeln. Wie kam es zu dem Vorfall? Wir vertauschen die Rollen und versetzen uns in den anderen hinein!
3. Die Wunde gründlich mit Freundlichkeit auswaschen. Darauf achten, dass aller Ärger und alle Unversöhnlichkeit entfernt werden.
4. Anschließend reichlich Nächstenliebe-Salbe auftragen. Dadurch schützt man sich vor Groll- und Bitterkeitsinfektionen.
5. Jetzt das Ganze mit einem Verband der Vergebung umwickeln. Dadurch kann die Wunde ausheilen, ohne dass wir sie jeden Tag ansehen müssen.
6. Nicht am Wundschorf kratzen! Den Vorfall nicht immer wieder zur Sprache bringen, da sonst die Wunde neu aufbricht.
7. Selbstmitleid vermeiden. Das sind „Entzugsschmerzen", mit denen man sich vom anderen zurückzieht. Stattdessen Entschuldigungen wirklich annehmen!
8. Mehrmals täglich ein gutes Wort Gottes einnehmen. Vor und nach der Einnahme ein volles Glas Gebet. Das hat eine schmerzstillende Wirkung.
9. Stets im Kontakt mit dem großen Arzt bleiben. Er wird raten und Hoffnung auf Ausheilung geben.
10. Die Heilung ist abgeschlossen, wenn der Verletzte seinen inneren Frieden mit Gott und seinen äußeren Frieden mit dem anderen gemacht hat.

(Aus einer Zeitschrift)

„Alle Bitterkeit und Grimm und Zorn und Geschrei und Lästerung seien fern von euch samt aller Bosheit. Seid aber miteinander freundlich und herzlich und vergebt einer dem anderen, wie auch Gott euch vergeben hat in Christus!"

(Epheser 4,31f)

Tiefes Leid und höchste Seligkeit

Ehe die Bastille in Paris 1789 dem Erdboden gleichgemacht wurde, war sie Staatsgefängnis. Schuldige und Unschuldige starben hinter ihren Mauern, unter ihnen der evangelische Pfarrer Julian. In einen Stein seiner Zelle hatte eine feste Hand eingeritzt: „Hic iacet anima mea." („Hier ruht meine Seele.") Es zeigte sich, dass dieser Stein locker war. Julian zog ihn heraus. In der Mauervertiefung lag die Bibel eines Hugenottenpfarrers, versehen mit vielen handschriftlichen Eintragungen: dem Tag seiner Hochzeit, seiner Ordination, der Aufhebung des Edikts von Nantes 1685; dann die lange Leidensgeschichte im Kerker, die Versuchungen zum Schwachwerden und Verleugnen, aber auch die Tröstungen aus Gottes Wort: Nach achtunddreißigjähriger Haft steht unter dem Datum Mai 1725: „Ich kann fast nicht mehr sehen. Aber ich wünsche doch nicht, dass ich nicht hier gewesen wäre, wo Gott mir Gelegenheit gab, mich stündlich auf seine Ankunft vorzubereiten. Wer meine Bibel findet, sei gegrüßt und gesegnet von unserem Heiland Jesus Christus. Ich kann nicht mehr im Worte Gottes lesen. Ich höre es bald aus Gottes eigenem Munde ..."

„Denn unsere Trübsal die zeitlich und leicht ist, schafft eine ewige und über alle Maßen gewichtige Herrlichkeit!"

(2. Korinther 4,17)

Zu sehr

Manche Menschen haben Angst vorm Fliegen und nehmen lieber lange Zug- und Autofahrten in Kauf, als in ein Flugzeug zu steigen.
„Ich fliege nicht, man fühlt sich zu sehr in Gottes Hand!", soll ein Mann gesagt haben, als man ihn fragte, warum er nie das Flugzeug benutze. „Zu sehr in Gottes Hand", solch ein Satz offenbart sehr deutlich den Zwiespalt zwischen Glaube und Zweifel, Vertrauen und Angst.
Ja, wir möchten in Gottes Hand sein, aber nicht zu sehr.
Ja, wir möchten von Gott bewahrt sein, es aber nicht unnötig herausfordern.
Ja, wir möchten bei Gott geborgen sein, aber nicht alles aus der Hand geben.
Ja, wir möchten in einer guten, starken Hand sein, unser Leben aber auch selber etwas in der Hand behalten.
So wie ein Fisch keine Angst vor zu viel Wasser hat und ein Vogel sich keine Sorge über zu viel Luft macht, sollten wir uns ganz in die Hände Gottes fallen lassen. Denn Gott trägt und hält uns ohnehin, unser Leben und Ergehen ist in seinen Händen, vor der Geburt und nach der Geburt, vor dem Tod und nach dem Tod!

„Denn der Herr ist deine Zuversicht, der Höchste deine Zuflucht. Es wird dir kein Übel begegnen und keine Plage wird sich deinem Haus nahen. Denn er hat seinen Engeln befohlen, dass sie dich behüten auf allen deinen Wegen, dass sie dich auf Händen tragen und du deinen Fuß nicht an einen Stein stoßest!"

(Psalm 91,9-12)

Wie ist unser Gebet

Fritzchen ist in seinen ersten Schulferien bei der Großmutter zu Besuch. Es gibt viel zu entdecken und zu erfahren. Aber auch die Großmutter möchte von ihrem Enkelkind so einiges hören.
„Betest du auch am Abend vor dem Zubettgehen?" – „Ja, jeden Abend", antwortet der Junge. „Und wie ist es am Morgen?", fragt die Großmutter weiter. „Nein, morgens nicht. Am Tage habe ich keine Angst!"
Wie ist unser Gebet? Beten wir nur, wenn wir etwas brauchen? Oder beten wir, wenn wir es brauchen? Beten wir, wenn wir Angst haben oder in Notlagen sind?
Es ist beglückend, dass wir Gott immer und um alles bitten dürfen. Jeden Stoßseufzer oder Hilferuf, jede noch so kleine und noch so gewaltige Sache können wir von Gott erbitten.
Aber es gibt noch mehr. Wir beten auch um Gottes Willen, aus Liebe und Dankbarkeit, als Ausdruck unseres Vertrauens und der Hingabe.

„Ihr aber, meine Lieben, erbaut euch auf euren allerheiligsten Glauben, und betet im heiligen Geist; und haltet euch in der Liebe Gottes, und wartet auf die Barmherzigkeit unseres Herrn Jesus Christus zum ewigen Leben."

(Judas 20f)

Die einfache Weisheit

Ein Pfarrer hält seine erste Predigt in einer kleinen, abgelegenen Landgemeinde. Er ist ganz irritiert, als nur ein Mann zum Gottesdienst kommt, ein einfacher Kuhhirte. Der Pfarrer ist unsicher, ob er den Gottesdienst durchführen soll, und fragt den Mann nach seiner Meinung. Der Kuhhirte sagt: „Ich kann Ihnen nicht sagen, was richtig ist, denn ich bin nur ein einfacher Hirte. Aber wenn ich käme, um meine Kühe zu füttern, und nur eine einzige würde sich zeigen, so wäre ich doch dumm, wenn ich diese Kuh nicht füttern würde. Und dann würde ich sehen, wo die anderen denn geblieben sind!"
Der Pfarrer bedankt sich und hält den ganzen Gottesdienst und die lange vorbereitete Predigt. Dann fragte er seinen Zuhörer, ob er zufrieden sei. „Ich verstehe nicht viel vom Predigen, ich bin ja nur ein einfacher Hirte. Aber wenn ich käme, um meine Kühe zu füttern, und nur eine einzige würde sich zeigen, so wäre ich doch dumm, wenn ich der einen das gesamte Futter für die Herde vorlegen würde! Ich würde dann nach den anderen Kühen suchen und herausfinden, warum sie nicht gekommen sind!"

„Und eine gottesfürchtige Frau mit Namen Lydia, eine Purpurhändlerin aus der Stadt Thyatira, hörte zu; der tat der Herr das Herz auf, sodass sie darauf achthatte, was von Paulus geredet wurde."

(Apostelgeschichte 16,14)

Was wir zum Leben brauchen

Wir brauchen zum Leben einen Leib, der uns trägt, einen Schoß, der uns gebiert, Brüste, die uns stillen, Hände, die uns halten, Worte, die uns gut zureden, Augen, die uns mit Liebe ansehen, Eltern, die uns versorgen, Lehrer, die uns schulen, Erzieher, die uns bilden, Freunde, die uns begleiten, Partner, die uns lieben, Politiker, die uns regieren, Ärzte, die uns behandeln, Weise, die uns raten, Nachbarn, die uns helfen, und Glaubende, die uns den Weg zu Gott zeigen.
Denn Gott brauchen wir mit allen anderen, in allen anderen, vor allen anderen, nach allen anderen, über allen anderen.
„Gott und Vater, allmächtiger Schöpfer des Himmels und der Erde! Ich setze mein Vertrauen auf keinen Menschen der Erde, auch nicht auf mich selbst, meine Macht, meine Kunst, mein Gut, meine Frömmigkeit oder was ich haben mag; auch auf keine andere Kreatur. Ich wage und setze mein Vertrauen allein auf dich, den unsichtbaren, unbegreiflichen und einzigen Gott, der Himmel und Erde geschaffen hat!"   (Martin Luther)

„Dennoch bleibe ich stets an dir; denn du hältst mich bei meiner rechten Hand, du leitest mich nach deinem Rat und nimmst mich am Ende mit Ehren an. Wenn ich nur dich habe, so frage ich nichts nach Himmel und Erde. Wenn mir gleich Leib und Seele verschmachten, so bist du doch, Gott, allezeit meines Herzens Trost und mein Teil!"
(Psalm 73,23-26)

Was wir alles halten

Ein Vogel lag auf seinem Rücken und hielt seine Beine starr gegen den Himmel ausgestreckt. Ein anderer Vogel flog vorüber und fragte ihn verwundert: „Warum liegst du so da? Und warum hältst du deine Beine so steif nach oben?" Da antwortete der Vogel: „Ich trage den Himmel mit meinen Beinen. Und wenn ich losließe und meine Beine anzöge, so würde der Himmel über uns einstürzen!"
Und als er das gesagt hatte, löste sich vom nahen Baum ein winziges Blatt und fiel raschelnd zur Erde nieder. Der Vogel erschrak darüber so sehr, dass er sich geschwind aufrichtete und eilig davonflog. Der Himmel aber blieb an seinem Ort und stürzte nicht ein.

(Alte Fabel)

Nicht wir halten den Himmel und die Erde, das Leben und uns selbst. Von guten, starken Händen werden wir mitsamt der Welt gehalten.

„Wenn ich sprach: Mein Fuß ist gestrauchelt, so hielt mich, Herr, deine Gnade!"

(Psalm 94,18)

Habgier und Dummheit sind tödlich

Ein Märchen erzählt von einem alten Wolf, der beim Jagen immer mehr Mühe hatte und durch eine einfache List seine Gier nach besonderen Leckerbissen befriedigen wollte. Der Wolf verkleidete sich eines Tages mit einem Schafsfell und ließ sich mit der großen Herde in den Pferch sperren und wartete auf die Nacht, um eines der Schafe zu reißen und seinen Hunger zu stillen. – Nun fand an dem Abend auf dem Hof des Besitzers ein großes Fest statt. Als Festbraten sollte das stattlichste Schaf der Herde dienen. So wurden die Knechte geschickt, um das größte Schaf zu holen und es zu schlachten. Da nahm das Unglück seinen Lauf. Die Männer holten den großen Wolf im Schafspelz, schlachteten das vermeintliche Schaf und waren nicht schlecht erstaunt. –

„Und wie sie es für nichts geachtet haben, Gott zu erkennen, hat sie Gott dahingegeben in verkehrten Sinn, sodass sie tun, was nicht recht ist, voll von aller Ungerechtigkeit, Schlechtigkeit, Habgier, Bosheit, voll Neid, Mord, Hader, List und Niedertracht!"

(Römer 1,28f)

Besser hinsehen

Menschen reisen durch die ganze Welt. Sie tauchen in Malaysia, baden in der Karibik, surfen vor Hawaii. Sie staunen über die sieben Weltwunder und besuchen die Kulturhauptstädte Europas. Sie bewundern die Gipfel der Berge und die ungeheuren Tiefen der Meere. Sie feiern Karneval in Rio und lernen in Australien, wie man mit leerem Beutel große Sprünge macht. Sie sind von Löwensafari und Kameltour in Afrika begeistert. Sie bestaunen die Länge der Ströme, die Weite der Ozeane, die Tiefe des Kosmos – und leben achtlos aneinander vorbei!

Ein Junge sitzt stundenlang am Fenster seines Zimmers und schaut sehnsuchtsvoll hinaus. „Wovon träumst du, was wünschst du dir?", fragt der Vater. „Ich habe mir nur sehnlichst gewünscht, dass mich mal jemand bemerkt!"

„Und lasst uns aufeinander achthaben und uns anreizen zur Liebe und zu guten Werken."

(Hebräer 10,24)

Das Wesentliche

Ein japanisches Märchen erzählt von einer Mutter und ihren vier Söhnen. Der erste Sohn wurde ein reicher Kaufmann, der mit den Nöten der Armen und den Wünschen der Reichen sein Geschäft machte. Seine Liebe galt dem Handel. – Der zweite Sohn wurde ein bekannter Wissenschaftler, der alle Formeln und Gesetzmäßigkeiten durchschaute. Seine Liebe galt dem Wissen, aber sein Herz blieb dabei kalt. – Der dritte Sohn wurde ein frommer Priester, der auf alle tiefen Fragen aus seinen heiligen Büchern eine Antwort wusste. Doch er war nicht er selbst, sondern redete nur nach, was in seinen Büchern stand. –

Der vierte Sohn war ein Lebenskünstler, etwas faul und manchmal leichtsinnig. Er hatte große Träume und Pläne, doch konnte er keinen so recht verwirklichen. Aber er hatte ein weites Herz und eine große Liebe. –

Als die Mutter gestorben war, kamen die Söhne an ihr Grab, um sie zu ehren. Und durch die Erde sah die Mutter, was die Söhne taten: der Kaufmann legte ein Goldstück auf das Grab, der Wissenschaftler ein kluges Buch, der Priester ein Heiligenbild, und der vierte legte sein Herz voller Liebe auf das Grab der Mutter.

Da wünschte die Mutter, dass der Himmel ihm seine Fehler und Schwächen vergeben möchte.

„Und das Geringe vor der Welt und das Verachtete hat Gott erwählt; das, was nichts ist, damit er zunichtemache, was etwas ist, damit kein Mensch sich vor Gott rühme."

(1. Korinther 1,28f)

Kennt auch dich

Weißt du, wie viel Sternlein stehen
an dem blauen Himmelszelt?
Weißt du, wie viel Wolken gehen
weithin über alle Welt?
Gott der Herr hat sie gezählet,
dass ihm auch nicht eines fehlet
an der ganzen großen Zahl.

Weißt du, wie viel Mücklein spielen
in der hellen Sonnenglut?
Wie viel Fischlein auch sich kühlen
in der hellen Wasserflut?
Gott der Herr rief sie mit Namen,
dass sie all ins Leben kamen, dass sie nun so fröhlich sind.

Weißt du, wie viel Kinder frühe
stehn aus ihren Bettlein auf,
dass sie ohne Sorg und Mühe
fröhlich sind im Tageslauf?
Gott im Himmel hat an allen
seine Lust, sein Wohlgefallen,
kennt auch dich und hat dich lieb!

(Wilhelm Hey)

Der die Sterne und die Wolken zählt, kennt auch uns. Der die Mücke und Fische ins Leben ruft, ruft auch uns bei unserem Namen. Der alle Menschenkinder auf der Erde sieht, hat auch uns unendlich lieb!

„Fürchte dich nicht, denn ich habe dich erlöst; ich habe dich bei deinem Namen gerufen; du bist mein! Weil du in meinen Augen so wert geachtet und kostbar bist, habe ich dich herzlich lieb!"

(Jesaja 43,1.4)

Das Geheimnis bewahren

Ein Weiser war im Besitz der Kenntnis von Gottes heiligem Namen. Ein Jüngling, der davon erfuhr, ging zu ihm hin und diente ihm längere Zeit. Als er meinte, dem Alten lange genug behilflich gewesen zu sein, fragte er ihn nach dem Geheimnis. Er wies auch darauf hin, dass der Name Gottes bei ihm besonders gut aufgehoben sei.

Statt das Geheimnis zu offenbaren, schickte der Alte den Jungen mit einer Schüssel, um die ein Tuch gebunden war, zu einem Freund. Umgehend machte sich der Jüngling auf den langen Weg. Als er die Nilbrücke erreicht hatte, konnte er der Versuchung nicht länger widerstehen: Er wollte wissen, warum ihn der Weise auf diese Reise geschickt hatte. Er nahm das Tuch beiseite und sah – auf eine Maus. Diese sprang aus der Schüssel heraus und lief davon.

Voll Wut kehrte er zurück. Er zweifelte nicht daran, dass der Weise sich über ihn nur hatte lustig machen wollen. Schon von Weitem erkannte der Alte, was geschehen war, und rief ihm entgegen: „Du Tor! Ich habe dir eine Maus anvertraut, und du hast mich betrogen. Wie könnte ich dir Gottes heiligen Namen anvertrauen?"

Sprach's und schickte den Jüngling fort.

(Nach einem orientalischen Märchen)

„Sondern wir reden von der Weisheit Gottes, die im Geheimnis verborgen ist; die Gott vorherbestimmt hat vor aller Zeit zu unserer Herrlichkeit. Was kein Auge gesehen hat und kein Ohr gehört hat und in keines Menschen Herz gekommen ist, was Gott bereitet hat denen, die ihn lieben!"

(1. Korinther 2,7.9)

Ruhe bitte!

Immer mehr Lärm. Von morgens bis in die Nacht umgeben von Maschinen und Menschen, Stimmen und Programmen. Noch nie waren die Menschen so gehetzt und gejagt, immer unter Druck, immer hinterher. So viele Dinge im Auge, die wir haben wollen. So viele Ängste im Herzen, etwas zu versäumen. Pausenlos dringt es auf uns ein, was wir noch schaffen müssen, was wir nicht vergessen dürfen, was wir noch erreichen müssen, was wir nicht verlieren dürfen.

Eltern warten vergeblich auf einen Besuch der Kinder. Behinderte und Kranke sehen alle nur vorbeirennen. In den Familien ist das Gespräch auf Terminabsprachen reduziert.

Wann kommen wir zur Ruhe? Wann planen wir Pausen ein? Wann nehmen wir uns Zeit füreinander, für uns, für das Leben?

In der Ruhe liegt die Kraft. In der Stille wohnen mehr Reichtümer, als wir ahnen. Abseits der Hast wachsen Zuneigung und Zärtlichkeit. Jenseits der Termine finden wir Zeit zum Zuhören, für einen Brief, einen Spaziergang, eine Umarmung. In der Ruhe werden wir richtige Menschen, gute Mitmenschen und wirklich Lebende!

„Kommt her zu mir, alle, die ihr mühselig und beladen seid; ich will euch erquicken. Nehmt auf euch mein Joch und lernt von mir; denn ich bin sanftmütig und von Herzen demütig; so werdet ihr Ruhe finden für eure Seelen."

(Matthäus 11,28f)

Der Künstler

„Eines Abends erwachte in seiner Seele der Wunsch, ein Bild zu formen, das die Wonne des Augenblicks darstellen sollte. Und er ging hinaus in die Welt, um Bronze zu suchen, denn nur in Bronze konnte er denken. Aber verschwunden war alle Bronze der ganzen Welt. In der ganzen Welt war nirgends Bronze zu finden, mit Ausnahme der bronzenen Figur des Ewigen Leides.

Und diese Figur hatte er selbst geformt, mit seinen eigenen Händen gebildet, und er hatte sie gesetzt auf ein Grab, und unter diesem Grabe lag alles, was er geliebt hatte im Leben. Auf das Grab dessen, was er am meisten geliebt hatte im Leben, hatte er gesetzt dies Werk seiner Kunst, damit es zeuge für die Liebe des Mannes, die nie stirbt und ein Symbol sei des Leides, das ewiglich dauert. Und keine andere Bronze gab es in der ganzen Welt als die Bronze dieser Figur.

Und er nahm die Figur, die er geschaffen hatte, und tat sie in den Schmelzofen und übergab sie dem Feuer.

Und aus dem bronzenen Bild des Leides, das ewig währt, formte er das Bild der Wonne, die im Augenblick vergeht.“

(Oscar Wilde)

„Du hast mir meine Klage verwandelt in einen Reigen, du hast mir den Sack der Trauer ausgezogen und mich mit Freude gegürtet, dass ich dir lobsinge und nicht stille werde. Herr, mein Gott, ich will dir danken in Ewigkeit!“

(Psalm 30,12f)

Gewusst wie!

Ein Gastwirt stand kurz vor der Pleite. Obwohl er alles tat, was in seinen Kräften stand, wollte die Wirtschaft keinen Gewinn abwerfen. Er hatte seine Gaststube gemütlich eingerichtet, die Bedienung war freundlich, Getränke und Speisen gut und die Preise niedrig. Aber es kamen kaum Gäste. Die Konkurrenz war groß, und der Erfolg ganz klein.

In seiner Not suchte der Gastwirt bei einem weisen Mann Rat. Der Weise riet ihm, sein Gasthaus umzubenennen. „Du musst dein Haus DIE SIEBEN GLOCKEN nennen und über der Tür sechs Glocken aufhängen. Du sollst mal sehen, wie der Laden dann läuft!" – „Und warum soll es dann besser gehen?", fragte der Wirt irritiert zurück. „Nichts kann die Menschen so sehr erfreuen, als wenn sie einem anderen einen Fehler zeigen können. Die Leute werden das Schild lesen, feststellen, dass du nur sechs Glocken über der Tür hängen hast. Du wirst dich bedanken und sie freundlich bedienen und dein Haus wird immer voll sein!"

Der Gastwirt versuchte es, und siehe da, die Reisenden kamen alle in das Gasthaus, machten den Besitzer stolz auf seinen Fehler aufmerksam und blieben dann zum Rasten gleich da, denn sie wurden sehr zuvorkommend und freundlich bedient. Nun war das Gasthaus mit den sechs oder sieben Glocken immer gut besucht.

„Darum seid klug wie die Schlangen und ohne Falsch wie die Tauben!"

(Matthäus 10,16b)

Probieren statt Resignieren

Ein orientalischer König pflegte, wenn er für eine wichtige Aufgabe den geeigneten Mann suchte, den durch eine Probe herauszufinden. So lud er alle fähigen und guten Leute in den Palast ein und stellte ihnen eine Aufgabe. Er führte sie zu einem großen Tor mit einem gewaltigen Türschloss und forderte die Männer auf, das wuchtige Schloss zu öffnen. Es sei nicht einfach und erfordere alle Kunst und Kraft, fügte er hinzu. Einige Männer gaben gleich resigniert auf und fühlten sich der Probe nicht gewachsen. Die Klugen und Weisen seines Reiches untersuchten das Schloss und stellten gelehrte Betrachtungen an. Doch dann gaben auch sie erfolglos auf. Niemand schien das komplizierte Schloss öffnen zu können. Nur einer der Männer gab nicht auf, er besah und befühlte das Schloss und dann versuchte er mit seiner ganzen Kraft das Tor zu öffnen. Und siehe da, die Tür bewegte sich, denn das Schloss war nicht verriegelt, und die Tür nur geschlossen, aber nicht verschlossen. Der König gab dem Mann das wichtige Amt, weil er nicht nur gesehen und nachgedacht, sondern vor allem zugepackt und es mit all seiner Kraft auch probiert hatte.

(Ein orientalisches Märchen)

Bevor wir vor schwierigen Aufgaben aufgeben, wollen wir sie mutig angehen.

„Ihr aber seid getrost und lasst eure Hände nicht sinken; denn euer Werk hat seinen Lohn!"

(2. Chronik 15,7)

163

Der Gnaden größte

„Unser ganzes Leben ist eine Kette von Gnaden, aber als der Gnaden größte bedünkt mich doch die, dass wir nicht wissen und nicht wissen sollen, was der nächste Morgen uns bringt. Und weil wir es nicht wissen sollen, sollen wir es auch nicht wissen wollen!"

(Theodor Fontane)

Wann immer Menschen die Ungewissheit der Zukunft nicht ertragen und nach Möglichkeiten gesucht haben, sie vorauszuschauen, sind sie dabei kreuzunglücklich geworden. Sie haben sich mit Wissen und Ahnen unnötig beschwert und sich um die Möglichkeit gebracht, die Tage unbeschwert und richtig zu leben.

Gott möchte, dass wir diesen Tag heute von ihm empfangen, mit ihm richtig leben, vor ihm verantworten und an ihn zurückgeben. Ein Glück, dass wir nicht wissen, was der morgige Tag, der kommende Monat und das folgende Jahr bringen wird. Unsere Zeit und Zukunft liegt in Gottes Hand und nur der heutige Tag auch in unserer.

„Ich aber, Herr, hoffe auf dich und spreche: Du bist mein Gott! Meine Zeit steht in deinen Händen."

(Psalm 31,15f)

Gute Wünsche

Du mögest immer Arbeit haben,
für deine Hände etwas zu tun.
Immer Geld in der Tasche,
eine Münze oder auch zwei.
Das Sonnenlicht möge immer
auf deinem Fenstersims schimmern
und die Gewissheit in deinem Herzen,
dass ein Regenbogen dem Regen folgt.
Die gute Hand eines Freundes
möge dir immer nahe sein,
und Gott möge dir dein Herz erfüllen
und dich mit Freude ermuntern.

(Irischer Segenswunsch)

„Er aber, der Gott des Friedens, heilige euch durch und durch und bewahre euren Geist samt Seele und Leib unversehrt, untadelig für die Ankunft unseres Herrn Jesus Christus!"

(1. Thessalonicher 5,23)

Das beste Versteck

Ein Mann kam eines Tages unverhofft zu sehr viel Geld. Überglücklich verwahrte er das Vermögen in einer verschlossenen Truhe. Aber nachts konnte er vor Sorge nicht mehr schlafen. Er dachte an die Diebe, die ihm womöglich seinen Schatz stehlen könnten. So suchte er ständig neue Verstecke, bald auf dem Dachboden, bald unten im Keller, bald hinter dem Schrank. Seine ständige Sorge und das immer neue Verbergen des Geldes machten den Mann so einsam und krank, dass er eines Tages zu einem Weisen ging, um sich Rat zu holen. Der weise Mann hörte sich das Problem ruhig an und sagte: „Sie kommen nur zur Ruhe, wenn Sie ein Versteck wählen, in dem Sie selbst das Geld nicht mehr finden können!" – „Und welches Versteck könnte das sein?", fragte der Mann neugierig zurück. „Sie verschenken es an die Armen!"

Wir können alle nichts mitnehmen, aber wir können alles schon vorausschicken!

„Jesus antwortete ihm: Willst du vollkommen sein, so geh hin, verkaufe, was du hast, und gib's den Armen, so wirst du einen Schatz im Himmel haben; und komm und folge mir nach!"

(Matthäus 19,21)

Geduld ist alles

Nicht rechnen und nicht zählen,
sondern reifen wie der Baum,
der seine Säfte nicht drängt
und getrost in den Stürmen
des Frühlings steht.
So als würde dahinter
kein Sommer mehr kommen.
Er kommt doch!
Aber nur zu den Geduldigen,
die da sind, als würde die Ewigkeit
vor ihnen liegen.
Ich lerne es täglich
unter tausend Schmerzen,
denen ich dankbar bin:
Geduld ist alles.

(Rainer Maria Rilke)

„Wer geduldig ist, der ist weise; wer aber ungeduldig ist, offenbart seine Torheit!"

(Sprüche 14,29)

Ins Gewissen reden

Eine alte jüdische Geschichte erzählt von einem Mann, der eines Tages mit seinem Jungen zum Rabbi kommt und ihn um Hilfe bittet. „Mein Junge will nicht folgen und kann nicht lernen. Es ist eine Not mit ihm! Bitte, Rabbi, kannst du ihn mal ermahnen!" – „Lass ihn eine Weile bei mir und hole ihn heute Abend wieder ab, ich will mit ihm reden!" Der Vater geht, und der Rabbi nimmt den Jungen in seine Arme, drückt ihn, herzt ihn und zeigt ihm alle Arten von Liebe und Wärme, Zuneigung und Vertrauen.

Als am Abend der Vater kommt, um seinen Jungen abzuholen, sagt der Rabbi zu ihm: „Ich hoffe, es wird besser mit seinem Folgen und Lernen, ich habe ihm ordentlich ins Gewissen geredet!"

Wenn Menschen sich ins Gewissen reden, klingt es so bedrohlich und beängstigend. Und oft genug erreicht es keine Besserung, nur Bockigkeit und Trotz. Wenn Gott uns ins Gewissen redet, dann redet er in unser tiefstes Wissen hinein seine ganze Liebe.

Gewissen heißt dann, Gott weiß im Tiefsten um uns, kennt uns, liebt uns und trägt uns. Danach wird es in der Regel besser mit uns.

„Die Liebe ist langmütig und freundlich, die Liebe eifert nicht, die Liebe treibt nicht Mutwillen, sie bläht sich nicht auf "
„Die Erkenntnis bläht auf; aber die Liebe baut auf!"

(1. Korinther 8,1 und 13,4)

Die Arbeit der Liebe

„Die Leute haben, wie so vieles andere, auch die Stellung der Liebe im Leben missverstanden. Sie haben sie zu Spiel und Vergnügungen gemacht, weil sie meinten, dass Spiel und Vergnügen seliger denn Arbeit sei. Es gibt aber nichts Glücklicheres als die Arbeit. Und Liebe, gerade weil sie das äußerste Glück ist, kann nichts anderes als Arbeit sein. –
Wer also liebt, der muss versuchen, sich zu benehmen, als ob er eine große Arbeit hätte: Er muss viel allein sein und in sich gehen und sich zusammenfassen und sich festhalten, er muss arbeiten!"

(Rainer Maria Rilke)

„Wir denken ohne Unterlass vor Gott, unserem Vater, an euer Werk im Glauben und an eure Arbeit in der Liebe und an eure Geduld in der Hoffnung auf unseren Herrn Jesus Christus. "

(1. Thessalonicher 1,3)

Viel Glück und viel Segen

So wünschen und singen wir uns zum Geburtstag: „Viel Glück und viel Segen auf all deinen Wegen, Gesundheit und Frohsinn sei'n auch mit dabei!" Wenn Juden sich das auf Hebräisch wünschen, heißt es: „Hazloche un broche", also Glück und Segen. Daraus ist früher der im Deutschen sonst nicht erklärbare Wunsch „Hals- und Beinbruch" geworden. Niemand würde jemandem wünschen, dass er sich den Hals und ein Bein bricht. Aber „hazloche un broche", also Glück und Segen, sollten wir uns öfter wünschen.

„Gott, der Ursprung und Vollender aller Dinge,
segne dich, gebe dir Glück und Gedeihen und Frucht deiner Mühe
und behüte dich, sei dir Schutz in Gefahr und Zuflucht in Angst.
Er lasse leuchten sein Angesicht über dir, wie die Sonne die Erde
wärmt und Freude gibt dem Lebendigen,
und sei dir gnädig. Er löse dich von allem Bösen und mache dich frei.
Er sehe dich freundlich an, er sehe dein Leid, er heile und tröste dich.
Er gebe dir Frieden, das Wohl des Leibes und das Heil der Seele.
Amen. Gott will es so. Gott selbst. So steht es fest nach seinem Willen
für dich!"

(4. Mose 6,24ff nach Jörg Zink)

Reichtum und Armut

Einer indischen Legende nach kommt eines Tages eine hübsche und vornehme Frau zu einem Haus. Der Hausherr fragt sie, wer sie sei. Und sie antwortet, sie sei die Göttin des Reichtums. Voller Freude nimmt der Hausherr sie auf, bewirtet und behandelt sie sehr zuvorkommend. Kurz darauf erscheint an der Haustür eine hässliche und armselige Frau. Auch sie fragt der Hausherr, wer sie sei. Und die Frau stellt sich als Göttin der Armut vor. Der Mann ist entsetzt und will sie davonjagen. Die Frau aber weigert sich und behauptet, die Göttin des Reichtums sei ihre Schwester. Schon vor ewigen Zeiten hätten sie beide beschlossen, sich niemals zu trennen. Wenn er sie also fortjage, werde auch die Schwester sein Haus verlassen. Und weil der Hausherr die Anwesenheit der Göttin der Armut nicht duldet, verlässt auch die Göttin des Reichtums das Haus.

„Wer sich des Armen erbarmt, der leiht dem Herrn, und der wird ihm vergelten, was er Gutes getan hat!"

(Sprüche 19,17)

Schwer zu sagen

„Papa, was ist ein Vakuum?" – „Wart mal, Junge, ich hab's im Kopf, aber ich kann es im Moment nicht sagen!"
Manches haben wir auf der Zunge, können es aber im Moment nicht aussprechen. Das sind die kleinen Vergesslichkeiten, die wir augenzwinkernd übergehen.
Manches haben wir im Kopf, können es aber nicht erklären. Nicht nur im Scherz wie oben, sondern ernsthaft. Zum Beispiel hat Augustin einmal gesagt: „Die Zeit – wenn mich niemand fragt, weiß ich, was Zeit ist, soll ich es aber jemandem erklären, finde ich keine Worte."
Es gibt viele Dinge und Erfahrungen, die wir als passiven Schatz in uns tragen als Wissen oder Gewissheit, die wir aber nur schwer jemandem erklären und in Worte fassen können. Die Liebe, zum Beispiel, ist schwer einem Kind zu erklären. Oder: Wer ist Gott? Auch wenn wir ihn fest im Herzen haben, im Leben erfahren und im Kopf erfasst, gibt es die Worte, ihn zu beschreiben und zu erklären?

„Groß ist, wie jeder bekennen muss, das Geheimnis des Glaubens: Er ist offenbart im Fleisch, gerechtfertigt im Geist, erschienen den Engeln, gepredigt den Heiden, geglaubt in der Welt, aufgenommen in die Herrlichkeit!"

(1. Timotheus 3,16)

Aufstand

Wenn Menschen sich aufmachen, planen, entwickeln und in die Welt setzen, wenn sie aufstehen, ans Werk gehen und die Welt verändern, ist es oft ein Aufstand ohne oder sogar gegen Gott. Und wo immer Menschen aufstehen gegen Minderung und für Erweiterung ihres Lebens, haben sie auch Zerstörung und Unordnung hinterlassen.

Karl Barth hat einmal treffend gesagt: „Hände falten im Gebet, ist der Anfang des Aufstandes gegen die Unordnung der Welt!"

Wenn das Aufstehen mit dem Beugen vor Gott versöhnt ist, wenn das Hand-Anlegen mit dem Händefalten zusammengeht, wenn das Nein zu vielen Dingen das Ja zu Gott ist, dann können wir gar nicht genug kämpfen, anpacken, aufstehen, planen, entwickeln, in Gang bringen und in die Welt setzen. Hände falten klingt sehr nach Ergebung. Aber es ist mehr ein Kämpfen und Ringen, ein Aufstehen und Widerstehen. Handeln wir im Geiste des Gebetes und beten wir im Geiste des Wirkens Gottes. „Ora et labora", bete und arbeite, so haben es seit zweitausend Jahren Menschen mit Erfolg gelebt!

„Deshalb beuge ich meine Knie vor dem Vater, dass er euch Kraft gebe nach dem Reichtum seiner Herrlichkeit, stark zu werden durch den Geist an dem inwendigen Menschen."

(Epheser 3,14.17)

Was wissen wir schon

Marschall Ferdinand Foch war im Ersten Weltkrieg Oberbefehlshaber der alliierten Streitkräfte. Da die Zeitungsreporter an den Marschall nicht herankamen, bedrängten sie immer wieder seinen Adjutanten Pierre. Ständig fragten sie ihn, was der Marschall plane und vor allem, wann dieser unselige Krieg wohl zu Ende sein würde.

Eines Tages umringten wieder unzählige Reporter den Adjutanten, als er gerade das Hauptquartier verließ. Pierre bat um Ruhe und sagte den gespannten Journalisten: „Heute hat der Marschall zu mir gesprochen!" – „Was hat er zu Ihnen gesagt?", bohrten sie begierig. „Der Marschall sagte: Pierre, was glaubst du, wann wird dieser unselige Krieg zu Ende sein?"

„Und ich sah alles Tun Gottes, dass ein Mensch das Tun nicht ergründen kann, das unter der Sonne geschieht. Und je mehr der Mensch sich müht, zu suchen, desto weniger findet er. Und auch wenn der Weise meint: Ich weiß es! So kann er 's doch nicht finden!"

(Prediger 8,17)

Verloren oder gefunden

Ein gut gekleideter Geschäftsmann steigt in einen Bus und findet einen Platz neben einem jungen Mann, der eher wie ein Hippie aussieht. Der Mann mit seinem feinen Anzug, der Seidenkrawatte und den Lackschuhen schaut mitleidig auf den mit buntem T-Shirt und verwaschener Hose gekleideten Mann. Da sieht er, dass er nur einen alten Schuh anhat und voller Bedauern sagt er: „Sie Armer, Sie haben wohl einen Schuh verloren!" – „Nein", antwortet der junge Mann lachend, „ich habe einen Schuh gefunden!"

„Warum sorgt ihr euch um die Kleidung? Schaut die Lilien auf dem Feld an, wie sie wachsen: sie arbeiten nicht, auch spinnen sie nicht. Ich sage euch, dass auch Salomo in aller seiner Herrlichkeit nicht gekleidet gewesen ist wie eine von ihnen. Wenn nun Gott das Gras auf dem Feld so kleidet, das doch heute steht und morgen in den Ofen geworfen wird: sollte er das nicht viel mehr für euch tun, ihr Kleingläubigen?"

(Matthäus 6,28ff)

Die Zeit heilt keine Wunden

Ein Mann hatte die schweren Kriegsjahre und die noch härteren Jahre der russischen Gefangenschaft glücklich überstanden. Voller Freude baute er sein Leben auf. Die Freiheit, die Anfänge des bescheidenen Wohlstands halfen ihm, die schrecklichen Erfahrungen der fast sieben Jahre Krieg und Gefangenschaft zu verarbeiten. Ein schönes Haus, eine gute Arbeit, dann eine intakte Familie halfen ihm, sein Leben wieder ohne die dunklen Erinnerungen und nächtlichen Träume zu genießen. Doch nach über vierzig Jahren wurde eine Last immer größer und eine Wunde immer schmerzlicher. Er hatte im Gefangenenlager, um überleben zu können, den Schwächeren die mageren Essensrationen weggenommen. Sie waren zu schwach, um sich dagegen wehren zu können, und er wollte, wenn die anderen ohnehin sterben würden, mit ihren Rationen überleben. Immer wieder hatte er gemeint, die Zeit würde diese Wunde heilen. Aber als er älter wurde, stand seine Schuld immer deutlicher vor seiner Seele und seine Last wurde immer unerträglicher. So kam er zur Beichte und brachte aus der Verborgenheit seines Herzens die Sünde in das Licht des Kreuzes Jesu. Dort hat er sie abgelegt und um Vergebung gebeten. Jesus hat ihm vergeben und die Schuld mit seinem Blut gesühnt. So wurde er frei und erleichtert. Wieder einmal musste er erkennen: wenn man die Sünde seines Lebens verbirgt und der Zeit überlässt, macht sie uns krank und kaputt. Wenn wir sie aber offenbaren und Gott die Wunden heilen lassen, werden wir wirklich heil!

„Heile du mich, Herr, so werde ich heil; hilf du mir, so ist mir geholfen!"

(Jeremia 17,14)

Ein inniglich vergnügtes Herz ...

Gib, Herr, was du verordnet hast,
was deine Diener haben sollen,
wenn sie dir nützlich werden wollen!
Ein Joch, das unserm Halse passt,
Geduld und Unerschrockenheit,
das Ruhn und Tun in gleichem Grade
und Beugung bei der höchsten Gnade
und dein Verdienst zum Ehrenkleid.
Ein inniglich vergnügtes Herz,
ein Herz, besprengt mit deinem Blute,
das Nötigste vom Heldenmute,
beim Lieben einen mäßgen Schmerz.
Ein Auge, rein und sonnenklar,
ein treues Ohr für alle Schäden,
gerührte Lippen, recht zu reden,
Gemeinschaft mit der obern Schar!

(Nikolaus Ludwig Graf von Zinzendorf)

„Ihr werdet die Kraft des heiligen Geistes empfangen und werdet meine Zeugen sein!"

(Apostelgeschichte 1,8)

„Denn Gott hat uns nicht gegeben den Geist der Furcht, sondern der Kraft und der Liebe und der Zucht!"

(2. Timotheus 1,7)

Lachen und Weinen

Eines Abends begegneten sich am Ufer des Nils eine Hyäne und ein Krokodil. Sie begrüßten sich freundlich. „Wie geht es Euch, mein Herr?", fragte die Hyäne. Das Krokodil antwortete traurig: „Mir geht es nicht gut. Wenn ich Schmerzen und Beschwerden habe und deswegen weine, dann sagen all die Tiere: ‚Nichts als Krokodilstränen!', und das kränkt mich doch sehr, denn niemand nimmt mich ernst." „Ich verstehe Euch in Eurem Schmerz und Leid", sagte die Hyäne. „Aber denkt auch mal an mich. Ich freue mich an der Schönheit der Welt, ich sehe ihre Wunder und ihren Glanz. Und in meiner großen Freude lache ich dann laut und lange, so wie doch auch die Sonne lacht und der Tag. Aber die Tiere der Steppe sagen nur: ‚Das ist bloß das Gelächter der Hyäne!', und das verletzt mich doch sehr, denn niemand nimmt mich ernst."

Wenn wir uns in unserem Lachen und Weinen nicht mehr ernst nehmen, wenn wir die Freude und das Leid nicht mehr mit anderen wirklich teilen können, hören wir auf, Menschen zu sein.

„Freut euch mit den Fröhlichen und weint mit den Weinenden!"
(Römer 12,15)

Lebenskünstler

Jemand sagte mir: „Vor einem ausgedehnten Frühstück habe ich keine Kraft zum Arbeiten und nach einem gemütlichen Frühstück keine Lust zum Arbeiten, denn – so fügte er augenzwinkernd hinzu – ein Lebenskünstler wird auch ohne Arbeit müde!"
Interessant, dass sich Faulenzer und Genießer, Tagediebe und Nachtraben Lebenskünstler nennen. Wer die Tage vertrödelt, die Nächte durchfeiert, andere beim Arbeiten belächelt und sich über Ehrgeiz, Fleiß und Mühe lustig macht, ist sicher kein Lebenskünstler, eher ein Schmarotzer. Andererseits sind Menschen, die ihre Arbeit mit Leben verwechseln und ihre Leistung für ihre Rechtfertigung halten, nicht gerade Künstler, eher Knechte.
Vielleicht sind Lebenskünstler Menschen, die zwischen arbeitssüchtig und arbeitsscheu, zwischen Vergötzen der Leistung und Verteufeln der Anstrengung hindurch einen Lebensstil finden, in dem Anspannung und Entspannung, Tun und Ruhen, Leisten und Sich-was-Leisten, Arbeit und Vergnügen, Mühen und Genießen ausgewogen und miteinander versöhnt sind. Gott gab uns Menschen unter vielen anderen zwei wunderbare Gaben und Aufgaben: die Arbeit und die Freude an ihrem Ertrag.
Lebenskünstler üben sich in der Kunst, diese beiden Gaben so miteinander zu versöhnen, dass beide dem Menschen und seiner Lebensgestaltung dienen und Gott damit die Ehre geben.

„Gehe hin zur Ameise, du Fauler, sieh ihr Tun und lerne von ihr!"

(Sprüche 6,6)

„Und Jesus sprach zu ihnen: Geht ihr allein an eine einsame Stätte und ruht ein wenig!"

(Markus 6,31)

Freude von Gott

„Bei Gott wohnt die Freude, und von ihm kommt sie herab und ergreift Geist, Seele und Leib des Glaubenden. Wo diese Freude einen
Menschen gefasst hat, dort greift sie um sich, dort reißt sie mit, dort
sprengt sie verschlossene Türen.

Es gibt eine Freude, die von Not, Schmerz und Angst des Herzens
nichts weiß. Sie hat keinen Bestand, sie kann nur für Augenblicke
betäuben. Die Freude Gottes ist durch die Armut der Krippe und die
Not des Kreuzes hindurchgegangen. Darum ist sie unüberwindlich
und unwiderleglich. Sie leugnet nicht die Not, wo sie da ist, aber sie
findet in ihr, gerade in ihr Gott. Sie bestreitet nicht die ernste Sünde,
aber sie findet gerade so die Vergebung. Sie sieht dem Tod ins Auge,
aber sie findet gerade in ihm das Leben.

Um diese Freude, die Jesus schenkt, geht es. Sie allein ist glaubwür-
dig, sie allein hilft und heilt."

(Dietrich Bonhoeffer)

*„Fürchtet euch nicht! Siehe, ich verkündige euch große Freude, die
allem Volk widerfahren wird; denn euch ist heute der Heiland geboren, welcher ist Christus, der Herr!"*

(Lukas 2,10f)

Der Fluss

Ein Fluss war nach langem Weg
von seiner Quelle
über Tausende von Kilometern
an seiner Mündung angekommen.
Endlich im offenen Meer,
endlich in der Weite,
endlich am Ziel.
Doch dann dachte er:
Was hatte er alles
auf dem Weg verloren!
Was hatte er eingebüßt,
an Frische und Schnelligkeit,
an Sauerstoff und wilder Lust.
Wie langsam und wie träge
war er geworden!
Er schlug kaum noch Wellen.
Und wie viel Geröll
hatte er aufnehmen müssen,
solches, das er selbst
aus den Ufern schlug,
und solches, das man ihm beigab,
Abfälle, Dreck
und viel andere Belastung.
Darf ich dir so überhaupt kommen?
fragte der Fluss das Meer.
Bedenke, erwiderte das Meer,
was du auf deinem Wege gegeben
und verschenkt hast
an Mensch und Tier und Pflanze.
In dem Maße, wie du verloren hast,
hast du gewonnen.
Komm, sagte das Meer,
ich habe auf dich gewartet.

(Peter Spangenberg)

„Ich habe den guten Kampf gekämpft, ich habe den Lauf vollendet, ich habe Glauben gehalten; hinfort ist mir beigelegt die Krone der Gerechtigkeit, die mir der Herr, der gerechte Richter, an jenem Tage geben wird!"

(2. Timotheus 4,7f)

Wesentliche Fragen

Ein älteres Ehepaar unter unseren Bekannten trägt eine schwere Last. Die Frau hat die Alzheimer-Krankheit im fortgeschrittenen Stadium, und ihr Mann versorgt und pflegt sie zu Hause. Neben der körperlichen Belastung und der rund um die Uhr nötigen Präsenz sind die seelischen Belastungen am notvollsten. Immer wieder fragt die Frau: „Wer bin ich?" Sie weiß nicht mehr, wie sie heißt. „Wer bist du?" Sie erkennt ihren Ehemann nicht mehr. „Wo sind wir?" Ihr fehlt jeder Orientierungssinn. Bei den täglichen kleinen Spaziergängen: „Wo gehen wir hin?"

Die Fragen kehren immer wieder, und die geduldigen Antworten sind schnell vergessen. Es ist interessant, dass die Fragen in einer solchen Grenzsituation des Leides auch die wesentlichen Fragen des Lebens überhaupt sind. „Wer bin ich?" Wissen wir es wirklich? „Wer ist der andere?" Kann man überhaupt einen anderen Menschen richtig erkennen?

„Wo sind wir?" Kennen wir unseren Ort im Zusammenhang von Kosmos und Geschichte? „Wohin gehen wir?" Haben wir letzte Auskunft über allerletzte Zukunft?

Es ist deutlich, dass der Mensch gar nicht in der Lage ist, auf die wesentlichen Fragen seines Lebens aus sich heraus eine Antwort zu finden. Auch wir brauchen jemanden, der uns die Antworten und Deutungen des Lebens zuspricht. Unsere und der anderen Identität empfangen wir aus dem Zuspruch Gottes: „Du bist mein geliebtes Menschenkind!" Wir leben auf Gottes Erde und in Gottes Geschichte an einem bestimmten Ort und zu einer bestimmten Zeit. Und wir gehen in eine letzte Zukunft, die Gott uns als seine ewige Welt eröffnet hat. Auf die wesentlichen Fragen unseres Lebens brauchen auch wir immer wieder die geduldigen Antworten der göttlichen Liebe.

„Ich habe dich je und je geliebt, darum habe ich dich zu mir gezogen aus lauter Güte!"

(Jeremia 31,3)

Meiner ist noch da!

In einer Tischlerwerkstatt herrscht geschäftiges Treiben. Die Maschinen laufen, der Meister, einige Gesellen und Auszubildende sind eifrig bei der Arbeit. Jeder hat seine Aufgabe, und der Meister kontrolliert streng seine Mitarbeiter. Dann muss er zu einem Kunden, um einen Auftrag zu besprechen. Er wird für einige Stunden unterwegs sein und gibt seinen Leuten genaue Anweisungen. Kaum ist er aus der Tür, beginnt eine gemütliche Plauderei. Bald werden die eine und andere Maschine abgestellt. Die Handwerker treiben allerhand Blödsinn und bald geht es über Tisch und Bänke. Ein Geselle bleibt ruhig an seiner Arbeit und beteiligt sich nicht an dem Unfug. Da geht ein Kollege auf ihn zu und muntert ihn auf: „Komm, mach mit, der Meister ist weg!" Worauf der Geselle nur sagt: „Meiner ist noch da!" und in Ruhe weiterarbeitet.

Haben wir den Mut, auch gegen den Spott und Trend unserem Gewissen und unserem Meister zu folgen? Sind wir treu mit den uns anvertrauten Gaben und Aufgaben?

„Wer im Geringsten treu ist, der ist auch im Großen treu; und wer im Geringsten ungerecht ist, der ist auch im Großen ungerecht!"

(Lukas 16,10)

Das Höchste

Das höchste und tiefste Empfinden, dessen wir Menschen fähig sind, ist die Erfahrung des Göttlichen. Aus ihm quillt alles Werden und Wissen, Wachsen und Wollen, Reifen und Vollendetwerden. Wem dieses Erleben fremd ist, wer nicht mehr staunen und anbeten, sich nicht mehr wundern und an Gott verlieren kann, ist nicht nur hoffnungslos unter sich, sondern bereits wie erstorben und tot. Das Lebendige am Leben ist nicht unsere krampfhafte Suche nach Leben, sondern der Lebendige und seine liebevolle Suche nach uns.

„Gott, du bist mein Gott, den ich suche. Es dürstet meine Seele nach dir, mein ganzer Mensch verlangt nach dir aus trockenem, dürrem Land, wo kein Wasser ist. Deine Güte ist besser als Leben; meine Lippen preisen dich. So will ich dich loben mein Leben lang und meine Hände in deinem Namen aufheben. Das ist meines Herzens Freude und Wonne, wenn ich dich mit fröhlichem Munde loben kann!"

(Psalm 63,2.4-6)

Der Wunderknabe

„Es war einmal ein Wunderknabe, der im zartesten Alter schon die ganze Welt erkannte. Unter der Tür des Elternhauses wusste er über alles Bescheid, und von weither kamen die Menschen, um ihn sprechen zu hören und um seinen Rat zu holen. Er war zum Glück auch ein glänzender Redner und ließ den schwierigsten Fragen die größten Worte angedeihen, und manchmal auch die längsten. Man wusste nicht, woher er sie hatte. Sein Ruf ging in die Welt hinaus, und bald wollte man überall von seinem Wissen profitieren …

Dann aber machte er sich auf die Wanderschaft und nahm sich vor, die ganze Welt, über die er immer gesprochen hatte, nun auch zu berühren. Doch kaum eine Stunde von zu Hause weg kam er an einen Kreuzweg, der ihn zwang, zwischen drei Möglichkeiten zu wählen …

Er ging geradeaus weiter und musste dabei links ein Tal und rechts ein Tal ungesehen liegen lassen. Schon war seine Welt zusammengeschrumpft. Auch bei der nächsten Gabelung büßte er Möglichkeiten ein, und bei der dritten, und bei der vierten. Jeder Weg, den er einschlug, jede Wahl, die er traf, trieben ihn in eine engere Spur. Und wenn er auf den Dorfplätzen sprach, wurden die Sätze immer kürzer. Die Rede floss ihm nicht mehr wie einst, als er ins Freie gegangen war. Sie war belastet von Unsicherheit über das ungegangene Land, das er schon endgültig hinter sich wusste.

So ging er und wurde älter dabei, war schon längst kein Wunderknabe mehr, hatte tausend Wege verpasst und Möglichkeiten auslassen müssen. Er machte immer weniger Worte, und kaum jemand kam noch, um ihn anzuhören. Er setzte sich auf einen Meilenstein und sprach nur noch zu sich selbst: Ich habe immer nur verloren: an Boden, an Wissen, an Träumen. Ich bin mein Leben lang kleiner geworden. Jeder Schritt hat mich von etwas weggeführt. Ich wäre besser zu Hause geblieben, wo ich noch alles wusste und hatte, dann hätte ich nie entscheiden müssen, und alle Möglichkeiten wären noch da.

Müde, wie er war, ging er dennoch den Weg zu Ende, den er einmal begonnen hatte. Es blieb ja nur noch ein kurzes Stück. Abzweigungen gab es jetzt keine mehr, nur eine Richtung war noch übrig, und von allem Wissen und Reden nur ein einziges letztes Wort, für das der Atem noch reichte. Er sagte das Wort, das niemand hörte, und schaute sich um und merkte erstaunt, dass er auf einem Gipfel stand. Der Boden, den er verloren hatte, lag in Terrassen unter ihm. Er überblickte die ganze Welt, auch die verpassten Täler, und es zeigte sich, dass er im Kleiner- und Kürzerwerden ein Leben lang aufwärtsgegangen war."

(Hans Künzler)

„Ich vergesse, was da hinten ist, und strecke mich aus nach dem, was da vorne ist, und jage nach dem vorgesteckten Ziel, dem Siegespreis der himmlischen Berufung Gottes in Jesus Christus."

(Philipper 3,13f)

Einfach leben

Wenn ich in die Welt hinausschaue, entdecke ich eine verwirrende Vielfalt an Möglichkeiten. Die breiten Angebote von Bildung und Kultur, unzählige Möglichkeiten auf dem Freizeitmarkt, eine unübersehbare Fülle von Lebens- und Weltanschauungen, nicht absehbare Entwicklungen in Forschung und Technik, Weltvernetzung und Individualisierung im Widerstreit, die stetige Auflösung der Werte, Wahrheiten, Normen und Regeln. Alles ist so verwirrend, betörend, erschreckend und faszinierend, so neu und so schnell überholt und veraltet.

Wenn ich in mich hineinsehe, entdecke ich eine zerrissene Sehnsucht und eine gespaltene Erwartung. Wenn ich das noch haben und jenes noch loswerden könnte! Wenn ich dieses noch erreichen und anderes noch hinter mich bringen könnte! Ich will das eine und auch noch alles andere! Was andere haben, erträume ich, und bin dessen überdrüssig, was mir zueigen ist. Meine Wünsche und Träume innen sind fast noch komplizierter als die Welt draußen.

Kann ich die verwirrende Vielfalt auf das wirklich Mögliche reduzieren und die zerrissene Suche eindeutig machen? Das wird wohl nur gelingen, wenn ich einem folge, in dem ich alles finde! Statt alles oder nichts habe ich in einem alles! Dann kann ich heute an diesem einen Tag mit der Gabe und in den Grenzen das tun, was geht, und das lassen, was unmöglich ist. Ich kann die eine Aufgabe vor mir bewältigen und den einen Menschen neben mir ernst nehmen.

„Denn in Jesus Christus ist alles geschaffen, was im Himmel und auf Erden ist, das Sichtbare und das Unsichtbare, es seien Throne oder Herrschaften oder Mächte oder Gewalten; es ist alles durch ihn und zu ihm geschaffen. Und er ist vor allem, und es besteht alles in ihm!"
(Kolosser 1,16f)

Was uns bleibt

Was uns bleibt
von unserm Lebenstanz,
ist nicht das Lachen, nicht die Lust,
die Schönheit und der Glanz.
Was uns bleibt
von unserm Lebensfleiß,
ist nicht die Arbeit,
nicht der Lohn,
die Mühe und der Schweiß.

Die Liebe bleibt.
Was wir aus Liebe tun,
das bleibt besteh'n,
auch wenn es still geschieht
und ungeseh'n,
wenn es nur Liebe ist,
die uns hier treibt,
die Liebe bleibt.

Was uns bleibt
in unserer Lebenszeit,
ist stärker noch als Leid und Tod
und bleibt in Ewigkeit.
Was uns bleibt,
das finden wir bei Gott.
Die Liebe trieb ihn in die Welt
und für uns in den Tod.

Die Liebe bleibt.
Was Gott aus Liebe tat,
das bleibt besteh'n
und das kann heute noch
bei uns gescheh'n,
wo seine Liebe uns zur Liebe treibt.
Die Liebe bleibt.

(Manfred Siebald)

„Nun aber bleiben Glaube, Hoffnung, Liebe, diese drei; aber die Liebe ist die größte unter ihnen."

(1. Korinther 13,13)

Geduld lernen

Albert Schweitzer erzählt aus seiner Jugend: Ein Jude, Mausche genannt, kam mit seinem Eselskarren zuweilen durch Günsbach. Da bei uns damals keine Juden wohnten, war dies jedes Mal ein Ereignis für die Dorfjungen. Sie liefen ihm nach und verspotteten ihn. Um zu bekunden, dass ich anfing, mich als Erwachsener zu fühlen, konnte ich nicht anders, als eines Tages auch mitzumachen. Mausche aber, mit seinen Sommersprossen und dem grauen Bart, ging so gelassen fürbass wie sein Esel. Nur manchmal drehte er sich um und lächelte verlegen und gütig zu uns zurück. Dieses Lächeln überwältigte mich. Von Mausche habe ich zum ersten Male gelernt, was es heißt, in Verfolgung stillzuschweigen. Er ist ein großer Erzieher für mich gewesen. Von da an grüßte ich ihn ehrerbietig. Später nahm ich die Gewohnheit an, ihm die Hand zu geben und ein Stückchen Wegs mit ihm zu gehen. Aber nie hat er erfahren, was er für mich bedeutete. Gerüchte über ihn habe ich nie nachgeprüft. Für mich ist er der Mausche mit dem verzeihenden Lächeln geblieben, der mich noch heute zur Geduld zwingt, wo ich zürnen und toben möchte.

„Seht zu, dass keiner dem anderen Böses mit Bösem vergelte, sondern jagt allezeit dem Guten nach untereinander und gegen jedermann!"
(1. Thessalonicher 5,15)

Eine bessere Welt

Wenn wir eine bessere Welt möchten mit besseren Völkern und besseren Staaten und besseren Regierungen und besseren Verwaltungen, wenn wir bessere Städte und bessere Wohngebiete, bessere Arbeitsplätze und bessere Ausbildungen, wenn wir bessere Gemeinden und bessere Familien, bessere Erzieher und bessere Eltern, bessere Kinder und bessere Jugendliche möchten, dann müssen wir selbst bessere Menschen werden.

Wenn wir bessere Menschen werden möchten, dann sollten wir mit guten Vorsätzen aufhören und auf Jesus hören, dann sollten wir unsere angestrengte Vorbildlichkeit aufgeben und uns ganz an Jesus abgeben, dann sollten wir unsere verkrampfte Besserung loslassen und Jesus ganz festhalten, dann sollten wir uns von unserem vergeblichen Streben verabschieden und uns in der Erziehung Jesu einfinden.

Denn seine erlösende Liebe macht uns besser als unsere verbissenste Anstrengung!

„Durch ihn aber seid ihr in Christus Jesus, der uns von Gott gemacht ist zur Weisheit und zur Gerechtigkeit und zur Heiligung und zur Erlösung!"

(1. Korinther 1,30)

Dankbarkeit

Auf einer Reise durch sein Land lernte ein König einen Schafhirten kennen, an dem er so viel Gefallen hatte, dass er ihn in seinen Palast mitnahm. Der Hirte beeindruckte durch sein Verhalten den König so sehr, dass er ihn bald zu seinem persönlichen Berater ernannte. Die Minister und andere Beamte wurden deshalb neidisch und hinterbrachten dem Herrscher das Gerücht, sein persönlicher Berater schmiede heimtückische Pläne gegen ihn. Als Grund dafür gaben sie an, er gehe täglich längere Zeit in eine abgeschiedene Kammer. Der König war über diese Rede verwundert und verlangte darum, in den Raum geführt zu werden. Die Kammer war fast leer, nur das alte, längst verstaubte Hirtenkleid hing an der Wand. Groß war jedoch das Erstaunen des Königs und groß auch seine Freude, als der frühere Hirte auf die Frage nach dem Gewand bescheiden antwortete, er komme jeden Tag eine Stunde hierher, betrachte das alte Kleid und führe sich vor Augen, wer er einmal gewesen sei und woher er komme.

(Nach einer orientalischen Erzählung)

„Wenn dich nun der Herr, dein Gott, in das Land bringen wird, von dem er deinen Vätern geschworen hat, es dir zu geben – große und schöne Städte, die du nicht gebaut hast, und Häuser voller Güter, die du nicht gefüllt hast, und Weinberge und Ölbäume, die du nicht gepflanzt hast – und wenn du nun isst und satt wirst, so hüte dich, dass du nicht den Herrn vergisst, der dich aus Ägyptenland, aus der Knechtschaft geführt hat."

(5. Mose 6,10ff)

Gehen und bleiben

Ein riesiger Baum mit einem breiten Blätterdach bot einem müden Wanderer einen schattigen Ort zum Rasten und Ruhen. Der Wandersmann hatte gegessen, getrunken, ein Nickerchen gemacht, und als er seinen Rucksack schulterte, dachte der Baum bei sich: „Der Mann hat es eigentlich gut. Er wandert weiter, lernt andere Orte und Länder kennen. Ich stehe hier schon einige Jahrzehnte am gleichen Ort. Wie die Welt wohl woanders aussieht?"

Und der Wanderer dachte, als er den Stock nahm und seine müden Füße voreinandersetzte: „Der Baum hat es eigentlich gut, er hat hier sein Zuhause, muss nicht immer wieder aufbrechen und die Last des Weges spüren. Er ist hier sicher und fest mit der Erde verwachsen!"

Aber der Baum sprach zum Wanderer: „Du bist eigentlich arm dran, musst immer weiter wandern, kommst nirgends zur Ruhe. Schau mich an, ich bin zwar auch in Bewegung, aber ich habe meinen Platz, bin tief verwurzelt und mit allem hier vertraut und eins. Ich habe meine Ruhe und Tiefe, meine Höhe und Weite!"

Und der Wanderer sagte zum Baum: „Du bist eigentlich arm dran, immer am gleichen Ort. Du erlebst nicht die Abenteuer des Aufbruchs, die Abwechslung der Reisen und den Reiz des Neuen!"

So verglichen sich der Baum und der Wanderer, beneideten sich heimlich und verachteten sich öffentlich und beiden tat beides ziemlich weh. Schließlich dachten sie beide, wie dumm es sei, sich schlechtzureden und besser zu dünken. „Können wir nicht Freunde werden?", fragte der Baum. „Du erzählst mir von deinen Reisen und Wegen, Abenteuern und Erfahrungen, und ich biete dir ein Zuhause, einen Ruheort und erfreue dich mit Weisheiten aus der Tiefe und Früchten aus der Erde!"

So versöhnten sich Wanderer und Baum, hörten mit dem schmerzlichen Vergleichen auf und wurden herzliche Freunde.

„Und Jesus setzte zwölf ein, die er auch Apostel nannte, dass sie bei ihm sein sollten und dass er sie aussendete zu predigen!"

(Markus 3,14)

Geben und nehmen

Ein Mann hatte sich in der Wüste verirrt und war vor Durst fast zugrunde gegangen. Er schleppte sich nur noch dahin. Da kam er schließlich an ein vollkommen verlassenes Haus. Vor der verwüsteten, windzerstörten Fassade sah er eine Wasserpumpe. Er stürzte auf sie zu und begann wie verrückt zu pumpen. Aber es kam kein Tropfen Wasser.

Dann bemerkte er einen kleinen Krug mit einem Korkstöpsel und einer Notiz daran: „Sie müssen die Pumpe zuerst mit Wasser füllen, mein Freund! Und vergessen Sie nicht, den Krug nachzufüllen, ehe Sie von hier weggehen!" Der Mann zog den Korken aus dem Krug und bemerkte, dass dieser tatsächlich voll Wasser war. Nun begann er mit sich selbst zu ringen: Sollte er wirklich das Wasser in die Pumpe gießen? Was, wenn das nicht funktionierte? Dann hatte er das ganze Wasser verschwendet! Wenn er aber aus dem Krug trank, konnte er zumindest sicher sein, dass er selbst nicht an Durst zugrunde gehen würde. Allerdings würde dann kein nach ihm Kommender mehr Wasser vorfinden! Aber was wäre, wenn er das Wasser tatsächlich aufgrund der mehr als fragwürdigen Instruktion an dem Krug in die rostige Pumpe goss? Eine innere Stimme riet ihm, dem Rat zu folgen und die riskante Entscheidung zu treffen. So machte er sich daran, den ganzen Krug Wasser in die rostige Pumpe zu gießen. Er hob und senkte wie wild den Schwengel und pumpte – und tatsächlich, plötzlich begann das Wasser aus dem Hals der Röhre zu schießen! Jetzt hatte der Mann mehr köstliches, erfrischendes Wasser, als er brauchte. Er stillte seinen Durst, füllte dann den Krug erneut, verkorkte ihn und fügte den Anweisungen auf dem Zettel noch einen Satz in seinen eigenen Worten hinzu: „Glaube nur, es funktioniert! Du musst der Pumpe alles geben, was du hast, ehe du etwas zurückbekommst!"

„Gebt, so wird euch gegeben. Ein volles, gedrücktes, gerütteltes und überfließendes Maß wird man in euren Schoß geben; denn eben mit dem Maß, mit dem ihr messt, wird man euch wieder messen."

(Lukas 6,38)

195

Menschen sind wie Seerosen

Meine Nachbarn haben einen wunderbaren gepflegten Garten mit herrlichen Blumen, exotischen Sträuchern und bunten Büschen. Aber am schönsten finde ich den Teich in der Mitte mit wunderbaren Seerosen. Sie gelten von alters her als Symbol für das menschliche Leben. Die Seerosen wurzeln in der Erde, leben im Wasser und öffnen sich der Sonne am Himmel. Tagsüber zeigen sie ihre ganze Farbenpracht und abends schließen sie sich wieder, um in der Nacht auszuruhen. – Auch wir Menschen sind Erdenkinder, und es ist gut, wenn unser Leben in Gottes Erde wurzelt und in Gottes Liebe fest verankert ist. Das Wasser trägt die Seerose. Und so brauchen auch wir Menschen tragfähige Beziehungen, die uns halten. Das Element, in dem wir leben und überleben können, sind die Wasser des Vertrauens, der Geborgenheit und Verlässlichkeit. Familien, Gemeinden, Freundschaften, aber auch die Glaubens- und Liebesbeziehung zu Jesus sind der Halt und die Sicherheit des Lebens. Und dann brauchen wir wie die Seerose das Licht und die Sonne, damit wir uns nach oben öffnen und Gott entgegenblühen und wachsen können.
Und gerade in dem Zusammenspiel der drei Elemente von Erde, Wasser und Sonne liegt das Geheimnis der Seerose und des Menschen. Wir brauchen einen Wurzelboden und das tragfähige Netz der Beziehungen und den Himmel und das Licht über uns zugleich.

„Die gepflanzt sind im Hause des Herrn, werden in den Vorhöfen unseres Gottes grünen. Und wenn sie auch alt werden, werden sie dennoch blühen, fruchtbar und frisch sein, dass sie verkündigen, wie der Herr es recht macht. Er ist mein Fels, und kein Unrecht ist an ihm!"

(Psalm 92,14ff)

Gutes tun

„Tu deinem Leib etwas Gutes, damit deine Seele wieder Lust hat, darin zu wohnen!" (Teresa von Ávila)

Was kann ich meinem Leib heute Gutes tun? Einen großen Spaziergang machen, die Sonne auf einer Parkbank genießen, mir im Café eine Pause mit einem Cappuccino gönnen, ein herrliches Essen in Ruhe verzehren, ein wohliges Entspannungsbad nehmen, meinen Augen herrliche Bilder und meinen Ohren traumhafte Musik bieten, mit den Händen etwas malen, modellieren oder pflanzen, eine Schüssel herrlich duftender Erdbeeren genießen, aber bitte mit Sahne!

Ist es falsch, wenn ich meinem Bruder, der jeden Tag so viele Lasten für mich trägt, mal etwas Gutes tue? Nein, mein Bruder Leib wird es mir danken und umso fröhlicher weitergehen. Und meine Schwester Seele wird wieder umso lieber mit ihrem Bruder zusammen sein.

„So geh nun hin und iss dein Brot mit Freuden, trink deinen Wein mit gutem Mut; denn dies dein Tun hat Gott schon längst gefallen. Lass deine Kleider immer weiß sein und lass deinem Haupte Salbe nicht mangeln."

(Prediger 9,7f)

Zwischen Kleinmut und Übermut

Die griechische Sage erzählt von Ikarus, dem Sohn des Daidalos. Auf der Insel Kreta gefangen, wollten sich Vater und Sohn nicht kleinmütig mit dem Kerker abfinden. Und so ersannen sie die berühmte List, um vor Minos zu fliehen. Aus Federn fertigten sie sich Flügel, die sie mit Wachs an den Schultern befestigt hatten. So flog Ikarus aus dem Gefängnis heraus der Sonne entgegen. Doch weil er auf seinem Höhenflug der Sonne zu nah kam, schmolz das Wachs, die Schwingen lösten sich, und Ikarus stürzte unweit Samos ins Meer.

Wer kleinmütig aufgibt, bleibt gefangen. Wer übermütig zu hoch fliegt, stürzt ab. Wer mutig aufsteht und demütig in den Grenzen bleibt, kann sich befreien, ohne abzustürzen.

„Gedenkt an den, der so viel Widerspruch gegen sich von den Sündern erduldet hat, damit ihr nicht matt werdet und den Mut nicht sinken lasst!"

(Hebräer 12,3)

Zeichen des Lichtes

Segne die Sonne, o Gott,
das strahlende Licht des Tages.
Segne den Mond, o Gott,
den treuen Begleiter der Nacht.
Segne die Sterne, o Gott,
die ewigen Wegweiser am Himmel.
Segne die Lampe, o Gott,
die Menschen im Haus zusammenführt.
Segne auch die Kerze im Fenster,
die in der Nacht dem Verirrten ein Zeichen ist.
Segne endlich auch mich,
o Gott, der von den Zeichen deines Lichts
geleitet und heimgeführt wird.

*„Warum muss ich so traurig gehen, wenn mein Feind mich dränget?
Sende dein Licht und deine Wahrheit, dass sie mich leiten und bringen
zu deinem heiligen Berg und zu deiner Wohnung!"*

(Psalm 43,2f)

Glimpf geht über Schimpf

Ein Hebräer aus dem Sundgau ging jede Woche einmal in seinen Geschäften durch ein gewisses Dorf. Jede Woche einmal riefen ihm die mutwilligen Büblein durch das ganze Dorf nach: „Jud! Jud! Judenmauschel!" Der Hebräer dachte: Was soll ich tun? Schimpf ich wieder, schimpfen sie ärger, werf ich einen, werfen mich zwanzig. Aber eines Tages brachte er viele neu geprägte, weiß gekochte Baselrappen mit, wovon fünf so viel sind als zwei Kreuzer, und schenkte jedem Büblein, das ihm zurief: „Judenmauschel!" einen Rappen. Als er wiederkam, standen alle Kinder auf der Gasse: „Jud! Jud! Judenmauschel! Schaulem lechem!" Jedes bekam einen Rappen, und so noch etliche Mal, und die Kinder freuten sich von einer Woche auf die andere und fingen fast an, den gutherzigen Juden lieb zu gewinnen. Auf einmal aber sagte er: „Kinder, jetzt kann ich euch nichts mehr geben, so gern ich möchte, denn es kommt mir zu oft und euer sind zu viel." Da wurden sie ganz betrübt, sodass einigen das Wasser in die Augen kam, und sagten: „Wenn Ihr uns nichts mehr gebt, so sagen wir auch nicht mehr Judenmauschel." Der Hebräer sagte: „Ich muss mir's gefallen lassen. Zwingen kann ich euch nicht." Also gab er ihnen von der Stund an keine Rappen mehr, und von der Stund an ließen sie ihn ruhig durch das Dorf gehen.

(Johann Peter Hebel)

„Vergeltet niemandem Böses mit Bösem. Seid auf Gutes bedacht gegenüber jedermann."

(Römer *12,17*)

Besser

„Besser auf dem richtigen Weg hinken, als festen Schrittes abseits zu wandeln!" (Augustinus)

Besser mit Schwäche das Ziel erreichen, als mit Stärke das Leben verfehlen!

Besser mit kleinen Möglichkeiten großes Glück erfahren, als mit riesigen Mitteln allerhand zerstören!

Besser unter Verzichten und Mängeln richtig leben, als alles haben und alles verkehrt machen!

Besser mit guten Menschen leben, als mit menschlichen Gütern zugrunde gehen!

Besser demütig in Frieden leben, als hochmütig sich im Streit verzehren!

Besser ein Herz voller Liebe als Wasserkräne aus Gold!

Besser eine Ameise in einem Volk als ein Löwe ganz allein!

„Und wenn dein Auge dich zum Abfall verführt, reiß es aus und wirf es von dir. Es ist besser für dich, dass du mit einem Auge zum Leben eingehst, als dass du zwei Augen hast und wirst in das höllische Feuer geworfen!"

(Matthäus 18,9)

Wir haben alle gleich viel

An einem warmen Sommertag hatte die Eintagsfliege um die Krone eines alten Baumes getanzt, geschwebt und sich glücklich gefühlt. Als sich das kleine Geschöpf einen Augenblick in stiller Glückseligkeit auf den großen, frischen Blättern ausruhte, sagte der Baum: „Arme Kleine! Nur einen einzigen Tag währt dein ganzes Leben! Wie kurz das ist! Wie traurig!"

„Traurig?", erwiderte die Eintagsfliege, „was meinst du damit? Alles ist so herrlich leicht, so warm und schön, und ich selbst bin so glücklich!"

„Aber nur einen Tag, und dann ist alles vorbei!"

„Vorbei!", sagte die Eintagsfliege, „was ist vorbei? Bist du auch vorbei?"

„Nein, ich lebe Tausende von deinen Tagen, und meine Tage sind ganze Jahreszeiten! Das ist etwas so Langes, dass du es gar nicht ausrechnen kannst!"

„Nein, denn ich verstehe dich nicht! Du bist Tausende von meinen Tagen, aber ich habe Tausende von Augenblicken, in denen ich froh und glücklich sein kann! Hört denn alle Herrlichkeit dieser Welt auf, wenn du einmal stirbst?"

„Nein", sagte der Baum, „die währt gewiss viel länger, unendlich viel länger, als ich denken kann!"

„Aber dann haben wir ja gleich viel, nur dass wir verschieden rechnen."

(Hans Christian Andersen)

„Wer ist unter euch, der seines Lebens Länge eine Spanne zusetzen könnte, wie sehr er sich auch darum sorgt?"

(Matthäus 6,27)

Nur geliehen

Ich bin nicht mein, du bist nicht dein.
Keiner kann sein Eigen sein.

Ich bin nicht dein, du bist nicht mein.
Keiner kann des andern sein.

Hast mich nur zu Lehn genommen,
hab zu Lehn dich überkommen.

Also mag's geschehn:
hilf mir, liebstes Lehn,

dass ich alle meine Tage
treulich dich zu Lehen trage
und dich einstmals vor der letzten Schwelle
unversehrt dem Lehnsherrn wiederstelle.

(Werner Bergengruen)

*„Und lasst uns aufeinander achthaben und uns anreizen zur Liebe
und zu guten Werken!"*

(Hebräer 10,24)

Die Geschichte einer Puppe

Es ist die Geschichte einer Puppe. Bis vor Kurzem hatte sie ihren Platz im Schrank einer jüdischen Rechtsanwältin aus Krakau, die während der Schreckensherrschaft der Nazis Zwangsarbeit verrichten musste. Steine klopfen – eine Arbeit, die ihr wie all ihren Mithäftlingen die Würde nehmen und ihren Willen brechen sollte. „Arbeit macht frei", lautete die zynische Inschrift über den Toren von Auschwitz, wenige Kilometer westlich von Krakau. Statt Freiheit erwartete die meisten, die dieses Tor durchschritten, der Tod in der Gaskammer.

Ein kleines Mädchen muss während des Transports ins Vernichtungslager geahnt haben, was es erwartet. In dem Moment, als ihr Zug an den Zwangsarbeiterinnen vorbeikommt, wirft sie einer Frau ihre Puppe zu mit den Worten: „Hab sie lieb!" Es ist die erwähnte Anwältin, die sie auffängt. Jahrzehntelang behält sie diese Geschichte für sich. Erst auf dem Sterbebett erzählt sie davon und lässt die Puppe von ihrer Zuhörerin aus dem Schrank holen, um sie ihr anzuvertrauen. Mit denselben Worten, die ihr das Mädchen damals zugerufen hat und die auch ihre letzten sind: „Hab sie lieb!" Die Zuhörerin von damals ist die Ehefrau des langjährigen deutschen Generalkonsuls in Polen, Lee-Elisabeth Hölscher-Langner.

Sie hat es sich zur Aufgabe gemacht, den ehemaligen KZ-Häftlingen bei der Bewältigung ihres Alltags zu helfen – solange sie leben. Dazu hat sie in Krakau einen Freiwilligen-Einsatz von jungen Leuten organisiert. So ist es gekommen, dass junge Deutsche in Krakau alte Menschen betreuen, die Auschwitz überlebten. Es ist, als würde das Mädchen, die Puppe, die ehemalige Zwangsarbeiterin allen zurufen: „Habt die Überlebenden lieb!"

(Aus: Welt am Sonntag 16/2000)

„Tröstet die Kleinmütigen, tragt die Schwachen, seid geduldig gegen jedermann!"

(1. Thessalonicher 5,14b)

Das Opfer

Eine Geschichte aus Afrika erzählt, dass einst eine große Dürre und eine lange Hungersnot über das Land hereinbrachen. Menschen und Tiere litten große Not und viele mussten ihr Leben lassen. Die anderen kämpften mit aller Macht um ihr Überleben. Ein Pelikan versuchte vergeblich, für seine Jungen irgendwelche Nahrung herbeizuschaffen. Als er das Betteln der Jungen nicht mehr ertragen konnte und nichts mehr fand, mit dem er die hungrigen Schnäbel hätte füllen können, bohrte er sich mit seinem Schnabel ein Loch in seine Brust und gab seinen Jungen das eigene Blut zu trinken. So konnten die Jungen die Hungersnot überleben und vom Blut des Pelikans genährt groß werden. Der alte Pelikan aber starb an seinem Opfer. Er hatte sein Leben für seine Jungen gegeben.

„Wie viel mehr wird dann das Blut Christi, der sich selbst als Opfer ohne Fehl durch den ewigen Geist Gott dargebracht hat, unser Gewissen reinigen von den toten Werken, zu dienen dem lebendigen Gott!"

(Hebräer 9,14)

Wo wohnst du?

Zwei Männer gehen hinter Jesus her. Jesus dreht sich um und fragt sie: Was sucht ihr? Sie drehen die Frage um: Meister, wo ist deine Herberge? Ihre Frage zielt nicht nur auf das Haus, in dem Jesus wohnt. Die Frage meint mehr: In welchen Kräften bist du untergebracht, in welchen Gedanken lebst du und in welcher Sprache wohnst du? In welcher Liebe bist du zu Hause, welcher Glaube ist dein Fundament, welche Hoffnung dein Dach, welche Berufung dein Lebensraum? Mit welchen Menschen teilst du die Herzens- und Hauskammern, welche Bilder leiten dich, durch welche Türen gehst du ein und aus und worin bist du letztlich geborgen?

Jesus sagt: Kommt mit mir und seht selbst. Einen ganzen Tag bleiben und leben sie bei Jesus. Und sie sehen voller Freude, dass Jesus bei Gott zu Hause und in seiner Liebe sehr gut untergebracht ist. So schließen sie sich Jesus an und werden seine Begleiter.

Wenn Menschen ihr Zuhause bei Gott, ihre Erfüllung in seiner Liebe und ihre Hoffnung in seinen Verheißungen finden, brauchen sie dann alles andere nicht mehr? Doch, sie brauchen es jetzt erst richtig. Das heißt, sie werden ihr Haus und Heim, ihre Arbeit und Erfahrung, ihre Nächsten und Lieben, ihr Geld und Gut, ihren Leib und Verstand, ihre Sinne und Geschlechtlichkeit nicht mehr mit einem letzten Zuhause verwechseln, sondern weil sie das in Gottes Liebe gefunden haben, alles richtig gebrauchen. Sie werden es dankbar nutzen, weder als göttlich überbewerten noch als gottlos abwerten, sondern in der Liebe zum Geber alle seine wunderbaren Gaben richtig gebrauchen!

„Jesus aber wandte sich um und sah sie nachfolgen und sprach zu ihnen: Was sucht ihr? Sie aber sprachen zu ihm: Meister, wo ist deine Herberge? Er sprach zu ihnen: Kommt und seht! Sie kamen und sahen's und blieben diesen Tag bei ihm."

(Johannes 1,38f)

Jemand Anders

„Die Nachricht vom Tod unseres Bruders Jemand Anders, eines der wertvollsten Mitglieder unserer Gemeinde, hat uns alle erschüttert. Bruder Anders hinterlässt eine Lücke, die sich nur schwer wird füllen lassen. Jemand Anders hat unserer Gemeinde seit vielen Jahren angehört, und er hat weit mehr geleistet, als man normalerweise von einem Menschen erwarten kann. Wenn etwas erledigt werden musste, wenn Hilfe nötig war oder man einen Zuhörer brauchte, wie oft hieß es einstimmig: Das soll Jemand Anders machen. Gerade wenn Freiwillige gesucht wurden, so war es selbstverständlich, dass er sich zur Verfügung stellte. Jemand Anders war ein wunderbarer Mensch, manchmal fast ein Übermensch. Aber ein Einzelner kann nicht alles tun. Um die Wahrheit zu sagen: Man erwartete zu viel von Jemand Anders."

(Aus einem Gemeindebrief)

„Die brüderliche Liebe untereinander sei herzlich. Einer komme dem anderen mit Ehrerbietung zuvor. Seid nicht träge in dem, was ihr tun sollt. Seid brennend im Geist. Dient dem Herrn!"

(Römer 12,10f)

Unlösbare Probleme?

Es gibt im Leben Verwicklungen, Verirrungen, Verflechtungen, die festgezogenen Knoten gleichen und unlösbar scheinen. Am Arbeitsplatz, in der Familie, im Freundeskreis gibt es allzu oft solche Schwierigkeiten. Auch im persönlichen Leben können schwere Krankheit oder hohe Schulden in ausweglose Situationen führen. Wie geht man damit um? Eine alte Lebensweisheit sagt: „Was man lösen kann, soll man nicht schneiden!"

Wie oft wird ein Knoten aus Enttäuschung oder Bitterkeit, aus Wut oder Hass zerschnitten, bevor eine Lösung versucht wurde? Jemand verlässt gekränkt seine Firma, ein anderer enttäuscht seine Ehe, ein anderer greift zur Flasche, statt zu einer Schuldnerberatung zu gehen, ein anderer bricht die Beziehung zu seinen Kindern beleidigt ab, weil sie ihre eigenen Wege gehen.

Das Lösen schwieriger Knoten erfordert große Kraft und ganze Ehrlichkeit. Es geht nicht ohne Aufdecken und Aussprechen der Verwicklungen, es geht nicht ohne Einsicht in Fehler und Absicht von Veränderung. Eine Lösung darf keine Verdrängung, muss eine Verarbeitung sein. Das erfordert wirkliches Vergeben und tiefes Versöhnen mit anderen und mit sich selbst und Gott vor allem.

Natürlich gibt es im Leben auch solche Knoten, bei denen nur das Schneiden bleibt, um größeres Unheil abzuwenden. Bis in das Leibliche hinein ist bisweilen der Schnitt bei manchem Knoten in der Brust oder im Bauch unumgänglich. Wenn sich ein Pfropfen in einem Blutgefäß nicht mehr lösen lässt, muss man schneiden. Das ist auch im Leben so. Aber davor gilt: „Was man lösen kann, soll man nicht schneiden!"

„Die Brüder Josephs aber fürchteten sich, als ihr Vater gestorben war, und sprachen: Vergib doch deinen Brüdern die Missetat und ihre Sünde, dass sie so übel an dir getan haben. Nun vergib doch diese Missetat uns, den Dienern des Gottes deines Vaters! Aber Joseph weinte, als sie solches zu ihm sagten. Joseph aber sprach zu ihnen: Fürchtet euch nicht! Ihr gedachtet es böse mit mir zu machen, aber Gott gedachte es gut zu machen ... Und er tröstete sie und redete freundlich mit ihnen!"

(1. Mose 50,15-21 i.A.)

Heiligenschein oder scheinheilig?

Ein alter frommer Rabbi lag schwer krank im Bett, und seine treuen Schüler standen um sein Lager herum und lobten seine beispiellose Größe. „Seit Salomo gab es niemanden, der weiser wäre als er!" – „Und sein starker Glaube gleicht dem unseres Vaters Abraham!" – „Seine unendliche Geduld ist der Geduld des Hiob gleich!" – „Wie Moses hat er einen vertrauten Umgang mit Gott selbst!" So sprachen die Schüler und bewunderten ihren Meister. Doch der schien keine Ruhe zu finden. Nachdem die Schüler gegangen waren, versuchte seine Frau ihn zu trösten: „Hast du gehört, wie deine Schüler deine Tugenden gelobt und dich bewundert haben? Warum bist du dann noch so betrübt?" – „Meine Bescheidenheit", klagte der Rabbi, „meine große Bescheidenheit hat niemand von ihnen erwähnt!"

„Habt acht auf eure Frömmigkeit, dass ihr sie nicht übt vor den Leuten, um von ihnen gesehen zu werden; ihr habt sonst keinen Lohn bei eurem Vater im Himmel!"

(Matthäus 6,1)

Stärke und Schwäche

„Ein Mensch fällt nicht, weil er schwach ist, sondern weil er meint, stark zu sein!", sagt ein Sprichwort.

Powertypen, schlagfertig und durchsetzungskompetent mit Siegerlächeln und Erfolgslaune sind heute gefragt. Stark, fit, gesund und obenauf sind die Ideale. Nur keine Schwäche zeigen, sich nie eine Blöße geben, keine Verwundungen zugeben, niemals Fehler eingestehen oder gar um Verzeihung bitten! Wir sind stark, setzen uns durch, gewinnen die Oberhand, sind zum Siegen geboren.

Hinter der starken Fassade liegt die Wirklichkeit: Wir haben Stärken, aber auch Schwächen; wir möchten gewinnen, haben aber oft auch verloren; wir stehen zu unseren Gaben und warum nicht auch zu unseren Grenzen? Gerade wer meint, stark zu sein, wird eher und tiefer fallen. Wer ehrlich zu seiner Schwäche steht und Mängel nicht kaschiert, sondern zugibt, kommt besser zurecht mit sich selbst, mit anderen und seinen Lebenszielen.

Und vor Gott brauchen wir allemal nicht groß zu tun, stark zu sein, Erfolge aufzuzählen und Fehler zu verstecken. Gott kennt uns noch genauer als wir uns selbst, weiß alles und liebt uns doch ganz. Seine alle unsere Schwäche einschließende Treue ist unsere wirkliche Stärke!

„Darum, wer meint, er stehe, mag zusehen, dass er nicht falle. Bisher hat euch nur menschliche Versuchung getroffen. Aber Gott ist treu, der euch nicht versuchen lässt über eure Kraft, sondern macht, dass die Versuchung so ein Ende nimmt, dass ihr's ertragen könnt!"

(1. Korinther 10,12f)

Der weise Richter

Eine arabische Geschichte erzählt von einem alten Richter, der wegen seiner Weisheit im ganzen Land gerühmt wurde. Eines Tages sucht ihn ein Geschäftsmann auf und berichtet, dass aus seinem Laden wertvolle Waren gestohlen worden seien. Er habe aber den Dieb nie ausfindig machen können. Der Richter befahl, die Ladentür aus den Angeln zu heben, mitten auf den Marktplatz zu bringen und sie dort mit fünfzig Peitschenhieben dafür zu bestrafen, dass sie es nicht vermocht hatte, den Dieb aus dem Laden fernzuhalten.

Die ganze Stadt versammelte sich, um diesem ungewöhnlichen Strafvollzug beizuwohnen. Als die Hiebe auf die Tür ausgeteilt waren, beugte sich der Richter zu ihr hinunter und fragte sie, wer der Dieb sei. Dann legte er sein Ohr an die Tür, um ihre Antwort zu erlauschen. Als er sich aufrichtete, rief er laut in die Menge: „Die Tür erklärt, dass die Diebstähle von einem Mann begangen seien, der auf seinem Turban eine Spinnwebe hat!"

In demselben Augenblick hob ein Mann aus der Menge seine Hand und fasste auf seinen Turban. Sogleich wurde sein Haus durchsucht, die gestohlenen Waren entdeckt und der Täter festgenommen.

„Gott, du kennst meine Torheit, und meine Schuld ist dir nicht verborgen!"

(Psalm 69,6)

Liebeslied

Wie soll ich meine Seele halten, dass sie nicht an deine rührt?
Wie soll ich sie hinheben über dich zu andern Dingen?
Ach gerne möcht' ich sie bei irgendwas Verlorenem
im Dunkel unterbringen
an einer fremden stillen Stelle, die nicht weiterschwingt,
wenn deine Tiefen schwingen.
Doch alles, was uns anrührt, dich und mich,
nimmt uns zusammen wie ein Bogenstrich,
der aus zwei Saiten eine Stimme zieht.
Auf welches Instrument sind wir gespannt?
Und welcher Spieler hat uns in der Hand?
O süßes Lied!

(Rainer Maria Rilke)

Liebe ist der Zusammenklang von Menschen, die nicht über sich hinweg zu andern Dingen gelangen. Was den einen anrührt, schwingt auch im andern mit. Aus zwei Menschen wird eine Erfahrung, eine Stimme, ein Leben, ein Leib. Aber die Frage bleibt, in welchen Zusammenhang zwei Liebende eingespannt sind. Wenn Gott in seiner Liebe den Bogen führt, wenn Gott mit seiner Hand die zwei Saiten so verbindet, dass sie eine Stimme werden, wird es auch ein süßes Lied!

„Darum wird ein Mann Vater und Mutter verlassen und an seiner Frau hängen, und die zwei werden ein Fleisch sein. Dies Geheimnis ist groß; ich deute es aber auf Christus und seine Gemeinde!"
(Epheser 5,31f)

Folgenschwere Entscheidung

Als Sohn eines armen, versoffenen Schuhmachers in Georgien geboren, wurde Jossif Stalin zum mächtigsten und gefürchtetsten Mann der UdSSR. Seine Mutter hatte nur einen Wunsch und ein Gebet, dass ihr Sohn Priester werden möchte. Sie machte alles möglich, dass Jossif, der ein guter Schüler war, in Tiflis ins Priesterseminar aufgenommen wurde. Fünf Jahre hat Stalin dort die langen Gottesdienste, die strengen Regeln, den harten Unterricht, die kargen Mahlzeiten, die ewigen Verbote und zahlreichen Strafen kennengelernt. Und er hat dann bewusst mit Gott gebrochen. Statt Jesus und seine Liebe nahm er sich Iwan den Schrecklichen und seine Grausamkeiten zum Vorbild. Von Iwan dem Schrecklichen lernte Stalin das Geheimnis der Macht: Wer das größte Maß an Grausamkeit am intelligentesten einsetzt, wird immer den Sieg davontragen. Die unvorstellbaren Gräueltaten faszinierten den jungen Stalin, so etwa dass Iwan dem Erbauer der Basiliuskathedrale nach deren Fertigstellung beide Augen ausstechen ließ, damit er niemals mehr für einen anderen eine solche Schönheit würde entwerfen können.

Diese Entscheidung gegen die Liebe und für die Grausamkeit und Macht kostete Millionen Menschen das Leben und richtete ein Meer von Blut und Tränen an. – Auch wir müssen uns entscheiden, wem wir folgen, wer unser Vorbild und was unsere Ziele sind. Und so wie wir jetzt die Weichen stellen, werden später dann die Züge fahren.

„Und als Jesus vorüberging, sah er Levi, den Sohn des Alphäus, am Zoll sitzen und sprach zu ihm: Folge mir nach! Und er stand auf und folgte ihm nach."

(Markus 2,14)

Geld oder Reichtum

Ein Ehemann sagt zu seiner Frau einige Zeit nach ihrer Hochzeit: „Liebling, ich werde viel und hart arbeiten, und eines Tages werden wir einmal sehr reich sein!" Worauf die Frau ihn in den Arm nimmt und ganz sanft sagt: „Wir sind schon reich, mein Liebster, wir haben uns und lieben uns, vertrauen uns und halten zueinander. Und eines Tages werden wir vielleicht einmal Geld haben!"

„Wie köstlich ist deine Güte, Gott, dass Menschenkinder unter dem Schatten deiner Flügel Zuflucht haben! Sie werden satt von den reichen Gütern deines Hauses, und du tränkst sie mit Wonne wie mit einem Strom."

(Psalm 36,8f)

Der beste Weg

Der Glaube an Jesus
macht nicht lässig, aber gelassen,
nicht übermütig, aber mutig,
nicht ängstlich, aber engagiert,
nicht träge, aber tragfähig,
nicht kleinlich, aber in kleinsten Dingen treu,
nicht sorgenvoll, aber sorgfältig,
nicht egoistisch, aber selbstbewusst.
Der Glaube setzt nicht auf Beliebigkeit,
aber auf Entscheidungen in Liebe.
Der Glaube fragt nicht nach Mehrheit, aber nach Wahrheit.
Der Glaube nimmt das Leben ganz ernst,
und hat darum so viel Freude daran.
Der Glaube meint den Einen und findet in ihm alles.
Der Glaube ist nicht das Ziel, aber der beste Weg zum Ziel.

„Der auch seinen eigenen Sohn nicht verschont hat, sondern hat ihn für uns alle dahingegeben – wie sollte er uns mit ihm nicht alles schenken?"

(Römer 8,32)

Selbstbetrug

Ein Mann sitzt an der Bar. Er ist völlig verzweifelt und ratlos. Er wendet sich zur Seite und sagt zu dem fremden Mann neben sich: „Ich kann es einfach nicht verstehen, ich brauche nur einen kleinen Drink, wirklich nur einen einzigen, winzigen kleinen Drink, und schon bin ich betrunken!" Der Fremde schaut ihn verwundert an und fragt vorsichtig nach: „Wirklich nur einen?" – „Ja, und gewöhnlich ist es der Zehnte!"

Einmal ist keinmal, sagen wir und betrügen uns selbst. Wie oft machen wir die großen Laster so klitzeklein und lügen uns selbst und anderen etwas vor. Fünfe werden plötzlich gerade, wenn wir es gern so haben. Wenn es um unsere Unschuld geht, können wir plötzlich weder zählen noch rechnen.

„Niemand betrüge sich selbst. Wer unter euch meint, weise zu sein in dieser Welt, der werde ein Narr, dass er weise werde!"

(1. Korinther 3,18)

Gefesselt

Immer wieder kann man lesen und hören, ein Mensch sei „an den Rollstuhl gefesselt". Dieser Ausspruch, oft gedankenlos nachgeplappert, trifft aber den Behinderten ins Herz. Auch wenn dieser Satz vielleicht geprägt wurde, um Mitleid zu erregen oder Nachsicht zu erbitten, stutze ich jedes Mal davor, falle über ihn her und möchte ihn verschlingen und unschädlich machen.

„Fesseln" sprechen eine düstere, muttötende Sprache. Als Gefesselte fühlen wir uns doch gedanklich eingezwängt in solche Begriffe wie Gefängnis, Dunkelhaft, Strafe. Wir sind isoliert, entfremdet, weit ab von den anderen.

Es stimmt wohl, dass unser Leben mühselig und beladen ist. Wir tragen schwer daran, dass wir manchmal ausgeliefert sind an Menschen, die Macht ausüben.

Doch: Muss die Last nur lästig und Fessel sein? Oder: Können wir versuchen, zu dem „nicht zu lösenden" Problem ein „gelösteres" Verhältnis zu bekommen?

Können wir lernen, im „Aufgeben" eine neue „Aufgabe" zu finden? Können wir es wagen, die eigene Last nicht einseitig zu tragen, sondern vielleicht die eines anderen mitzutragen, auf unsere Weise, damit wir ausgewogener und ausgelasteter werden? Manchmal erleichtert es, nicht mehr an das Loswerden unserer Last zu denken, sondern sich bewusst zu machen, was wir an Gutem dagegensetzen könnten. Vielleicht – fahrbereit zu werden! Im Fahrstuhl …

Ich liege und warte. Ich träume von ihm, wünsche, bitte und dränge danach, fahren zu dürfen. Ich muss lange warten. Vielleicht denkt man auch, ich könnte wieder gesund werden.

Im Sommer beuge ich den Kopf weit aus dem Fenster, damit mir der Wind wieder um die Nase wehen kann. Ich spüre ihn im Haar, im Gesicht, und ich schnuppere nach dem Duft, der herüberkommt von Holunder und Ahorn. Die Menschen sind mir ferner aus meiner Vogelperspektive, die Spatzen näher in der Dachrinne. Es stört sie nicht, wenn der Sturm ihren Federrücken aufraut.

Sommerblumen male ich gern. Sie sollen nicht verblühen. Sie fordern mich auf, in sie hineinzusehen, um das Bewundern, Staunen und Freuen nicht zu verlieren. – Im Liegen sieht es sich leichter in

die Wolken. Auch sie sind näher jetzt und meine Gefährten. Vorüber-
ziehende. Täglich gleiten sie still dahin, verändern und vertiefen den
weiten Himmel. – Ich höre den Mittagszug und denke in die Weite.

(Lieselotte Jacobi)

*„Als mir Angst war: rief ich den Herrn an und schrie zu meinem Gott.
Da erhörte er meine Stimme von seinem Tempel, und mein Schreien
kam vor ihn zu seinen Ohren."*

(Psalm 18,7)

Befreit

Endlich kommt Bewegung in mein Leben. Ein Fahrstuhlkatalog liegt auf dem Schreibtisch. Dann suchen wir aus.

„Er" soll der leichteste, kleinste und preiswerteste sein – mit Rücksicht auf die Menschen, die ihn tragen, schieben und bezahlen wollen ...

Dann steht er zusammengefaltet neben mir, mein neuer „Gefährte". Ich kann den Blick nicht von ihm wenden. Noch in der Nacht glitzert er verführerisch, wenn sich auf seinem blanken Gestell das Licht der Laterne von draußen spiegelt. Bald darf auch ich nach draußen. Ich darf verreisen!

Es beginnt eine Zeit, die gefüllt ist mit Entdeckungen. Es duftet herauf zu mir von den Kräutern am Wegrand, Brennnesseln sehe ich wieder blühen, Maientriebe an den Fichten betaste ich vorsichtig, befühle Blätter und Baumrinden. Und ich lebe so gern – noch ungeübt, alles zu überschauen, noch schnell ermüdend.

Und schon denke ich weiter. In immer wiederkehrenden Träumen fährt mich der Fahrstuhl allein, ohne fremde Hilfe. Und nach drei Jahren ist es so weit. Ein junger Pastor erklärt mir das so: „Diesmal muss es ein elektrischer Fahrstuhl sein!" Erstaunt und ein bisschen unsicher frage ich nach, weil ich jubeln möchte und mich zugleich vor Versprechungen und Enttäuschungen fürchten gelernt habe: „Meinen Sie es wirklich ernst?" Er lacht, offen, herzlich und sagt die guten Worte: „Dieser Fahrstuhl für Sie ist mir genauso wichtig wie ein Paar Schuhe, die ich einem Menschen besorge, der keine hat – damit er wieder laufen kann!"

So habe ich die Fähigkeit erworben – im übertragenen Sinne –, wieder laufen zu können, und bin „entfesselt".

Am Abend fahren wir hinaus, mein „Gefährte" und ich, um die Amseln zu hören. Die Stadt ist mir noch fremd, besonders der ungewohnte, lärmende Verkehr. Mein Herz hämmert, wenn wir die Straße überqueren müssen. „Er" aber hat Nerven aus Stahl. Wir lernen, den Schaufensterbummel schön zu finden und draußen „vor" einem Laden einzukaufen. Oft sind wir von Kindern eingekreist, die „ihn" fachmännisch untersuchen und auch einmal steuern möchten. Mit „tiefem Gebrumm" wird ein Berg erklommen, und ins Tal hinunter sausen wir mit „hellem Ton". Immer singt der Motor seine Melodie dazu.

Bewegung ist in mein Leben gekommen, Bewegung, die befreit, die sich überträgt, die mich empfinden lässt: Ich komme vorwärts. Impulse übertragen sich und lassen mich ganz vergessen, dass es nicht meine eigene Kraft ist, die mich bewegt.

Leben wir aber nicht alle aus der Kraft, die nicht die unsere ist?

Gottes Kraft kann auf vielerlei Weise mächtig werden.

(Lieselotte Jacobi)

„Der Herr ward meine Zuversicht. Er führte mich hinaus ins Weite, er riss mich heraus; denn er hatte Lust zu mir!"

(Psalm 18,7)

Abenteuer mit Felix

Felix ist ein Gefährte aus Stahl und Eisen, aus Batterie und Motor –
so wesentlich und wundervoll zusammengebaut, dass er funktioniert,
um meine unzureichenden Funktionen zu übernehmen.
Wir sind „eins" und können gemeinsam sehr aktiv sein. Es ist nicht
schwer, mit ihm zu leben, ihn zu verstehen. Er drückt nicht und bockt
nicht, knattert nicht und stinkt auch nicht.
Nur mag er nicht, wenn man unsanft mit ihm umgeht, ihm Kopfstein-
pflaster zumutet oder Kantsteine nicht schräge nimmt. Dann schüttelt
er sich vor Ärger.
Auch Bahngleise gehen ihm gegen den Strich. Er fordert, dass man
sie schlängelnd überquert. Doch wir lieben es, von der Höhe eines
Übergangs den Schienen und Zügen nachzusehen, bis sie als glitzern-
de Fäden und Punkte – wie unwirklich, aufgelöst – wieder verschwinden. Wenn die Züge herandonnern und vorüberzischen, spüren wir
das Beben zitternd mit.
Längst habe ich gelernt, ihn vor Glassplittern zu bewahren und ihm
ebene Wege auszusuchen.
Es gibt Straßen, die schillern wie stille Wasserspiegel. Die sind fest,
seidenweich und glatt. Dann schnurrt er wie ein Kätzchen! Es tönt,
als würden hohe Gambensaiten in langen Bogen angestrichen.
Das macht mich froh. –
Meine Freude über ihn hat in mir nie ein Unbehagen aufkommen lassen gegenüber den Gesunden und Gehenden.
Auf meiner ersten Waldfahrt kam mir ein „Allegro" in den Sinn:

Sing – schau dich um,
spring – mach dich krumm,
lauf – hüpf weiter,
verschnauf – sei heiter,
verlier dich – und find dich!

Mit Felix fühle ich mich so angepasst und mitgerissen im Strom der
Fußgänger und kann mich ohne Beklemmungen einreihen in die

Schar der Eilenden und Bummelnden und auch ganz unbefangen das Gleiche tun, zum Beispiel: in ein Kaufhaus fahren!

(Lieselotte Jacobi)

„Ja, du machst hell meine Leuchte, der Herr, mein Gott, macht meine Finsternis licht. Denn mit meinem Gott kann ich über Mauern springen!"

(Psalm 18,29f)

Voller Entdeckungsfreude beim Einkaufen

Als ein erprobtes Mittel gegen allerlei Beschwerden, die nach einer kleinen Aufmunterung verlangen, hat sich bei mir ein Besuch im nahen Selbstbedienungsladen bewährt.

Auch nachhaltig wirkt diese Medizin noch ausgezeichnet. Heute will ich sie mir verordnen. Gleich sind meine Lebensgeister wieder geweckt, und ich bin voller Entdeckungsfreude!

Dieses „Selbst" beginnt schon am Eingang. Ich brauche niemanden zu bitten. Die Türen öffnen sich automatisch. Manchmal flüstere ich trotzdem: „Danke!"

Dann fahre ich weiter, bremse, sehe, staune; widerstehe mancher Verführung – oder auch nicht – wie hier in der Schreibwarenabteilung, wo mir bunte Filzstifte entgegenleuchteten! – Der Wunsch wird erfüllt. Ganz vergnügt lasse ich die Packung unter meiner Decke im Fußsack verschwinden.

So kaufe ich immer ein. Neben oder auf meinen Füßen liegen die neuen Habseligkeiten am sichersten. Melonen, Bananen, schwer gefüllte Obsttüten drücken mich zwar, aber ich fühle mich dann so reich beladen sehr glücklich. An der Kasse holt dann eine junge Frau flink alle Waren aus dem Versteck hervor, lässt mich bezahlen und verstaut sie wieder „mir zu Füßen".

Noch versunken in Gedanken an meinen neuen Besitz, mache ich mich langsam startbereit und setze mich in Bewegung. Da taucht – wie aus einem Hinterhalt – vor mir eine Dame auf, stellt sich mir in den Weg und sieht mich mit kritischen, unruhigen Augen an: „Warum verstecken Sie die Packung?", fragt sie mich ein wenig bebend, spitz und patzig. Ihre Lippen zittern.

„Warum …?" Ich möchte ihr erklären, dass es in meiner Situation keine andere Möglichkeit gibt, als auf „diese" Weise einzukaufen. Vom Schoß würde mir alles herunterfallen und zerbrechen. Die Erfahrung hab' ich längst machen müssen. Mit der rechten Hand bediene ich den Schalthebel, mit der linken den Steuerknüppel. Vielleicht müsste ich noch lernen, die Dinge auf dem Kopf zu balancieren – wie andere Erdenbewohner es so fantastisch beherrschen. Nur, dazu gehört ein elastischer Gang.

Es genügt aber, dass ich ihr „Warum" wiederhole – fragend, bewei-

223

send, gelassen. Bestürzt entschuldigt sie sich und sagt noch einmal sehr leise, stillgeworden: „Oh, verzeihen Sie mir, bitte ...“

(Lieselotte Jacobi)

„Gott rüstet mich mit Kraft und macht meine Wege ohne Tadel!“

(Psalm 18,33)

Mein Gebet

Herr, unser Schöpfer, wir bitten dich für uns,
für alle Kranken, für die körperlich, seelisch und geistig Behinderten,
für die Menschen, welche ihnen täglich helfen,
für andere, die sehr einsam sind, für alle, die in Heimen leben.
Lass sie heil sein in dir!
Hüte uns davor, dass wir mit uns selber beladen werden.
Richte uns auf, damit wir ausgerichtet sind zu dir!
Tröste uns und segne uns, damit Dank wachsen kann.
Lass deinen Geist in uns wirken!
Du weißt, dass wir immer einen Menschen brauchen. Gib uns den.
Amen.

(Lieselotte Jacobi –
nach über 40 Jahren MS-Krankheit,
Behinderung und Rollstuhl)

„Der Herr lebt. Gelobt sei mein Fels! Der Gott meines Heils sei hoch erhoben!"

(Psalm 18,47)

Erleichtert

Mahatma Gandhi erzählt aus seinem Leben:
„Ich war fünfzehn Jahre alt, als ich einen Diebstahl beging. Weil ich Schulden hatte, stahl ich meinem Vater ein goldenes Armband, um sie zu bezahlen. Aber ich konnte die Last meiner Schuld nicht ertragen. Als ich vor meinem Vater stand, brachte ich vor Scham den Mund nicht auf. Ich schrieb also mein Bekenntnis nieder. Als ich ihm den Zettel überreichte, zitterte ich am ganzen Körper. Mein Vater las den Zettel, schloss die Augen und dann – zerriss er ihn. ‚Es ist gut‘, sagte er noch. Und dann nahm er mich in die Arme. Von da an hatte ich meinen Vater noch viel lieber.“

„Wohl dem, dem die Übertretungen vergeben sind, dem die Sünde bedeckt ist. Darum bekannte ich dir meine Sünde, und meine Schuld verhehlte ich nicht. Ich sprach: Ich will dem Herrn meine Übertretungen bekennen. Da vergabst du mir die Schuld meiner Sünde.“

(Psalm 32,1.5)

Zeichen der Treue

Die ganze Welt ist wie ein Buch,
darin uns aufgeschrieben
in bunten Zeilen manch ein Spruch,
wie Gott uns treu geblieben.
Wald und Blumen nah und fern
und der helle Morgenstern sind
Zeugen von seinem Lieben!

(Emanuel Geibel)

„Und Gott sprach in seinem Herzen: Ich will hinfort nicht mehr die Erde verfluchen um der Menschen willen und hinfort nicht mehr schlagen alles, was da lebt. Solange die Erde steht, soll nicht aufhören Saat und Ernte, Frost und Hitze, Sommer und Winter, Tag und Nacht.
Und Gott sprach: Das ist das Zeichen des Bundes, den ich geschlossen habe zwischen mir und euch auf ewig: Meinen Bogen habe ich in die Wolken gesetzt; der soll das Zeichen sein des Bundes zwischen mir und der Erde!"

(1. Mose 8,21f; 9,12f)

Was ist das Leben?

Das Leben kann man nicht machen oder herstellen. Alle wesentlichen Werte des Lebens sind nicht beliebig verfügbar. Liebe kann man nicht kaufen, Vertrauen nicht erzwingen, Gesundheit nicht garantieren, Lebenszeit nicht immer verlängern, Lebenskraft nicht grenzenlos erneuern, Lebensgefährten nicht festhalten und Lebensfreude nicht fabrizieren. Wie die ganze Schöpfung ist unser Leben nicht gemacht, also nicht unser Faktum, sondern gegeben, also sein Datum. Es ist uns von Gott anvertraut. Darum verbietet sich das Entarten des Lebens in eine Ware, alles Berechnen und Kalkulieren, Verwerten und Benützen, Ausbeuten und Wegwerfen. Der Gabecharakter des Lebens verlockt uns zur Dankbarkeit, leitet uns in die Liebe zum Geber und legt uns das Ausleben im Sinne Gottes nahe.

Nur wer sein Leben bewusst als Geschenk empfängt, dankbar wahrnimmt, liebevoll behandelt, kann es auch richtig und ruhig gestalten und voller Freude und Ehrfurcht genießen. Jenseits alles Zweck- und Nützlichkeitsdenkens, befreit von Leistungsdruck und Konsumzwang können wir das Leben als Geschenk von Gott und zur Freude empfangen.

„Denn bei dir ist die Quelle des Lebens, und in deinem Lichte sehen wir das Licht!"

(Psalm 36,10)

„Was hast du, das du nicht empfangen hast?"

(1. Korinther 4,7)

Das Loblied des Waldes

Die Bäume und Wälder bringen uns zum Staunen und Loben.
Sie sind die grünen Lungen der Erde und ihre Sauerstofffabriken.
Sie sind die Regenmacher und Geburtsorte der Flüsse.
Sie bändigen die Berge, lenken die Winde und halten die Lawinen auf.
Sie führen die Wolken und mildern das Klima.
Sie sind die Ordnungshüter und Quellorte im Haushalt der Natur.
Sie bieten den Tieren Zuflucht und spenden den Menschen Holz für
Wärme und Werk.
Jeder Wald ist ein gastliches Haus, im Fachwerkstil erbaut, durch
Zweige gegiebelt, durch Äste in Stockwerke geteilt, ein Rasthaus für
viele Bewohner, Nester, Zellen und Werkstätten.
Wälder sind Lebensorte für unzählige Pflanzen und Tiere.
Wälder sind Ruhe- und Andachtsorte für gehetzte Menschen, Klau-
sen für Sänger und Poeten, Lauben für Verliebte, Kammern für Nach-
denkliche, Kurorte für Kranke, Hörsäle für Vogelkundige, Modelle
für Maler und Fotografen.
Der Wald ist ein Rasthaus und Gasthaus, Gotteshaus und Krankenhaus, Zufluchtsort und Wanderziel.
Sein Dach ist das Urbild jeden anderen Daches und seine Bäume sind
das Urbild allen Wachsens.
Die Bäume sprechen jeden Menschen und alle Sinne an:
die Augen durch ihre Formen und Farben,
die Ohren durch Rauschen und Knarren,
die Nase durch Düfte und Gewürze,
den Mund durch Früchte und Beeren,
die Hände durch Gestalt und Verwandlung,
den Geist durch ihr Geheimnis und ihre Kräfte,
die Seele durch Schönheit und Heilung,
den ganzen Menschen durch Sauerstoff und Schatten.
Kein Mensch begegnet einem Baum, ohne von ihm beschenkt zu
werden.
Selbst der kleinste Wald atmet den Hauch von Gottes Größe.

*„Herr, wie sind deine Werke so groß und viel! Du hast sie alle weise
geordnet, und die Erde ist voll deiner Güter!"*   (Psalm 104,24)

Drei gute Gründe

Morgens früh klopft ein Mann an die Tür seines Sohnes und ruft: „Jim, steh bitte auf! Es ist Zeit für die Schule!" Jim dreht sich im Bett herum und ruft zurück: „Ich will nicht aufstehen, Papa!"
Der Vater klopft wieder und ruft noch lauter: „Steh jetzt endlich auf, du musst zur Schule!" – „Ich will nicht in die Schule gehen!" „Warum denn nicht?", fragt der Vater zurück.
„Aus drei Gründen", sagt Jim. „Erstens ist es so langweilig, zweitens ärgern mich die Kinder und drittens kann ich die Schule nicht mehr ausstehen!" – „Dann will ich dir mal drei Gründe nennen, aus denen du unbedingt in die Schule musst", antwortet der Vater. „Erstens ist es dein Beruf, zweitens bist du 45 Jahre alt, und drittens bist du der Klassenlehrer!"

„Wie lange liegst du, Fauler! Wann willst du aufstehen von deinem Schlaf? Ja, schlafe noch ein wenig, schlummere noch ein wenig, schlage die Hände ineinander ein wenig, dass du noch schlafest, so wird dich die Armut übereilen wie ein Räuber und der Mangel wie ein gewappneter Mann!"

(Sprüche 6,9ff)

Höflichkeit

„Im Deutschen lügt man, wenn man höflich ist!", soll Goethe gesagt haben. Darum ist vielen Menschen eine höfliche und gepflegte Form des Umgangs verdächtig und suspekt. Viele Menschen halten nichts von Etikette und guten Manieren, belächeln takt- und respektvolle Höflichkeit. Sie sind eher direkt und lassen einfach raus, was sie denken, ohne die Sorge, sie könnten jemanden verletzen.

Ein Junge fährt nachts mit seinem Vater heim. Sie geraten in eine Verkehrskontrolle. Der Junge macht seinem Ärger über das Aufgehalten- und Kontrolliertwerden deutlich Luft und fährt den Polizisten ziemlich grob an. Später sagt er zu seinem Vater als Rechtfertigung: „Ich bin lieber ganz ehrlich und sage den Menschen, was ich denke. Diese ganze Höflichkeit ist doch nur Getue und nichts als eine Menge heißer Luft!" „Ganz recht", sagt der Vater freundlich, „eben diese Menge Luft haben wir in unseren Reifen, und merkst du, wie die Luft die harten Stöße dämpft und mildert? So ist das auch im Umgang mit Menschen, die Höflichkeit kann manche Härte dämpfen und viele unangenehme Stöße mildern und abfangen."

Vielleicht kann man auch ehrlich und höflich zugleich sein?

„Eure Rede sei allezeit freundlich und mit Salz gewürzt!"

(Kolosser 4,6)

Das liebe Geld

In einem Budapester Kaffeehaus sitzen zwei der reichsten Männer der Stadt am Tisch. Als ein Sammler für das Rote Kreuz in den Salon tritt, schließen Freunde der beiden Wetten darüber ab, wer wohl der Geizigste der vermögenden Männer ist. Der Sammler kommt an den Tisch, und umständlich kramt der eine aus seiner Geldbörse die kleinste Münze, die darin zu finden ist, hervor und wirft sie mit großzügigem Schwung in den Opferteller. Nun schauen alle auf den zweiten Mann. Der aber besinnt sich nicht lange und sagt zu dem Sammler: „Wir gehören zusammen. Das war für uns beide!"
Den Geizigen macht das Geld zum Sklaven. Statt die relative Unabhängigkeit, die das Geld ermöglichen könnte, zu nutzen, wird der Geizige noch abhängiger. Er kann sich nicht leisten, was er sich leisten könnte, und schadet sich auf die sinnloseste Weise.

„Denn die reich werden wollen, die fallen in Versuchung und Verstrickung und in viele törichte und schädliche Begierden, welche die Menschen versinken lassen in Verderben und Verdammnis!"

(1. Timotheus 6,9)

232

Vertrauen auch im Dunkel

Die neunjährige Bärbel verbrachte das Wochenende bei Tante und Onkel. Die Tante hatte mit ihr gebetet und ihr einen Gutenachtkuss gegeben. Ein Weilchen später ging sie noch einmal am Zimmer vorbei. Sie meinte ein verhaltenes Schluchzen zu hören. Schnell öffnete sie die Tür und fand, dass das Kind herzzerbrechend weinte: „Nanu, was ist denn, Bärbel?" – „Ich fürchte mich vor dem Dunkeln", erklärte das Kind. – „Aber, Bärbel, du schläfst zu Hause doch auch im Dunkeln", versuchte die Tante sie zu beruhigen. – „Ja, aber das ist mein Dunkel, das ich kenne", schluchzte das Kind.

„Ihr" Dunkel war anders! Die Dunkelheit in ihrem eigenen Zimmer hatte für sie nichts Furchterregendes, weil sie wusste, was bei Licht in ihrem Zimmer war: ihre Puppe, ihr Teddybär, ihre Schaukel, ihre Spielzeugkiste. Das alles war auch in der Dunkelheit noch da und umgab sie bei Nacht ebenso wie am Tag. Dies hier war eine „fremde" Dunkelheit.

Keinem Christen bleibt Dunkelheit auf seinem Lebensweg erspart. Aber wenn es Nacht um ihn wird und er nicht mehr weiterweiß, bleibt ihm die Gewissheit: „Du bist bei mir, dein Stecken und Stab trösten mich" (Ps. 23). Es ist eine Dunkelheit, in der wir festhalten dürfen: Unser Herr ist mit darin.

Und die Dunkelheiten, in denen wir Jesus mit uns wissen, seine Liebe und Tröstung immer wieder erfahren haben, können wir besser überstehen.

„Und ob ich schon wanderte im finsteren Tal, fürchte ich kein Unglück, denn du bist bei mir, dein Stecken und Stab trösten mich!"

(Psalm 23,4)

Immer schneller?

„Du musst so schnell laufen, wie du kannst, wenn du bleiben willst, wo du bist. Willst du woanders hin, musst du mindestens doppelt so schnell laufen!"

(Aus „Alice im Wunderland")

Immer schneller verändert sich fast alles. Neuerungen, eben noch als unglaublich bestaunt, sind rasch so alt wie die Zeitung von gestern. Menschen geraten unter Druck, Zeitdruck, Erfolgsdruck, Leistungsdruck, Konkurrenzdruck. Sie müssen immer besser und schneller werden, um bleiben zu können, wo sie sind. Ergebnisse werden gnadenlos optimiert, Verluste rigoros minimiert. Zwischen dieser hektischen Gier nach Mehr und dieser bedrückenden Angst vor dem Weniger werden Menschen aufgerieben, zu Arbeitskräften degradiert und nach Verwertbarkeit bewertet. Viele Menschen halten den Wettlauf nicht aus, fallen heraus und herunter, wenn sich das Karussell von Leistung, Produktion und Gewinn immer schneller dreht. Müdigkeit und Frust begleiten viele zur Arbeit, und manche werden an all der Hast und Hektik krank.
Da brauchen wir Beruhigung, ohne im Fleiß nachzulassen.
Da brauchen wir Gelassenheit, ohne lässig zu werden.
Da brauchen wir klare Ziele, um uns nicht nur immer schneller im Kreis zu drehen. Da brauchen wir Prioritäten, damit wir uns nicht verzetteln. Wir brauchen einen Herrn, mit dem wir verlässlich rechnen können, um in all den raschen Veränderungen nicht unterzugehen. Wer mit Jesus lebt, lebt und handelt, betet und wagt, erwartet und hofft in seinem Tempo. Und das ist genau richtig bemessen.

„Darum spricht Gott der Herr: Siehe, ich lege in Zion einen Grundstein, einen bewährten Stein, einen kostbaren Eckstein, der fest gegründet ist. Wer glaubt, der beschleunigt nicht!"

(Wörtliche Übersetzung von Jesaja 28,16)

Wie die Sonne

Wie die Sonne nicht auf unser Bitten und Flehen wartet, um aufzugehen, sondern einfach leuchtet und von Milliarden Menschen freundlich begrüßt wird, so sollen auch wir nicht auf Betteln und Schmeicheln warten, um für andere Wärme und Licht zu verströmen. Andererseits lässt sich die Sonne durch keine Verachtung oder Bosheit daran hindern zu scheinen und ihre ganze Lebensenergie zu verschenken. So sollten auch wir uns von Missachtung und Schlechtigkeit nicht an unserer Güte hindern lassen. Ohne Erwartung und Berechnung das Gute tun, ist immer das Beste.

Wenn wir Gott die Ehre geben ohne Berechnung, wenn wir dem Nächsten unsere Güte schenken ohne Erwartung, tun wir für uns das Allerbeste.

„Seid Kinder eures Vaters im Himmel. Denn er lässt seine Sonne aufgehen über Böse und Gute und lässt regnen über Gerechte und Ungerechte ... Darum sollt ihr vollkommen sein, wie euer Vater im Himmel vollkommen ist!"

(Matthäus 5,45.48)

Alle in einem Boot

Es war zu der Zeit, als es in den USA noch Sklaverei gab. Ein alter Mann namens Mose war es leid geworden, Tag für Tag und Jahr für Jahr Holz zu fällen. Eines Tages dachte er darüber nach, wer wohl die Schuld daran trage, dass er solch ein schweres Leben führen musste. Er fand für alle, an die er sich erinnern konnte, triftige Entschuldigungsgründe. Schließlich kam er zu dem Schluss, dass letztlich alles Adams Schuld war. Hätte er doch nur nicht den Apfel gegessen! Deshalb musste der Mensch das herrliche Paradies verlassen und auf dem Feld arbeiten, um sich im Schweiße seines Angesichts sein Brot zu verdienen.

Je mehr der alte Mose darüber nachdachte, desto ärgerlicher wurde er auf Adam. Bei jedem Axtschlag murmelte er: „Alter Adam, alter Adam!" Und mit jedem Wort schlug er etwas fester zu.

Eines Tages – Mose war noch nicht zur Arbeit gegangen – hörte ihn der Gutsbesitzer schimpfen. Er fragte ihn, was das zu bedeuten habe.

„Ach", antwortete Mose, „wenn Adam nicht den Apfel gegessen hätte, dann müsste ich mich nicht dauernd abschinden. Dann könnte ich zu Hause bleiben, mich ausruhen und Limonade schlürfen."

Der Grundbesitzer dachte nach. Schließlich sagte er: „Du darfst zu Hause bleiben, Mose, wie es dein Wunsch ist. Ab sofort brauchst du keine Arbeit mehr zu verrichten. Du kannst dich den ganzen Tag hinlegen und tun, was dir gefällt – allerdings unter einer Bedingung: Siehst du das Kästchen dort auf dem Tisch? Du darfst es nicht öffnen! Einverstanden? Gut, dann genieße deine Ferien!"

In den nächsten Wochen konnte Mose sein Glück kaum fassen. Er lief im Haus herum und genoss seine Muße und schlürfte seine Limonade. Dann stieß er auf das Kästchen. Zunächst betrachtete er es nur. Doch im Laufe der Zeit wurde die Versuchung, es zu berühren, immer mächtiger. Als er es schließlich nach mehreren Tagen betastete und sogar mit sich herumtrug, wurde ihm die Versuchung zu stark. Es konnte doch so schlimm nicht sein, nur einmal kurz hineinzuschauen! Als er den Deckel vorsichtig an einer Seite hochhob, fiel sein Blick auf ein beschriebenes Blatt Papier auf dem Boden des Kästchens. Moses Neugier war erst befriedigt, als er den Zettel herausgenommen und gelesen hatte. Darauf stand: „Mose, du alter Schurke! Ich möchte dich nie mehr über Adam schimpfen hören. Wenn du im Garten Eden gewesen wärst, hättest du genauso gehandelt wie Adam. Geh wieder in den Wald zurück und fälle Holz!"

„Denn es ist hier kein Unterschied: sie sind allesamt Sünder und ermangeln des Ruhmes, den sie bei Gott haben sollten, und werden ohne Verdienst gerecht aus seiner Gnade durch die Erlösung, die durch Jesus Christus geschehen ist."

(Römer 3,23f)

Etwas Abstand

Ein Mann packt vier große Koffer, drei kleine Kinder, zwei lebhafte Hunde, eine kritische Schwiegermutter und seine abgehetzte Frau ins Auto, gibt seinem Nachbarn die Hausschlüssel und sagt: „Ich brauche mal von allem ein bisschen Abstand!"

Wir brauchen etwas Abstand und stürzen uns mitten ins Getümmel. Wir fahren in den Urlaub, aber es gibt keine Erlaubnis, sondern wir stehen unter Entfernungs- und Erlebnisdruck.

Anspannung und Entspannung, Herausforderung und Beruhigung, Nähe und Distanz sollten in unserem Leben ausgewogen sein. Oft braucht man ein wenig Abstand, um die Familie, die Arbeit, die Verpflichtungen und sich selbst richtig einzuschätzen.

Wann kann ich mal einen Schritt zurücktreten aus der Alltagsmühle, wie kann ich etwas Abstand gewinnen von allem? Um es dann wieder richtiger zu sehen und besser zu packen!

Ein Pfeil kann nach vorne nur Wucht und Dynamik haben, wenn man ihn zurückzieht!

„Und die Apostel kamen bei Jesus zusammen und berichteten ihm alles, was sie getan hatten. Und er sprach zu ihnen: Geht ihr allein an eine einsame Stätte und ruhet ein wenig ... Und sie fuhren in einem Boot an eine einsame Stätte für sich allein!"

(Markus 6,30ff)

Mal was anderes

Mal wieder nahsehen statt fernsehen: einem geliebten Menschen in die Augen sehen.

Mal wieder ankommen statt wegfahren: Freunde besuchen und sich einander mitteilen.

Mal wieder in den Kopf reinsehen statt nur heraus: sein Inneres wahrnehmen, auf sein Herz hören, seinen Träumen nachsinnen.

Mal wieder sammeln statt zerstreuen: die Schöpfung begreifen, gute Bücher lesen, Stille suchen.

Mal wieder Zuflucht statt Flucht vor der Wahrheit: sich Gott stellen und sich seiner Liebe öffnen.

Mal wieder auftauchen statt untergehen: in der Gemeinde erscheinen und mit anderen Gottesdienst feiern.

Mal wieder Sinnlichkeit statt Sachlichkeit: mit allen fünf Sinnen das Leben wahrnehmen, die bunte Vielfalt sehen, die leisen Töne wieder hören, ein Butterbrot schmecken, die Schönheit riechen und die Zartheit betasten.

Mal wieder Lust statt Frust: die Freude am Alltag, an der Arbeit, den kleinen Dingen, den nächsten Menschen wieder finden.

Mal wieder Loblieder statt Klagelieder: das ewige Bejammern aufgeben und für das Ewige loben und danken.

Mal was anderes!

„Und stellt euch nicht dieser Welt gleich, sondern ändert euch durch Erneuerung eures Sinnes, damit ihr prüfen könnt, was Gottes Wille ist, nämlich das Gute und Wohlgefällige und Vollkommene!"

(Römer 12,2)

Alles neu

Der amerikanische Politiker Benjamin Franklin, der in seiner Jugend Buchdrucker war, bestimmte selbst folgende Inschrift für seinen Grabstein: Hier liegt der Leib Benjamin Franklins, eines Buchdruckers gleich dem Deckel eines alten Buches, aus dem der Inhalt herausgenommen und der seiner Inschrift und Vergoldung beraubt ist; doch wird das Werk selber nicht verloren sein, sondern wie er glaubt einst erscheinen in einer neuen, schöneren Ausgabe, durchgesehen und verbessert von dem Verfasser!

Im Glauben an Jesus, der den Tod überwand und in seiner Auferstehung ein neues Leben hervorgebracht hat, dürfen wir auf eine ganz neue, schönere und verbesserte Auflage unseres Lebens hoffen. Kein Tod und Leid, kein Hunger und Krieg, kein Weh und Geschrei, keine Tränen und Schmerzen werden mehr sein in Gottes neuer Auflage des Lebens!

„Und Gott wird abwischen alle Tränen von ihren Augen, und der Tod wird nicht mehr sein, noch Leid noch Geschrei noch Schmerz wird mehr sein; denn das Erste ist vergangen. Und der auf dem Thron saß, sprach: Siehe, ich mache alles neu!“

(Offenbarung 21,4f)

Das Leben nutzen

Es rann ein Bach durch eine Wiese, die an den schönsten Blumen
reich und einem kleinen Paradiese an wundervoller Anmut gleich.
Ach, rief sie, willst du nicht verweilen?
Siehst du nicht meine Schönheit an?
Nein, sprach der Bach, ich muss jetzt eilen,
dass ich den Lauf vollenden kann!
Er war auch gar nicht weit gekommen, so ward er von dem Erdenschlund unwiederbringlich eingenommen und sank in schlammerfüllten Grund. Er war unachtsam fortgeflossen und hatte von der Wiesen
Pracht, weil er nur auf den Lauf bedacht, gar nichts gesehn, gar nichts
genossen. Obgleich die Blumen hier und da zu beiden Seiten aufge-
schossen, nahm er doch nicht die Schönheit wahr!

(Daniel Wilhelm Triller)

Viele Menschen sind so geschäftig oder unglücklich mit ihrem Lauf
beschäftigt, dass sie die Schönheiten des Lebens nicht mehr wahrnehmen können. Wo sind wir so auf Ziele fixiert, dass wir den Weg nicht
mehr ausgehen und erleben und genießen können? Oder wo sind wir
so von Sorgen unterdrückt, von Ängsten gejagt, von Begierden getrieben, dass wir blind werden für die Werte und den Zauber des Lebens?
Die Gier nach Mehr und die Angst vor dem Weniger dürfen uns nicht
so einnehmen, dass wir in den schlammerfüllten Erdenschlund absin-
ken!

*„So geh nun hin und iss dein Brot mit Freuden, trink deinen Wein mit
gutem Mut, denn dies dein Tun hat Gott schon längst gefallen. Lass
deine Kleider immer weiß sein und lass deinem Haupte die Salbe
nicht mangeln. Genieße das Leben mit deiner Frau, die du lieb hast,
solange du das eitle Leben hast, das dir Gott unter der Sonne gegeben
hat, denn das ist dein Teil am Leben und bei deiner Mühe, mit der du
dich mühst unter der Sonne!"*

(Prediger 9,7ff)

Müssen wir alles wissen?

Einst war Billy Graham zu einer Vortragswoche in einer amerikanischen Kleinstadt. Vor seiner Predigt am Abend wollte er noch einen Brief aufgeben und fragte auf der Straße einen Jungen nach dem Weg zum Postamt. Der Junge erklärte ihm den Weg, Billy Graham bedankte sich und fragte den Jungen dann: „Gehst du heute Abend auch in die Kirche? Dort möchte ich den Leuten den Weg zu Gott zeigen!" – „Ich glaube kaum", sagte der Junge. „Sie wissen ja nicht einmal, wie man zum Postamt kommt!"

Jemand, der zum Leben und Glauben einlädt, muss nicht alles kennen und können, beherrschen und bewegen, erleben und erfahren, was möglich ist. Mein Briefträger muss kein Supermann sein, damit die Nachrichten, die er mir überbringt, wichtig und nützlich sind. Nur wenn er die Briefe unterschlägt und nicht zu mir gelangen lässt, wäre es schlimm. So ist es nicht unsere Qualität, die eine Nachricht wertvoll macht, sondern ihr Inhalt und unsere Treue, in der wir sie übermitteln.

„Dafür halte uns jedermann: für Diener und Haushalter über Gottes Geheimnisse. Nun fordert man nicht mehr von den Haushaltern, als dass sie für treu befunden werden!"

(1. Korinther 4,1f)

Ein Versprechen

Eine alleinstehende Frau hatte über Jahrzehnte ihre kleine Oberwohnung an eine Mutter mit ihrer schwerbehinderten Tochter vermietet. Die drei Frauen teilten sich freundschaftlich alle Arbeiten in dem alten Haus. Die behinderte Tochter wurde erwachsen und hatte im Ort eine kleine, einfache Arbeit gefunden. Eines Tages erkrankte die Mutter ernsthaft, und nach einem Jahr von Operationen und Behandlungen nahte ihr Lebensende. Der Arzt hatte ihr offen gesagt, dass es keine Besserung mehr geben würde. Als ihre Kräfte zu Ende waren und der Tod spürbar nahe kam, hatte die Mutter nur noch die eine große Sorge, was mit ihrer behinderten Tochter würde, wenn sie nicht mehr für sie sorgen könnte. Am Abend vor ihrem Tod rief sie in ihrer großen Not nach der Vermieterin und bat sie unter Tränen und als Sterbende, ihr zu versprechen, dass sie sich um ihre Tochter kümmern würde. Die Frau versprach es der Mutter, um ihr die große Sterbensnot und den Abschiedsschmerz zu lindern, obwohl sie in ihrem Herzen wusste, dass sie das nicht würde halten können. Die Mutter schlief daraufhin in der Nacht beruhigt ein. Einige Jahre noch lebte die behinderte Tochter im Haus der Frau. Dann musste sie in ein Heim übersiedeln, weil sie ihr Leben nicht allein bewältigen konnte. Als die Vermieterin selber älter wurde und ihr Ende spürte, wurde die Last des nicht gehaltenen Versprechens immer größer. Sie hatte gedacht, die Zeit würde diese Wunde heilen. Aber je mehr Zeit verging, desto größer wurde ihre Not. So offenbarte sie sich in der Seelsorge und brachte ihre Schuld unter das Kreuz. Erst unter dem Zuspruch der Vergebung konnte sie wieder den Alltag bewältigen und die Nächte wieder normal schlafen. – Was haben Menschen nicht alles versprochen, sich selber, anderen Menschen, und auch Gott! Und was haben sie davon wirklich gehalten? Ich glaube, wir Menschen sind ein Versprechen, das nicht gehalten werden kann. Nur Gott hält wirklich ganz, was er uns versprochen hat. Und das ist unser Glück.

„Denn des Herrn Wort ist wahrhaftig, und was er zusagt, das hält er gewiss!"

(Psalm 33,4)

Sieben mögliche Bitten

1. Jakobs Bitte um den Segen: „Herr, ich lasse dich nicht, du segnest mich denn!" (1. Mose 32,27) Wir dürfen mit Gott ringen um seinen Segen.

2. Moses Bitte für das Volk: „Ach, das Volk hat eine große Sünde getan, und sie haben sich einen Gott von Gold gemacht. Vergib ihnen doch ihre Sünden; wenn nicht, dann tilge mich aus deinem Buch, das du geschrieben hast!" (2. Mose 32,31f) Wir können heute vor Gott für unser Volk eintreten.

3. Hannas Bitte um ein Kind: „Hanna war von Herzen betrübt und betete zum Herrn und weinte sehr und sprach: Herr Zebaoth, wirst du das Elend deiner Magd ansehen und an mich gedenken und wirst du mir einen Sohn geben, so will ich ihn dem Herrn geben ein Leben lang!" (1. Samuel 1,10f) Wir dürfen Gott in den Ohren liegen mit dem, was wir zutiefst entbehren.

4. Salomos Bitte um Weisheit: „So wollest du deinem Knecht ein gehorsames Herz geben, damit er dein Volk richten könne und verstehen, was gut und böse ist." (1. Könige 3,9) In Familie und Beruf brauchen wir Weisheit und Gehorsam.

5. Davids Bitte um Vergebung: „Gott, sei mir gnädig und tilge meine Sünden nach deiner großen Barmherzigkeit!" (Psalm 51,3) Wie tief war David in Schuld geraten! Wir dürfen Gott für alles um Vergebung bitten.

6. Des Schächers Bitte um Seligkeit: „Jesus, gedenke an mich, wenn du in dein Reich kommst!" (Lukas 23,42) Auch in den tiefsten und letzten Nöten lässt Gott sich bitten.

7. Der Jünger Bitte um das Bleiben Jesu: „Bleibe bei uns, denn es will Abend werden und der Tag hat sich geneigt!" (Lukas 24,29) Am Abend des Tages, am Abend des Lebens, am Abend der Welt dürfen wir Jesus bitten, bei uns zu bleiben!

Sieben mögliche Bitten aus Millionen, die Gott gehört hat.

Wie das Wunder geschah

An der Theologischen Fakultät der berühmten Universität von Oxford wurden vor langer Zeit in den Examensarbeiten die Wundergeschichten aus dem Johannesevangelium bearbeitet. Die angehenden Theologen sollten über die Bedeutung des Wunders auf der Hochzeit zu Kana schreiben, auf der Jesus so viel Wasser in allerbesten Wein verwandelt hatte. Vier Stunden hatten die Studenten Zeit und alle schrieben eifrig Seite um Seite, was sie über diese Wundertat für Einsichten und Erkenntnisse gewonnen hatten. Nur ein Student saß bis zuletzt regungslos da, sinnierte vor sich hin und hatte noch kein einziges Wort zu Papier gebracht. Der Professor mahnte ihn, er möchte, als es Zeit zum Abgeben war, doch wenigstens etwas schreiben. Der junge Theologe nahm seinen Federhalter und schrieb den einen Satz: „Das Wasser des Gesetzes erkannte Jesus, den Heiland, wurde rot vor Liebe und verwandelte sich in den Wein der Freude!"

„Ihr Herz soll fröhlich werden wie vom Wein; ihre Söhne sollen's sehen und sich freuen, ihr Herz soll fröhlich sein über den Herrn. Ich will sie locken und sie sammeln, denn ich will sie erlösen!"

(Sacharja 10,7f)

Meine kleine Küche

Ich liebe meine kleine Küche, Herr,
und jeden Winkel und jeden Topf.
Darum segne mich und all mein Tun,
wenn ich Schüsseln wasche und koche.

Die Mahlzeit hier auf meinem Herd
würze von oben her mit Segen und Freundlichkeit
und vor allem mit Liebe von dir.

Die Nahrung, die die Erde gibt,
der Tisch, den du uns deckst –
wir danken dir für unser täglich Brot.

Hier ist meine kleine Küche,
und alle, die eintreten,
mögen ein frohes Herz und
Frieden darin finden und Glück.

(Aus Irland)

„Ich will ihre Speise segnen und ihren Armen Brot genug geben!"
(Psalm 132,15)

Liebe auf dem Prüfstand

Es gibt Tage, da trägt man einander auf Händen, voller Begeisterung und ohne Sorgen. Es kommen Tage, da muss man einander ertragen. Und es kann Tage geben, an denen nichts mehr geht. Aus Ärger, Wut, Dummheit ging etwas in die Brüche. In euer Zuhause und in euer Herz kam die Nacht. Dann möchte man und kann doch nicht. Man möchte eine Hand ausstrecken, doch sie erstarrt wie Eis. Man möchte vergeben und sagt doch: Warum hast du das getan?

In solchen Tagen gibt es nur eine Lösung: Geduld, viel Geduld und Suche nach Versöhnung. Du musst eine Weile blind fliegen, ohne zu sehen, ohne zu verstehen. Dir wird bewusst, dass der andere anders ist und dir im Letzten immer fremd bleiben wird. Und dann geh auf die Suche nach Vergebung. Wenn du nicht vergeben kannst, entsteht eine Mauer. Und eine Mauer ist der Anfang von einem Gefängnis.

(Phil Bosmans)

„Der Gott aber der Geduld und des Trostes gebe euch, dass ihr einträchtig gesinnt seid untereinander, Jesus Christus gemäß!"

(Römer 15,5)

Wer darf klagen?

Ein Ochse zieht einen großen Wagen. Er hat Mühe, die schwere Last den steilen Weg hinaufzuschaffen. Er spürt, wie die Peitsche ihn antreibt und der schwere Wagen ihn zurückhält. Aber geduldig und klaglos geht der Ochse den Weg voran. Da hört er, wie der Wagen auf dem holprigen Weg und unter der starken Last ächzt und stöhnt, knarrt und knurrt. Immer schwieriger wird der Weg und immer lauter seufzt und klagt der Wagen. Da dreht sich der Ochse herum und sagt zu dem Gefährt: „Sei still, ich ziehe hier die ganze Last und du machst solch ein Gestöhne und Geschrei!"

Wer darf klagen? Nur der Ochse, der die Last zieht, oder auch der Wagen, der den holprigen Weg unter sich und die schwere Last auf sich spürt? Ich denke an eine Mutter und ihr behindertes Kind. Klaglos zieht sie die Mühe und Sorge, Last und Betreuung durch. Das Kind trägt seine Last und ist oft verzweifelt, stöhnt und weint unter den engen Grenzen und starken Schmerzen. Wer darf klagen? Beide, auch die Mutter darf ihr ganzes Weh herausschreien. Und Gott verträgt sie beide.

Ich denke an einen Mann, der seine Frau, nach einem Schlaganfall halbseitig gelähmt, liebevoll pflegt. Er zieht mit letzter Kraft die Pflege durch, klaglos und wie selbstverständlich. Seine Frau ist in ihrer Behinderung manchmal verzweifelt, dann wieder aggressiv und unleidlich. Sie seufzt und stöhnt. Wer darf klagen? Beide, auch der Mann darf seine Grenzen eingestehen und seine Leiden herausbringen. Und Gott hört sie beide in ihrer so unterschiedlichen und doch gemeinsamen Last.

„Herr, Gott, mein Heiland, ich schreie Tag und Nacht vor dir!"

(Psalm 88,2)

Die Stille suchen

Besucher kommen zu einem Einsiedler und verbringen einige Zeit bei ihm, um von ihm zu lernen. Der Eremit ist im Gebet versunken, bisweilen geht er zum Brunnen und holt sich frisches Wasser. Sonst ist nur Stille und Schweigen. Abends fragen die Touristen den Einsiedler, wie er die Stille und Einsamkeit ertragen und nutzen kann. Er geht mit den Leuten zum Brunnen, schöpft Wasser, trinkt und bittet die Besucher, in den Brunnen zu schauen. „Was seht ihr?" Sie sehen nichts als einige kleine Wellen. Nach einer ganzen Zeit der Stille und des Schweigens bittet er die Leute, wieder in das Wasser zu schauen. „Was seht ihr jetzt?" – „Wir sehen ganz deutlich unser Gesicht in der still gewordenen Oberfläche des Brunnens." – „Seht ihr, das ist der Nutzen des Schweigens. Alles in uns kommt zur Ruhe und man erkennt sich selber, die Welt, die Geheimnisse des Lebens!"

„Aber sei nur stille zu Gott, meine Seele; denn er ist meine Hoffnung. Hoffet auf ihn allezeit; liebe Leute, schüttet euer Herz vor ihm aus; Gott ist unsere Zuversicht!"

(Psalm 62,6.9)

Erst im Rückblick

„Mit 26 Jahren bekam ich Zwillinge, von denen einer behindert war. Ich konnte das einfach nicht akzeptieren, ich habe gehadert: wie kommen wir dazu, so ein krankes Kind zu bekommen, wo wir uns doch so lieben und beide kerngesund sind! Das arme Kind durfte mit $1^1/_2$ Jahren an einer Atemlähmung sterben. Nach dem ersten Schock fühlte ich mich befreit. – Der andere Zwilling, ein entzückender, begabter Junge, wurde im Februar 45 vom russischen Militär überfahren, als unser Dorf evakuiert wurde und wir zu Fuß auf der Landstraße zu einer anderen Unterkunft unterwegs waren. Ich blieb allein zurück in einem unbewohnten Haus an der Landstraße mit dem sterbenden Kind und einem einjährigen Baby.

In dieser verzweiflungsvollen Nacht, von Gott und Menschen verlassen, hatte ich eine Christusbegegnung. Er holte mich auf dem tiefsten Punkt, der Talsohle meines Lebens ab, nahm mich bei der Hand und erfüllte mich mit neuer Lebenskraft. Ja, er gab mir die Kraft, das tote Kind, in eine dicke Decke fest eingewickelt, in den tiefgefrorenen Garten zu legen und mit dem Kinderwagen allein weiterzuziehen, bis ich das Dorf fand, wo die anderen untergekommen waren.

Aber ich war nicht allein, Jesus ging neben mir, ich spürte seine Gegenwart ganz deutlich als große Hilfe und Kraftquelle, und er hat mich auch zeit meines Lebens nicht mehr verlassen.

Dennoch musste ich noch erleben, dass mein geliebter Mann, auf dessen Heimkehr ich immer noch hoffte, schon Mitte April 45 gefallen war, 14 Tage vor Kriegsende. Das konnte ich nicht verstehen. Ich glaubte, genug gelernt und begriffen zu haben. Die Losung an jenem Tag hieß: Fürwahr, du bist ein verborgener Gott! – Mein Schmerz war groß, aber ich konnte mich drein fügen, dass Gottes Gedanken höher sind als unsere und seine Wege auch. – Ja, wenn ich zurückschaue auf mein Leben, muss ich sagen, dass die schwersten Zeiten mir auch den größten Segen gebracht haben, nur dadurch bin ich gereift. Aber man sieht es nicht, solange man drinsteckt, erst im Rückblick!"

(Gertraud Rau)

„Fürwahr, du bist ein verborgener Gott, du Gott Israels, der Hei-land!" – „Ich habe mein Angesicht im Augenblick des Zorns ein we-nig vor dir verborgen, aber mit ewiger Gnade will ich mich deiner erbarmen, spricht der Herr, dein Erlöser!"

(Jesaja 45,15 u. 54,8)

Glaube, Hoffnung, Liebe

Der Glaube ist wie das Salz in der Suppe. Auch wenn er verborgen und unsichtbar ist, das ganze Leben schmeckt anders.

Die Hoffnung ist wie das Gewürz am Gemüse. Auch wenn sie nur eine winzige Spur ist, alle Tage werden herzhaft und sind nicht so fade.

Die Liebe ist wie der Zucker im Tee. Auch wenn sie noch so klein ist, versüßt sie alles und von Bitterkeit ist nichts zu schmecken.

„Wir denken ohne Unterlass vor Gott an euer Werk im Glauben und an eure Arbeit in der Liebe und an eure Geduld in der Hoffnung auf unseren Herrn Jesus Christus!"

(1. Thessalonicher 1,3)

Entgegenkommen

Ein älteres Ehepaar bittet um ein seelsorgerisches Gespräch. Es sei dringlich, aber sie hätten keine Möglichkeit, mich aufzusuchen. Ob ich zu ihnen kommen könnte. Ich fuhr zu den Leuten in die etwa 70 Kilometer entfernte Kleinstadt. Wir sprachen lange miteinander. Zwei Menschenleben wurden vor Gott und miteinander geordnet und Frieden kehrte in die Herzen und das kleine Haus ein. Einige Tage später erhielt ich einen Dankesbrief, in dem mir ein ganz geläufiges Wort völlig neu bewusst wurde: „Vielen herzlichen Dank für Ihr Entgegenkommen …"

Wie schön ist es, wenn Menschen uns in Liebe entgegenkommen. Sie gehen auf uns zu, kommen uns buchstäblich entgegen. Und dann fällt mir ein, wie sehr wir eigentlich um alles bitten, hinter allem her sein müssen, was wir brauchen. Wer läuft uns entgegen, kommt auf uns zu?

Etwas Zeit, ein wenig Verständnis, eine Begegnung, eine Hilfe, ein Gespräch, eine Zuwendung, alles muss ich erbitten, um alles betteln. Immer weiter und immer öfter fahren die Menschen weg und immer seltener wird das Entgegenkommen. –

Wenn ich aber zu Gott umkehre und ihn suche, kann ich damit rechnen, dass er mir in seiner väterlichen Liebe entgegenläuft. Mit unendlicher Sehnsucht schaut er nach mir aus und kommt mir weit entgegen.

„Und er machte sich auf und kam zu seinem Vater. Als er aber noch weit entfernt war, sah ihn sein Vater, und es jammerte ihn; er lief ihm entgegen, fiel ihm um den Hals und küsste ihn!"

(Lukas 15,20)

Ein Wunder

Gott ist das Licht, leuchtend und klar, kraftvoll und warm, ausstrahlend und einladend, freundlich und hell, liebevoll und wahr.

Aber Gott ist auch das Dunkel, undurchsichtig und unbegreiflich, finster und furchtbar, bedeckend und schützend, bergend und beruhigend. Im Licht des Tages und im Schutze der Dunkelheit sind Menschen Gott begegnet.

Gott ist wie eine Oase, Ruheort und Rastplatz, mit Wasser und Schatten, voller Erquickung und Erneuerung, zum Aufleben und Abladen.

Aber Gott ist auch wie eine Wüste, steinig und schwierig, weit und geheimnisvoll, voller Herausforderung und Bewahrung.

In der Sicherheit der Oase und in den Gefahren der Wüste hat sich Gott den Menschen gezeigt.

Gott ist wie ein Berg, mächtig und majestätisch, über alles erhaben und erhoben, Gipfel der Freude und Güte, die höchste Zuspitzung von Treue und Verlässlichkeit.

Aber Gott ist auch wie ein Abgrund, tiefstes Geheimnis und unergründliche Weisheit, abgründige Liebe und nicht auslotbare Wahrheit.

Auf den Bergen, dem Himmel nahe, und in den Abgründen, den tiefsten Tiefen des Lebens, hat Gott mit Menschen geredet.

Es ist ein Wunder: Gott bleibt sich immer gleich und offenbart sich immer anders. Er ändert sich nie und ist immer überraschend anders. Er ist verlässlich und berechenbar und zugleich unbegreiflich und niemals auszurechnen. Er kommt in unsere Welt und bleibt doch Gott. Er wohnt in unseren Herzen und lässt sich von unseren Gedanken nicht fassen. Er lässt sich für uns ans Kreuz nageln, aber nie auf unsere Vorstellungen festlegen. Er ist ein wunderbarer Gott!

„O welch eine Tiefe des Reichtums, beides, der Weisheit und der Erkenntnis Gottes! Wie unbegreiflich sind seine Gerichte und unerforschlich seine Wege!"

(Römer 11,33)

Hier und anderswo

Gelebt und nicht gelebt,
noch immer nicht genug geliebt, gelitten.
So kommt es nun:
hier lagern
und den Baum um Zuflucht bitten.

O Trösterin Spätsommerwiese,
die Felder an den erntebraunen
Hängen sind im Qualm.
Ich habe nichts als diese
Versunkenheit, ins Land zu staunen.

Mein Fuß wird Wiese
und mein Arm ein Halm.
Ameisen laufen darüber hin,
Falter und Käfer kommen.
Erde zu Erde, das ist der Sinn.

Wer bin ich noch und wessen?
Alles Wünschen fällt von mir ab.
Ich liege in meinem Wiesengrab.
Wie bald wird alles gut sein
und vergessen.

(Detlev Block)

*„Du lässt sie dahinfahren wie einen Strom, sie sind wie ein Schlaf,
wie ein Gras, das am Morgen noch sprosst, das am Morgen blüht und
sprosst und des Abends welkt und verdorrt. Lehre uns bedenken, dass
wir sterben müssen, auf dass wir klug werden!"*

(Psalm 90,5f.12)

Können Feinde zusammenarbeiten?

Ein Schüler fragt seinen Meister: „Wie können zwei unversöhnliche Feinde zusammenarbeiten? Wie kann man sie zum Zusammenwirken bewegen?"

Der Meister antwortet: „Lernen wir es vom Kochtopf. Sein Boden vermag die beiden feindlichen Elemente Wasser und Feuer nicht zu versöhnen, aber er bringt sie zur wirksamen Zusammenarbeit. Er macht die beiden nicht gleich. Er lässt das Wasser ganz das Wasser sein und das Feuer ganz das Feuer. Indem er sich mit beiden einlässt, beide respektiert, vermag er sie zur friedlichen Zusammenarbeit zu bewegen!"

Solche Kochtöpfe brauchten wir in vielen Teilen der Erde, in Nordirland und Südafrika, in Israel und Palästina, aber auch in unseren Häusern und Nachbarschaften.

„Und der Friede Christi, zu dem ihr auch berufen seid in einem Leibe, regiere in euren Herzen; und seid dankbar!"

(Kolosser 3,15)

Was bedeutet es letztlich?

Schiffbruch erleiden, ist immer schmerzlich. Aber was bedeutet es letztlich, wenn Gott der Ozean ist?

Zugrunde gehen ist immer notvoll. Aber was bedeutet es letztlich, wenn Jesus der Grund unter allem ist?

Aus unseren Höhenflügen abstürzen ist immer enttäuschend. Aber was bedeutet es letztlich, wenn das Netz der göttlichen Liebe uns auffängt?

Aus wunderbaren Träumen erwachen, ist immer ernüchternd. Aber was bedeutet es letztlich, wenn Gott die Realität ist?

Sterben ist immer die schmerzlichste Trennung vom Leben. Aber was bedeutet es letztlich, wenn wir in Gottes Ewigkeit hineinsterben?

„Denn ich bin gewiss, dass weder Tod noch Leben, weder Engel noch Mächte noch Gewalten, weder Gegenwärtiges noch Zukünftiges, weder Hohes noch Tiefes noch eine andere Kreatur uns scheiden kann von der Liebe Gottes, die in Christus Jesus ist, unserem Herrn!"

(Römer 8,38f)

„Am Ende bin ich noch immer bei dir!"

(Psalm 139,18b)

Über die Zeit

Ein Esel, eine Eintagsfliege und eine Schildkröte unterhielten sich leidenschaftlich über das Leben.

„Ja, wenn ich mehr Zeit hätte", sagte die Eintagsfliege, „dann wäre alles einfacher! Könnt ihr euch vorstellen, was es bedeutet, alles in 24 Stunden unterzukriegen? Geboren werden, aufwachsen, erleben, erleiden, glücklich sein, alt werden und sterben? Alles in 24 Stunden?!"
„Ich gäbe was drum", sagte der Esel, „wenn ich nur 24 Stunden zu leben hätte. In kurzer Zeit alles auskosten, was es gibt. Ich stelle mir das herrlich vor: kurz, aber richtig."
„Ich verstehe euch nicht", warf die Schildkröte ein. „Ich bin jetzt 300 Jahre alt. Die Zeit würde nicht reichen, wollte ich euch erzählen, was ich erlebt habe. Es ist einfach zu viel. Schon vor 200 Jahren habe ich mir gewünscht, ans Ende meiner Zeit gekommen zu sein."
„Ich beneide dich", sagte sie zu dem Esel, und zur Eintagsfliege: „Mit dir habe ich Mitleid."
„Wenn ich das so höre", sagte der Esel, „ich gäbe was drum, wenn ich 300 Jahre alt werden könnte. Viel Zeit haben, um das Leben richtig auskosten zu können. Ich stelle mir das herrlich vor: lange, aber intensiv."

Da schwiegen die drei sehr traurig, weil jeder das Leben nach der Uhr gemessen hatte und sich nun danach sehnte, das eigene Leben zu verlängern, zu verkürzen oder beides zu versuchen.
Da gingen sie zu dritt zur Spinne, die wegen ihrer Weisheit berühmt war, um sie um Rat zu fragen.
„Schildkröte", sagte die Spinne, „hör auf zu klagen; denn wer hat schon so viel Erfahrung wie du?" Zur Eintagsfliege sagte sie: „Fliege, hör auf zu klagen; wer hat schon so viel Freude wie du?"
Da meldete sich der Esel und fragte, was sie ihm denn riete. „Dir rate ich nichts", erwiderte die Spinne, „denn du wolltest beides! Du bist und bleibst ein Esel."

Als die andern Tiere das hörten, warfen sie ihre Uhren weg und maßen das Leben fortan nach seiner Tiefe und seinem Sinn.

(Peter Spangenberg)

„So seht nun sorgfältig darauf, wie ihr euer Leben führt, nicht als Unweise, sondern als Weise, und kauft die Zeit aus!"

(Epheser 5,15f)

Wir haben ein Ziel

Zwei Nebenflüsse treffen in einem mächtigen Strom zusammen. Von ihrer Quelle bis zur Einmündung haben sie einen langen Weg hinter sich. „Wie geht es dir, mein Freund", fragt der eine Fluss den anderen interessiert, „und wie war dein Weg?"

„Mein Weg war schwer und mühsam", sagt der andere. „Ich floss an brennenden Orten vorbei. Die Felder, die ich sonst bewässerte, waren verwüstet und Kriegslärm erschreckte mich allenthalben. Der Müller hatte seine Wassermühle abgestellt. Die Kinder, die früher an meinem Ufer spielten, waren geflohen. Und die Menschen, die aus mir Wasser schöpften, waren tot. Mein Weg durch Trümmer und Tod war sehr traurig. Doch wie war dein Weg, mein Bruder?"

„Mein Weg war ganz anders. Ich floss voller Freude die Hügel hinab, saftige Wiesen und blühende Bäume und zwitschernde Vögel haben mich begleitet. Fröhliche Menschen tranken aus mir und kleine Kinder planschten in mir. Überall an meinem Ufer waren bunte Feste, und Gelächter und Gesang entzückten mich allenthalben. Mein Lauf war wunderbar. Wie traurig, dass dein Weg so notvoll war!"

Da sagte der mächtige Strom mit liebevoller Stimme: „Fließt herein, wie euer Weg auch war, kommt herein mit Freude und Leid. Bei mir werdet ihr euren Weg zurücklassen, wir strömen nun dem großen Meer zu. Wir haben ein Ziel. Und wenn wir gemeinsam im Meer einmünden, im Meer der Zeit, im Meer der Liebe, werden wir zu Hause sein, egal, wie unsere Wege auch waren. Wir haben ein Ziel!"

„Ich vergesse, was dahinten ist, und strecke mich aus nach dem, was da vorne ist, und jage nach dem vorgesteckten Ziel, dem Siegespreis der himmlischen Berufung Gottes in Jesus Christus."

(Philipper 3,13f)

Die Seele bewahren

Deine Seele ist ein Vogel,
stutze ihm die Flügel nicht,
denn er will sich doch erheben
aus der Nacht ins Morgenlicht.

Deine Seele ist ein Vogel,
stopf nicht alles in ihn rein.
Er wird zahm und satt und träge,
stirbt den Tod am Brot allein.

Deine Seele ist ein Vogel,
schütze ihn nicht vor dem Wind.
Erst im Sturm kann er dir zeigen,
wie stark seine Flügel sind.

Deine Seele ist ein Vogel,
und er trägt in sich ein Ziel.
Doch wird er zu oft geblendet,
weiß er nicht mehr, was er will.

Deine Seele ist ein Vogel.
Hörst du ihn vor Sehnsucht schrein,
darfst den Schrei du nicht ersticken,
bleibt er stumm, wirst du zum Stein.

Deine Seele ist ein Vogel,
stutze ihm die Flügel nicht,
denn er will sich doch erheben
aus der Nacht ins Morgenlicht.

(Gerhard Schöne)

„Hüte dich nur und bewahre deine Seele gut!"

(5. Mose 4,9)

„Meine Seele dürstet nach Gott, nach dem lebendigen Gott!"

(Psalm 42,3)

Der wahre Grund

Eine amerikanische Seifenfirma hat eine neue Seife auf den Markt gebracht und startet für ihre „Himmelsduft-Seife" einen riesigen Werbefeldzug. Unter anderem wird ein Werbequiz veranstaltet, bei dem es einen Cadillac zu gewinnen gibt. Bürgerinnen und Bürger werden interviewt und müssen die Vorzüge der Seife beschreiben und ihre Einzigartigkeit rühmen. Unter all den Teilnehmenden wird dann das Luxusauto verlost. In großen Scharen strömen die Menschen, um mitzumachen. Sie werden von den Leuten der Firma gefragt: „Warum mögen Sie unsere ‚Himmelsduft-Seife'?" Eine Frau antwortet ganz naiv, aber ehrlich: „Weil ich einen Cadillac gewinnen möchte!"
Warum glauben wir an Gott und halten uns an sein Wort? Was gibt es hier zu gewinnen? Wollen wir die Gaben aus Gottes Hand oder geht es uns auch um ihn selbst? Natürlich empfangen wir aus Gottes Güte viele Gaben und empfangen reichlich Gewinn. Aber der wahre Grund sollte nicht das Haben und Bekommen, sondern die Liebe und Gott selber sein.

„Denn wo dein Schatz ist, da ist auch dein Herz ... Trachtet zuerst nach dem Reich Gottes und nach seiner Gerechtigkeit, so wird euch das alles zufallen!"

(Matthäus 6,21.33)

Wohin mit dem Müll?

Wo es geht, vermeiden wir den Müll. Der unvermeidbare Müll wird sorgsam getrennt. Glas kommt in die verschiedenen Container, Altpapier ebenso. Alte Medikamente bringen wir zur Apotheke, wo sie entsorgt werden, und Altöl nimmt der Händler zurück. Plastik kommt in den gelben Sack, Küchenabfälle in die Biotonne und der Restmüll landet in der Hausmülltonne. Farben, Lacke und Metalle werden zu den Sondermüllorten gebracht. So versuchen wir, verantwortlich mit all dem Wohlstandsmüll unserer modernen Konsumgesellschaft umzugehen. Der Grüne Punkt und die Blauen Engel begleiten uns. Aber wo bleiben wir mit dem Lebensmüll, der sich im Laufe der Jahre so ansammelt: mit den schmutzigen Gedanken und verfaulten Fantasien, den verbeulten Seelen und angefressenen Herzen, dem Beziehungsschrott und dem ganzen Mist vergeblicher Mühen, mit dem Angstabfall und den Sorgenbergen, den Schuldgefühlen und Versagenslisten, den abgestandenen Vorwürfen und den lange schon eiternden Verletzungen, den verlogenen Phrasen und billigen Tröstungen, die noch unentsorgt in unseren Seelen ein ungeordnetes Gerümpel bilden? Wenn man das einfach irgendwohin bringen, abgeben, verbrennen oder sogar für immer entsorgen könnte!
Es gibt diese Möglichkeit. Unter dem Kreuz Jesu dürfen wir alles, was Herz und Seele schmerzt, Schuld und Versagen, beschädigtes und verletztes, verfaultes und dreckiges Lebensgut abgeben und loswerden. Vergebung und Heilung, Versöhnung und Reinigung, Entlastung und Erneuerung sind die Angebote unseres Heilands am Kreuz. Er gibt uns mehr als Grüne Punkte und Blaue Engel. Er schenkt uns ein geheiligtes und verwandeltes Leben ohne Verfallsdatum und mit ganz viel Hoffnung auf letzte Vollendung.

„Darum: Ist jemand in Christus, so ist er eine neue Kreatur; das Alte ist vergangen, siehe, Neues ist geworden!"

(2. Korinther 5,17)

Gott bewundern

Ich sehe den sanften Wind in den Lärchen gehen
und höre das Gras wachsen,
und die andern sagen: Keine Zeit!

Ich sehe den wilden Wassern zu
und den Wolken über den Bergen,
und die andern sagen: Wozu?

Ich sehe den Schmetterlingen nach
und den spielenden Kindern,
und die andern sagen: Na und?

Ich kann mich nicht satt sehen
an allem, was ist,
und die andern sagen: Was soll's?

Ich bewundere dich, o mein Gott,
in allem, was lebt,
und die andern sagen: Wieso?

(Lothar Zenetti)

Gott, lass dein Heil uns schauen,
auf nichts Vergängliches trauen,
nicht Eitelkeit uns freun;
lass uns einfältig werden
und vor dir hier auf Erden
wie Kinder fromm und fröhlich sein.

(Matthias Claudius)

„Herr, wie sind deine Werke so groß und viel! Du hast sie alle weise geordnet, und die Erde ist voll deiner Güter!"

(Psalm 104,24)

Vieles ist möglich

Man kann Holz hacken mit Wut im Bauch,
man kann Eisen schmieden mit Kraft in den Armen,
man kann Pferde zähmen mit Geduld in der Seele,
man kann eine Reise machen mit Sehnsucht im Sinn,
man kann ein Haus bauen mit Geld auf der Bank,
man kann ein Flugzeug lenken mit Schulung durch einen Lehrer,
man kann auf einem Seil tanzen mit Übung und nochmals Übung,
man kann Geld verdienen mit Anstrengung im Beruf,
man kann Schmerz betäuben mit einer Spritze vom Arzt,
man kann gutes Essen kochen mit Zutaten vom Kaufmann,
man kann Bücher lesen mit guten Augen im Kopf,
man kann Auto fahren mit Kraftstoff im Tank,
man kann Kunstwerke formen mit Geschick in den Händen,
aber Menschen leiten kann man nur mit Liebe aus ganzem Herzen!

„Und wenn ich prophetisch reden könnte und wüsste alle Geheimnisse und alle Erkenntnis und hätte allen Glauben, sodass ich Berge versetzen könnte, und hätte die Liebe nicht, so wäre ich nichts!"

(1. Korinther 13,2)

Die Stellvertreterin

Einst lebte eine junge, schöne Nonne, die diente als Küsterin in ihrem Kloster. Sie tat all ihre Arbeit mit Eifer und Freude, besondere Sorgfalt und Mühe aber verwandte sie auf den Altar der Muttergottes, denn sie liebte sie von ganzem Herzen.

Eines Tages kam ein junger Ritter in das Kloster, der auf dem Rückweg von seiner Wallfahrt nach Santiago de Compostela war. Er verliebte sich in die junge Nonne, und sie verliebte sich in ihn. Jeden Tag kam der Ritter in die Kirche und bat seine Liebste, mit ihm zu fliehen, und er beteuerte ihr, dass er keinen sehnlicheren Wunsch habe, als sie in seiner Heimat zu seiner rechtmäßigen Gemahlin zu machen und frei und glücklich mit ihr zu leben.

Lange Zeit widerstand die junge Nonne seinem Begehren, schließlich aber gab sie ihm nach. Eines Nachts trat sie ein letztes Mal vor den Altar der Muttergottes, brachte ihr noch einmal einen Strauß weißer Rosen und bat: „Heilige Mutter, versieh du meinen Dienst, wenn ich fort bin!"

Da lächelte die Statue und sprach: „Ich will es tun, doch kehre wieder!" Die junge Nonne folgte ihrem Liebsten in seine Heimat und wurde seine Frau. Zwölf Jahre lang lebte sie mit ihm in Glück und Freude und schenkte ihm sieben schöne Söhne. Als aber das zwölfte Jahr vergangen war, hatte sie des Nachts einen Traum. Die Muttergottes erschien ihr und sprach: „Nun habe ich deinen Dienst lange genug versehen. Es wird Zeit, dass du zurückkehrst!"

Nachdem sie den gleichen Traum noch zweimal geträumt hatte, ging sie eines Nachts und holte ihr Nonnengewand aus der Truhe; sie küsste ihren schlafenden Mann und ihre schlummernden Söhne und wanderte den weiten Weg zu ihrem Kloster zurück.

Als sie aber in die Kirche trat, stand auf einmal die Muttergottes vor ihr und sah aus wie sie und sprach: „Zwölf Jahre habe ich treu deinen Dienst versehen, und niemand hat gemerkt, dass du draußen in der Welt warst. Nun aber ist mir die Zeit zu lang geworden!" Und auf einmal war die Nonne allein in der Kirche, und die Statue der Muttergottes stand schön und golden auf dem Altar und lächelte still. Und als die Nonne später zum Nachtmahl ging, merkte sie, dass niemandem ihre Abwesenheit aufgefallen war.

Bald darauf war der achte September, das Fest Mariä Geburt, und alle Nonnen hatten ein schönes Geschenk für die Muttergottes vorbereitet. Die einen hatten prächtige Stickereien angefertigt, andere ein schweres Chorstück eingeübt, nur sie allein hatte nichts und stand mit leeren Händen da, und ihre Mitschwestern sahen sie strafend an. Da ertönte plötzlich ein Hornsignal, das Kirchenportal flog auf, und herein kam ihr Mann, und ihre sieben Söhne folgten ihm. Sie eilte zu ihnen, zog die Knaben vor den Altar und rief: „Heilige Mutter, dies ist mein Geschenk für dich!" Und zum Erstaunen aller, die sich in der Kirche zu Ehren der Muttergottes versammelt hatten, neigte die Statue lächelnd das Haupt, und auf einmal lagen sieben Rosenkränze auf den Häuptern der Knaben. Und das war das Zeichen, dass die Muttergottes das Geschenk der Nonne angenommen hatte.

(Märchen aus dem Elsass)

„Furcht ist nicht in der Liebe, sondern die vollkommene Liebe treibt die Furcht aus, denn die Furcht rechnet mit Strafe. Wer sich aber fürchtet, der ist nicht vollkommen in der Liebe!"

(1. Johannes 4,18)

Weltmeister im Jammern

Auf einer Bahnfahrt im Liegewagen wollte sich ein Geschäftsmann entspannen und ein wenig schlafen. Unter ihm lag auf seiner Pritsche ein Mann, der ihn daran hinderte. Unaufhörlich stöhnte der Mann leise vor sich hin: „Du liebe Zeit, hab ich einen Durst ... oh, hab ich einen Durst!" Nach einigen Stunden war der Geschäftsmann so entnervt, dass er aufstand, im Bordrestaurant zwei Flaschen Wasser besorgte, den langen Weg zu seinem Abteil zurückging und dem Mann das Wasser zum Trinken anbot. „Vielen Dank", sagte der Mann und trank genüsslich das Wasser aus. Kaum war der Geschäftsmann oben auf seiner Liege, hatte sich ausgestreckt und die Augen zugemacht, als er es von unten wieder stöhnen hörte: „Du liebe Zeit, hatte ich einen Durst ... oh, war ich durstig!"

Ein Hotelbesitzer beklagt sich bei der Stadt über erhebliche Einbußen seines Geschäfts, nachdem die neue Schnellstraße an seinem Haus vorbeiführt. Darauf hingewiesen, dass sein Hotel doch immer ausgebucht sei, antwortet er: „Vor dem Bau der Schnellstraße musste ich jeden Abend etwa vierzig Gästen absagen, nun sind es pro Tag nur noch etwa zwanzig Gäste, die kein Quartier mehr bei mir finden!"

Wir haben so viel und bejammern immer das, was angeblich fehlt. Die Macht des Fehlenden hat besonders die Menschen im Griff, die schon so viel besitzen. Das Jammern und Stöhnen darf nicht zum guten Ton werden.

„Sagt Dank Gott, dem Vater, allezeit für alles im Namen unseres Herrn Jesus Christus!"

(Epheser 5,20)

Ich glaube es nicht

Sie sagen
Idealismus ist ein Intelligenzdefekt.
Ich glaube es nicht

Sie sagen
Die Bergpredigt wäre nicht so gemeint.
Ich glaube es nicht

Sie sagen
Du sollst nicht töten ist so zu verstehen, dass …
Ich glaube es nicht

Sie sagen
Bei etwas gesundem Menschenverstand
Müsste doch jeder …
Ich glaube es nicht

Sie sagen
Selbst Christus würde, wenn er heute …
Ich glaube es nicht

Und wenn man mir Berge
Schwarzen und roten Goldes verspricht
Ich glaube es nicht

(Hanns Dieter Hüsch)

„Einem jeden wird sein eigenes Wort zur Last werden, weil ihr so die Worte des lebendigen Gottes verdreht!"

(Jeremia 23,36)

Nicht vergessen

Eine ganz fromme Frau erzählte im Bibelkreis, dass sie zur Beichte gewesen sei. Eine andere Frau warf ein: „Ich kann mir nicht vorstellen, dass Sie eine schwere Sünde begangen haben, die Sie beichten müssten." – „Doch, denken Sie mal, ich habe vor Wut einmal meine Schwiegermutter aus dem Haus gejagt!" – „Aber das ist doch schon lange Jahre her, das haben Sie doch sicher schon längst gebeichtet!"– „Ja, das habe ich schon öfter gebeichtet. Ich erinnere mich nämlich so gerne daran!"

Manche Menschen sind in ihre Sünde verliebt und kokettieren mit ihr. Gott will nicht, dass wir uns mit unserer Sünde beschäftigen, die er uns längst vergeben hat. Wir machen Gott klein und lächerlich und uns selbst noch mit unseren Schwächen groß und wichtig. Es gibt wirklich Größeres und Wichtigeres.

„Darum sollt ihr so beten: Vater unser im Himmel. Dein Name werde geheiligt. Dein Reich komme. Dein Wille geschehe wie im Himmel so auf Erden. Unser tägliches Brot gib uns heute. Und vergib uns unsere Schuld, wie auch wir vergeben unseren Schuldigern. Und führe uns nicht in Versuchung, sondern erlöse uns von dem Bösen. Denn dein ist das Reich und die Kraft und die Herrlichkeit in Ewigkeit. Amen."

(Matthäus 6,9-13)

Einkehr

Bei einem Wirte wundermild,
da war ich jüngst zu Gaste;
ein goldner Apfel war sein Schild
an einem langen Aste.

Es war der gute Apfelbaum,
bei dem ich eingekehret.
Mit süßer Kost und frischem Schaum
er hat mich wohl genähret.

Es kamen in sein grünes Haus
viel leicht beschwingte Gäste.
Sie sprangen frei und hielten Schmaus
und sangen auf das Beste.

Ich fand ein Bett zu süßer Ruh
auf weichen, grünen Matten.
Der Wirt, er deckte selbst mich zu
mit seinem kühlen Schatten.
Nun fragt' ich nach der Schuldigkeit.
Da schüttelt er den Wipfel.
Gesegnet sei er allezeit
von der Wurzel bis zum Gipfel!

(Ludwig Uhland)

„Gastfrei zu sein, vergesst nicht; denn dadurch haben einige ohne ihr Wissen Engel beherbergt!"

(Hebräer 13,2)

Wissen wir, warum?

Bis vor etlichen Jahren war es in einer Kirche Jütlands Brauch, dass die Kirchenbesucher vor der Tür der Kirche sich ehrerbietig nach der linken Seite verneigten. Da kam ein neuer Pfarrer. Er sah es und fragte nach dem Grund. Er fragte die Jüngeren – sie wussten es nicht. Sie hatten nur gesehen, dass die Alten es so machten. Er fragte die Alten – die hatten niemals darüber nachgedacht. Sie wussten nur, dass es immer so gewesen sei und deshalb auch wohl so sein müsse. Alle verneigten sich, und niemand wusste, warum.
Nach einigen Jahren wurde die Kirche restauriert. Dabei wurde das Rätsel gelöst. Als der Kalkputz weggeschlagen wurde, fand man zur linken Seite der Kirchentür ein altes, noch wohl erhaltenes Freskobild der Madonna mit dem Jesuskind. Das war also der Grund. In den Zeiten vor der Reformation hatte man sich vor dem Bild verneigt, später wurde es überputzt und vergessen. Alle aber verneigten sich auch später noch, obgleich schließlich keiner mehr wusste, warum.

Manche Menschen beten, was andere beten, singen, was andere singen, glauben, was andere glauben, tun, was andere tun, lassen, was andere lassen. Wissen wir, warum? Wissen wir, warum wir in der Bibel lesen, beten, in den Gottesdienst gehen, am Abendmahl teilnehmen, die Gebote halten und die Lüge ablegen? Wir sollten anderen den Grund nennen können und sie vielleicht mit wirklich guten Argumenten überzeugen.

„So habe ich es auch für gut gehalten, es für dich, hoch geehrter Theophilus, in guter Ordnung aufzuschreiben, damit du den sicheren Grund der Lehre erfahrest, in der du unterrichtet bist!"

(Lukas 1,3f)

Zuhören

Was die kleine Momo konnte wie kein anderer, das war: zuhören. Das ist doch nichts Besonderes, wird mancher sagen, zuhören kann doch jeder.

Aber das ist ein Irrtum. Wirklich zuhören können nur ganz wenige Menschen. Und so wie Momo sich aufs Zuhören verstand, war es ganz und gar einmalig.

Momo konnte so zuhören, dass dummen Leuten plötzlich sehr gescheite Gedanken kamen.

Nicht etwa, weil sie etwas sagte oder fragte, was den anderen auf solche Gedanken brachte, nein, sie saß nur da und hörte einfach zu, mit aller Aufmerksamkeit und aller Anteilnahme. Dabei schaute sie den anderen mit ihren großen, dunklen Augen an, und der Betreffende fühlte, wie in ihm auf einmal Gedanken auftauchten, von denen er nie geahnt hatte, dass sie in ihm steckten.

Sie konnte so zuhören, dass ratlose oder unentschlossene Leute auf einmal ganz genau wussten, was sie wollten.

Oder dass Schüchterne sich plötzlich frei und mutig fühlten.

Oder dass Unglückliche und Bedrückte zuversichtlich und froh wurden. Und wenn jemand meinte, sein Leben sei ganz verfehlt und bedeutungslos und er selbst nur irgendeiner unter Millionen, einer, auf den es überhaupt nicht ankommt und der ebenso schnell ersetzt werden kann wie ein kaputter Topf – und er ging hin und erzählte alles das der kleinen Momo, dann wurde ihm, noch während er redete, auf geheimnisvolle Weise klar, dass er sich gründlich irrte, dass es ihn, genauso wie er war, unter allen Menschen nur ein einziges Mal gab und dass er deshalb auf seine besondere Weise für die Welt wichtig war.

So konnte Momo zuhören!

(Michael Ende)

„Maria setzte sich dem Herrn zu Füßen und hörte seiner Rede zu!"
(Lukas 10,40)

„Ein jeder Mensch sei schnell zum Hören, langsam zum Reden, langsam zum Zorn!"
(Jakobus 1,19)

Zu spät

Ein Bahnhof einer Kleinstadt. Auf dem Bahnsteig winkende Menschen. Der Zug ist gerade abgefahren. Da kommt keuchend und dampfend ein Mann mit seinem Koffer angerannt. Der Stationsvorsteher: „Guter Mann, der Zug ist abgefahren, Sie kommen zu spät, Sie hätten etwas schneller laufen müssen!" Der Mann wischt sich den Schweiß aus dem Gesicht, stellt seinen Koffer ab und antwortet: „Schneller laufen konnte ich beim besten Willen nicht, aber ich hätte früher losgehen müssen!"

Tagesziele, Berufsziele, Etappenziele und auch das Lebensziel lassen sich am ehesten erreichen, wenn wir rechtzeitig losgehen und die Zeit nicht versäumen.

„Herr, lehre mich doch, dass es ein Ende mit mir haben muss und mein Leben ein Ziel hat, und ich davon muss. Siehe, meine Tage sind eine Handbreit bei dir, und mein Leben ist wie nichts vor dir. Wie gar nichts sind alle Menschen, die doch so sicher leben. Sie gehen daher wie ein Schatten und machen sich viel vergebliche Unruhe; sie sammeln und wissen nicht, wer es einbringen wird."

(Psalm 39,5-7)

Früchte

Als ich mein Wohlergehen auf den Acker der Dankbarkeit pflanzte, brachte es reichlich Früchte, die ich mit anderen Menschen teilen konnte.

Als ich mein Leiden auf das Feld der Liebe pflanzte, brachte es gute Früchte, die mir in Notzeiten überleben halfen.

Als ich meine Hoffnungen auf dem Acker der Geduld aussäte, wuchsen wunderbare Erfahrungen und Erfüllungen.

Als ich meine Enttäuschungen auf dem Feld der Vergebung einpflanzte, wuchsen reichlich Trost und Versöhntheit.

Als ich meine Tränen ans Herz Jesu legte, verwandelten sie sich in die Perlen eines gereiften Glaubens.

„Nicht ihr habt mich erwählt; sondern ich habe euch erwählt und bestimmt, dass ihr hingeht und Frucht bringt und eure Frucht bleibt."

(Johannes 15,16)

Wer ist reich?

Ein armer Poet bekommt von einem reichen Mäzen eine Unterstützung. Auf dem Weg zu dem Generaldirektor sieht er in einem Delikatessengeschäft eine besonders große und leckere Ananas. Er fragt in dem Geschäft nach dem Preis. Und als er die Summe hört, denkt er bei sich, dass er sich so eine teure Frucht nicht leisten kann. Auf dem Rückweg mit seiner Unterstützung in der Tasche kann er der Versuchung nicht widerstehen und kauft sich für den ganzen Betrag die wunderbare Ananas. Beim nächsten Mal stellt ihn der Direktor zur Rede und wirft ihm vor, dass er sich hier das Geld holt und es dort für eine Delikatesse ausgibt. Worauf der arme Poet antwortet: „Aber Herr Direktor, wenn ich kein Geld habe, kann ich mir die Ananas nicht kaufen. Wenn ich das Geld habe, darf ich mir die Ananas nicht kaufen. Wann, sagen Sie, soll ich mir dann eine Ananas kaufen?"
Herr Grün jammert im Kaffeehaus seinen Freunden vor: „Meine Frau will immer wieder Geld von mir. Ich halte es bald nicht mehr aus!" Die Freunde fragen erstaunt zurück: „Und was macht deine Frau denn mit dem vielen Geld?" – „Ich weiß es nicht", meint Grün, „ich gebe ihr ja nichts!"
Irgendwo zwischen Geiz und Verschwendung könnten wir wirklich reich sein, reich im Haben und Geben, reich im Bekommen und Loslassen, reich im Gutestun und Genügen.

„Denn Geldgier ist eine Wurzel alles Übels; danach hat einige gelüstet, und sie sind vom Glauben abgeirrt und machen sich selbst viel Schmerzen!"

(1. Timotheus 6,10)

Arm und reich

„Reichtum ist das geringste Ding auf Erden und die allerkleinste Gabe, die Gott einem Menschen geben kann. Was ist's gegen Gottes Wort, ja, was ist's auch nur gegen leibliche Gaben wie Schönheit, Gesundheit und gegen Gaben des Gemüts, wie Verstand, Kunst, Weisheit?

Dennoch trachtet man so emsig danach und lässt sich keiner Arbeit noch Mühe und Gefahr verdrießen noch hindern. Darum gibt Gott gemeiniglich Reichtum den groben Eseln, denen er sonst nichts gönnt."

(Martin Luther)

Je mehr ein Mensch sich freut auf zeitlich Ehr' und Gut',
Je weniger hat er zu ew'gen Dingen Mut.
Je mehr hingegen er wart't auf die ew'gen Dinge,
Je mehr und mehr wird ihm das Zeitliche geringe.

(Angelus Silesius)

„Aber Gott sprach zu ihm: Du Narr! Diese Nacht wird man deine Seele von dir fordern; und wem wird das gehören, was du bereitet hast? So geht es dem, der sich Schätze sammelt und ist nicht reich für Gott."

(Lukas 12,20f)

Das Beste

Einer Legende von Leo Tolstoi nach stellte einst ein Kaiser dem eine hohe Belohnung in Aussicht, der ihm folgende Fragen beantworten könnte: Welche Zeit ist die beste Zeit? Welcher Mensch ist der wichtigste Mensch? Welche Aufgabe ist die sinnvollste Aufgabe? Keine Antwort seiner Weisen und Ratgeber befriedigte den Kaiser. Und so machte er sich auf den beschwerlichen Weg zu einem Einsiedler, um ihm die Fragen vorzulegen und eine Antwort zu erbitten.

Indem der Kaiser – keine Antwort erhaltend – dem Eremit beim Graben hilft, dort bei ihm einem Mordanschlag entgeht, sich dann mit dem Feind aussöhnt, lernt der Kaiser schließlich die Antwort auf seine Fragen persönlich und leibhaftig kennen:

Die beste Zeit ist gerade jetzt!

Der wichtigste Mensch ist gerade der, mit dem man gerade jetzt zusammen ist!

Die sinnvollste Aufgabe ist, den Menschen, der gerade da ist, glücklich zu machen.

Versuchen wir, diese Stunde und diesen Menschen und diese Aufgabe ganz ernst zu nehmen! Es ist immer das Beste!

„So seht nun sorgfältig darauf, wie ihr euer Leben führt, nicht als Unweise, sondern als Weise, und kauft die Zeit aus!"

(Epheser 5,15)

Tag und Nacht

Wenn die Tage voller Arbeit und Mühe sind, wenn Termine und Pflichten uns hetzen, wenn wir uns vor lauter Druck und Stress selbst nicht mehr kennen, dann brauchen wir ein Wort der Stärkung und Beruhigung.

Wenn die Tage voller Einsamkeit und Trauer sind, wenn die Stunden sich endlos und sinnlos hinziehen, wenn man viel zu viel Zeit für seine Schmerzen hat, wenn man in sich hineinhorcht und mit den Stimmen der Angst und Sorge allein bleibt, dann brauchen wir ein Wort der Tröstung und Begleitung.

Wenn die Nächte voller Glück und Lust, voller Wonne und Erholung sind, wenn die Pläne uns durch den Kopf gehen und die Erfolge unsere Sinne berauschen, dann brauchen wir ein Wort des Lobens und Dankens zur Erinnerung an Gottes Güte.

Wenn die Nächte voller Kummer und Tränen sind, wenn die Seele vor Verzweiflung müde ist und das Herz vor Schreck aussetzt, dann brauchen wir ein Wort der heilsamen Liebe und liebevollen Macht Gottes.

Und wenn die Tage und Nächte dann vorüber sind, merken wir, dass nicht wir das Wort Gottes mit aller Macht gehalten haben, sondern dass Gottes Wort uns mit seiner ganzen Weisheit und Verlässlichkeit gehalten hat. Tag und Nacht hat Gott uns mit seinem guten Wort gehalten, festgehalten, liebgehalten, wertgehalten, auf dem Weg gehalten, am Leben gehalten. Das ist unsere Freude am Wort Gottes, Tag und Nacht.

„Lass das Buch dieses Gesetzes nicht von deinem Munde kommen, sondern betrachte es Tag und Nacht, dass du hältst und tust in allen Dingen nach dem, was darin geschrieben steht. Dann wird es dir auf deinen Wegen gelingen und du wirst es recht ausrichten!"

(Josua 1,8)

Warum?

Zwei junge Leute gingen im Feld spazieren und sahen auf einem viel befahrenen Weg einige Schnecken. Fürsorglich nahmen sie die Tiere und setzten sie in den Büschen neben dem Weg ab, in der Sorge, sie könnten sonst überfahren werden. „Ihr Bösewichter!", riefen die Schnecken aufgebracht, „warum stört ihre unsere Ruhe und werft uns aus der Bahn?"

(Nach Novalis)

Haben wir Menschen nicht oft ähnlich gehadert und geschimpft, uns bei Gott und der Welt beschwert, wenn sie uns auf den ersten Blick so hart aus der Bahn warfen und in unserer Ruhe störten?
Und wie oft hat sich hinter dem vermeintlich Bösen nur die Fürsorge und Bewahrung Gottes verborgen?

„Denn meine Gedanken sind nicht eure Gedanken, und eure Wege sind nicht meine Wege, spricht der Herr!"

(Jesaja 55,8)

„Denn ich weiß wohl, was ich für Gedanken über euch habe, spricht der Herr: Gedanken des Friedens und nicht des Leides, dass ich euch gebe Zukunft und Hoffnung!"

(Jeremia 29,11)

Selbstgerecht?

„Ich glaube, dass die Selbstgerechtigkeit dein Verderben ist, und darum sage ich dir ganz offen und aufrichtig, dass du ebenso gut hoffen kannst, mit einem Luftballon in den Himmel zu fliegen, als durch deine guten Werke hineinzukommen. Ebenso gut könntest du in einem Sieb nach Ostindien fahren, als durch dein gutes Wesen in die Herrlichkeit zu gehen.

Du könntest ebenso gut in Spinnweben deinem Fürsten dich vorstellen als in deiner eigenen Gerechtigkeit dem König des Himmels. Fort mit deinen Lumpen, mit deinen zerfaulten stinkenden Fetzen. Sie sind nur ein Mistbeet für das Unkraut des Unglaubens und Stolzes. Es ist in Gottes Augen nichts nütze. Warum willst du deinen Kopf so hoch tragen, dass man ihn abschneiden muss?"

(Ch. H. Spurgeon)

„Aber nun sind wir alle wie die Unreinen, und alle unsere Gerechtigkeit ist wie ein beflecktes Kleid."

(Jesaja 64,5)

„Sie werden ohne Verdienst gerecht aus seiner Gnade durch die Erlösung, die durch Jesus Christus geschehen ist!"

(Römer 3,24)

Ganz normal verrückt

Ein Märchen erzählt von einem bekannten Zauberer, der ein ganzes Königreich vernichten wollte. Er schüttete in den Brunnen, aus dem alle Einwohner des Landes tranken, einen Zaubertrank. Wer nun von dem Wasser trank, wurde verrückt. Am folgenden Tag tranken irgendwann alle Bewohner aus dem Brunnen und wurden alle verrückt. Nur der König und seine Familie hatten einen eigenen Brunnen, zu dem der Zauberer nicht gelangen konnte. Der König war sehr besorgt um seine Untertanen und erließ eine Reihe von Sicherheitsmaßnahmen und Gesetzen, die die Menschen in ihrer Verrücktheit schützen sollten. Doch die Beamten und Aufseher, die Polizisten und Hauptleute hatten ja alle von dem vergifteten Wasser getrunken und hielten die Beschlüsse und Gesetze des Königs für völlig absurd und gefährlich. Sie alle beschlossen, ihnen keine Folge zu leisten. Als die Menschen im Volk von den königlichen Verordnungen erfuhren, glaubten sie, der König sei verrückt geworden und würde nur noch sinnlose Gesetze erlassen. So rannten sie aufgebracht zum Palast und verlangten die Absetzung des Königs. Ganz verzweifelt wollte der König schon zurücktreten, als die Königin ihn hinderte und sagte: „Lass uns auch von dem Brunnen trinken. Dann sind wir genauso wie sie!" So tranken also der König und seine Familie auch von dem vergifteten Brunnen und fingen sofort an, sinnlose Dinge zu sagen. Nun fanden die Untertanen ihren König wieder in Ordnung und sie bereuten, seine Absetzung verlangt zu haben. Einen König, der plötzlich so viel Weisheit zeigte, könne man doch beruhigt weiter regieren lassen.
So war im Königreich alles in bester Ordnung. Das Leben verlief ohne Zwischenfälle. Und der König regierte bis zu seinem Lebensende in Frieden.

„Wo sind die Klugen? Wo sind die Schriftgelehrten? Wo sind die Weisen dieser Welt? Hat nicht Gott die Weisheit dieser Welt zur Torheit gemacht?"

(1. Korinther 1,20)

Die bessere Lösung

Die Lösung von Gott ist das schwerste Problem des Lebens, aus dem all die Schmerzen für den Menschen wachsen.
Die Bindung im Glauben an Jesus ist die beste Lösung des Lebens, aus der alles Heil für den Menschen wächst.

„Wehe dem sündigen Volk, dem Volk mit Schuld beladen, dem boshaften Geschlecht, den verderbten Kindern, die den Herrn verlassen, den Heiligen Israels lästern, die abgefallen sind! Wohin soll man euch noch schlagen, die ihr weiter im Abfall verharrt? Das ganze Haupt ist krank; das ganze Herz ist matt. Von der Fußsohle bis zum Haupt ist nichts Gesundes an euch, sondern Beulen und Striemen und frische Wunden, die nicht gereinigt noch verbunden noch mit Öl gelindert sind.“

(Jesaja 1,4-6)

„Wendet euch zu mir, so werdet ihr gerettet, aller Welt Enden; denn ich bin Gott und sonst keiner mehr!“

(Jesaja 45,22)

Das Licht der Liebe leuchtet auch uns

Ein kleiner Junge lebte auf einem grünen Hügel in einer kleinen Hütte. Er war zwar glücklich, doch etwas fehlte ihm zum großen Glück. Wenn der Tag sich neigte und die Sonne sank, saß er vor seinem Haus und schaute weit übers Tal hinweg zu einem anderen Haus. Es hatte goldene Fenster, die wie Diamanten leuchteten. Der Anblick bezauberte ihn so sehr, dass er sich nichts mehr wünschte, als einmal darin zu wohnen. Als er alt genug war, wanderte er zu ihm hin. Die Sonne war schon untergegangen, als er sein Ziel erreicht hatte. Doch riesengroß war seine Enttäuschung, als er sah, wonach er sich aus der Ferne gesehnt hatte: Er sah kein Gold in den Fenstern. Das Haus seiner Träume war eine einfache Hütte. Nicht weniger groß aber war seine Überraschung, als er am nächsten Morgen aus dem Fenster dieser Hütte sah: Dort, woher er kam, jenseits des Tales, sah er wieder ein Haus mit goldenen Fenstern, die wie Diamanten leuchteten – so schön wie das so lang ersehnte. Voll Freude lief er den Weg zurück – hin zu dem Haus, das sein eigenes war.

(Nach einem Märchen von H. L. Gee)

„Mein Gott aber wird all eurem Mangel abhelfen nach seinem Reichtum in Herrlichkeit in Jesus Christus.“

(Philipper 4,19)

Letztes Manuskript

Der Dichter Arno Pötzsch (1900–1956) hat in den Papieren, die er selbst – noch kurz vor seinem Tod – als „Letztes Manuskript" bezeichnete, ein Gedicht hinterlassen, mit dem er sich auf sein Sterben vorbereitete:

Muss nun gestorben werden,
Herr, hilf, dass mir's geling
und ich getrost auf Erden
den letzten Schritt vollbring!
Lass mich nicht jäh verscheiden,
mein selbst nicht mehr bewusst,
lass meinen Tod mich leiden
so, wie ich leben musst!
Nur gib, wenn ich dann trinke
die bittre Sterbenot,
dass ich zu dir entsinke,
dein ganz gewiss, mein Gott!
Du hast mir aufgetragen,
durchs Leben hier zu gehn,
hilf nun, das Sterben wagen
und hilf den Tod bestehn!

„In deine Hände befehle ich meinen Geist, du hast mich erlöst, Herr, du treuer Gott!"

(Psalm 31,6)

Das A und O des Lebens

Das A und O des Lebens der mobilen Gesellschaft ist das Auto. Es fängt mit A an und hört mit O auf, und seine Marken reichen von Alfa Romeo bis Opel Omega.

Mir ist aufgefallen, dass die Werbeversprechen der Autofirmen für ihr A und O eigentlich nur von dem wirklich gehalten werden können, der das A und das O, der Erste und der Letzte, der Allesumfassende und Lebendige ist.

„Autos zum Leben!" Autos sind, wenn es gut läuft, zum Fahren, und wenn es schlecht läuft, zum Sterben. Aber zum Leben hilft nur Jesus mit seiner Leben spendenden Liebe.

„Der gute Stern auf allen Straßen!" Ich weiß nicht, ob ein Blechstern uns über die Straßen des Lebens zum Guten führen kann. Aber der „Stern, auf den ich schaue", leitet mich auf allen Wegen sicher zu einem guten Ziel.

„Nichts ist unmöglich!" Das von einem Auto zu sagen, ist lächerlich. Aber im Blick auf Gott trifft es den Nagel auf den Kopf. „Sollte dem Herrn etwas unmöglich sein?" Und: „Ich vermag alles, durch den, der mich mächtig macht!"

„Die tun was!" Ja, sie bauen Autos, die oft genug liegen bleiben. Und wenn Menschen in Lebenskrisen und Grenzbereichen angekommen sind, tun die gar nichts. Aber Jesus und seine Leute, die tun und bewirken was.

„Nichts bewegt Sie wie ein C.!" Ich hoffe doch sehr, dass uns mehr und Wichtigeres bewegt als eine Blechkiste. Jesus selbst bewegt unser Leben. Sind wir auch von seiner Liebe und Fürsorge bewegt, von den Leiden und Schmerzen der Menschen angerührt?

„Wir haben verstanden!" Was haben Autofirmen denn vom Leben und seiner Tiefe, vom Menschen und seiner Sehnsucht, von der Seele und ihren Ängsten, von den Tagen und ihrer Mühe, von den Nächten und ihrer Unruhe, vom Sterben und seiner Angst verstanden? Rein gar nichts!

Aber das ist so tröstlich, dass Einer uns wirklich versteht im Tiefsten und ganz, im Innersten und alles, von Herzen und mit Liebe.

Autos sind nützlich und gut, wir gebrauchen sie gern und genießen die Mobilität. Aber das A und O unseres Lebens ist Jesus. Ihm ist nichts unmöglich, er hat uns verstanden, er ist der gute Stern auf unseren Wegen, seine Liebe bewegt uns wie nichts sonst. Er tut wirklich was und ist der beste Herr des Lebens.

„ Und er sprach zu mir: Ich bin das A und das O, der Anfang und das Ende. Ich will dem Durstigen geben von der Quelle des lebendigen Wassers umsonst!"

(Offenbarung 21,6)

Unvergleichlich

Vergleiche dich nie mit anderen Menschen. Es bedeutet sinnloses Leiden. Jeder Mensch ist unvergleichlich, einmalig und in jedem Menschen wohnt eine kostbare Besonderheit.

Findet man einen Menschen, der mehr ist, wird man ihn beneiden und sich bemitleiden. Trifft man auf einen Menschen, der geringer ist, wird man ihn verachten und sich brüsten.

Und das sind die Hauptgifte, die unser Miteinander und auch unsere Herzen krank machen: Neid und Verachtung für andere, Mitleid und Eitelkeit mit uns selbst. Darum freue dich an anderen und an dir selbst.

„Tut nichts aus Eigennutz oder um eitler Ehre willen, sondern in Demut achte einer den anderen höher als sich selbst, und ein jeder sehe nicht auf das Seine, sondern auch auf das, was dem anderen dient."

(Philipper 2,3f)

Schlimme Folgen

Eine Weisheitsgeschichte macht eindrücklich deutlich, wie auch kleine, gewaltsame Eingriffe in Gottes Schöpfung schlimme Folgen haben:

Am frühen Morgen machte sich der Honigsammler in Begleitung seines treuen Hundes auf, um einen Bienenstock auszuheben, den er am Vortage in einer Felsspalte entdeckt hatte. Unterwegs sammelte er dürres Reisig und auch feuchtes Holz und entzündete mit einigem Geschick vor dem Felsspalt ein Feuer, das bald mächtig zu qualmen begann. Der Wind stand günstig und drückte den Rauch in den Felsspalt. Alsbald wurden die Bienen von wilder Panik ergriffen. Mit lautem Gesumme versuchten sie, ihre Festung zu verteidigen, doch ergriffen sie schließlich die Flucht vor dem unangreifbaren Gegner.

Rasch stieg der Honigsammler zum Bienenstock empor, brach die honiggefüllten Waben heraus und steckte sie in seinen ledernen Sack. Bald war der große Beutel mit der goldgelben Beute prall gefüllt, und nachdem er das Feuer gelöscht hatte, legte er sich den Sack über die Schulter und trug ihn in das nächste Dorf.

Nach mehrstündigem Marsch kamen der Honigsammler und sein Hund am Nachmittag beim Laden des Öl- und Gewürzhändlers an. Obwohl man sich seit Jahren kannte und immer gute Geschäfte miteinander gemacht hatte, wollte der Händler nicht eher einen Preis nennen, bis er von der süßen Kostbarkeit eine Probe genommen hatte.

Der Honigsammler öffnete seinen Sack, und der Händler steckte aus Vorfreude auf den Genuss seinen dicken Zeigefinger tief in die duftende Flüssigkeit. Er zog ihn honigtriefend heraus und führte ihn genussvoll schmatzend in den Mund. Goldgelbe Perlen liefen seinen Bart hinunter und tropften auf den Boden.

Während der Händler sich zufrieden seinen Bart wischte und seinen Preis nannte, hatte sich eine stattliche Anzahl Fliegen auf den Honigtropfen versammelt. Darauf war ein Vogel aufmerksam geworden, der auf die Fliegen herabstieß.

Der Vogel hatte die Katze des Händlers aufgeschreckt, die in der Ecke gedöst hatte und sich nun auf den Vogel stürzte.

Das Wüten der Katze alarmierte den Jagdhund des Honigsammlers, der mit einem Satz auf die Katze sprang und sie totbiss.

Als der Händler sah, was der Hund seiner geliebten Hauskatze angetan hatte, nahm er einen dicken Prügel und erschlug den Hund. Über diese Untat war der Honigsammler so entsetzt, dass er in blindem Zorn den Händler erschlug und daraufhin in sein Heimatdorf flüchtete.

Als aber die Nachbarn des Händlers erkannten, was da Entsetzliches geschehen war, rotteten sie sich zusammen und zogen gegen das Dorf des Honigsammlers.

Dort hatte man sich auf einen drohenden Angriff vorbereitet, und schon hieben die beiden Gruppen mit Messern, Äxten und Sensen bewaffnet in wildem Zorn so lange aufeinander ein, bis viele gefallen waren, so viele, dass nur Gott ihre Zahl weiß.

„Was ist der Mensch, dass du an ihn denkst? Du hast ihn zum Herrn gemacht über deiner Hände Werk, alles hast du unter seine Füße getan!"

(Psalm 8,5.7)

Segenswunsch

Vor wem wird still die schäumende See,
vor wem verstummt der wütende Wind?
Vor Christus, dem Herrn der Elemente,
dem machtvollen Steuermann.

Er schütze das Boot und die darin fahren.
Er sei Segel und Kompass, Anker und Tau.
Er bringe uns heil zum Heimathafen.
Er führe uns freundlich durch wilde Wogen,
damit wir fahren in Frieden.

Er lasse zahlreich sein die Tiere des Meeres
und fülle die Netze, der große Fischer.
In Christus sei alles begonnen,
in Christus sei alles vollbracht!

(Aus Irland)

„Jesus sagte zu ihnen: Ihr Kleingläubigen, warum seid ihr so furcht-
sam? Und er stand auf und bedrohte den Wind und das Meer. Da
wurde es ganz still.“

(Matthäus 8,26)

Auf dem Wege der Besserung

Eine Geschichte aus Korea erzählt, wie eines Tages der Diener einer sehr reichen Familie der Versuchung nicht widerstehen konnte und einen Sack Reis aus der Vorratskammer stahl. Vorsichtig schlich er mit seiner Last aus dem Palast, als plötzlich seine Herrin hinter einer Tür stand. Erschrocken stammelte der Diener eine Entschuldigung. Doch obwohl die Frau den Diebstahl durchschaute, spornte sie den Mann an, schnell mit dem Sack Reis zu verschwinden, damit ihn der Hausherr nicht damit erwische. So rannte der Dieb weiter und war noch mehr erschrocken, als er im nächsten Tor seinen Herrn erblickte. Der erfasste schnell die Situation und raunte dem Diener zu: „Beeil dich, bevor die Herrin dich entdeckt und dich bestraft!" Ganz beschämt nahm der Diener den Sack Reis, kehrte um, brachte ihn wieder in die Vorratskammer zurück. Das war der Anfang einer Besserung.

„Wenn ein Mensch etwa von einer Verfehlung ereilt wird, so helft ihm wieder zurecht mit sanftmütigem Geist, ihr: die ihr geistlich seid; und sieh auf dich selbst, dass du nicht auch versucht werdest!"

(Galater 6,1)

Großes Glück

Ein altes Sprichwort sagt: „Großes Glück braucht starke Schultern!"
Vielleicht braucht es noch mehr ein großes Herz und einen klaren Verstand. Wie viele Menschen haben sich im großen Glück verirrt und
waren den Möglichkeiten und Verlockungen gar nicht gewachsen.
Schon Demokrit hat vor dem Abheben und dem Übermaß gewarnt:
„Wer wohlgemut leben will, der darf nicht vielerlei treiben, weder in
eigener noch in öffentlicher Sache. Und was er auch treibt, darf seine
eigene Kraft und Begabung nicht übersteigen. Er muss vielmehr so
scharf auf seiner Hut sein, dass er sich selbst dann, wenn das Glück
über ihn kommt und ihn allem Anschein nach emporführen will, nicht
darum kümmert und nichts anfasst, was über seine Kräfte geht. Denn
rechtes Maß ist sicherer als Übermaß."

(Demokrit)

*„Du aber wirst umkehren und der Stimme des Herrn gehorchen, dass
du tust alle seine Gebote, die ich dir heute gebiete. Und der Herr, dein
Gott, wird dir Glück geben zu allen Werken deiner Hände!"*

(5. Mose 30,8f)

Andacht und Gebet

Wenn jede Hoffnung geschwunden ist, „wenn Helfer versagen und Tröstung entschwindet", mache ich die Erfahrung, dass mir irgendwie Hilfe zuteil wird, ich weiß nicht, woher. Demütige Bitten, Andacht, Gebet sind kein Aberglaube; sie sind Handlungen von größerer Wirklichkeit als Essen, Trinken, Sitzen oder Gehen. Es ist keine Übertreibung, zu sagen, sie allein seien wirklich, alles andere sei unwirklich. Andacht oder Gebet dieser Art sind keine Flucht in die Beredsamkeit, sind keine Huldigung mit den Lippen. Sie entspringen dem Herzen. Wenn wir daher jene Reinheit des Herzens vollbringen, bei der es „von allem außer Liebe leer" ist, wenn wir alle seine Saiten auf den rechten Ton stimmen, so „erklingen sie zitternd von Musik jenseits des Sichtbaren". Gebet bedarf nicht des Wortes. Es ist in sich unabhängig von allem sinnenhaften Bemühen. Ich hege nicht den mindesten Zweifel, dass Gebet ein unfehlbares Mittel zur Reinigung des Herzens von Leidenschaften ist. Aber es muss sich verbinden mit höchster Demut.

(Mahatma Gandhi)

„Betet allezeit mit Bitten und Flehen im Geist und wacht dazu mit aller Beharrlichkeit im Gebet für alle Heiligen!"

(Epheser 6,18)

Undank ist der Welt Lohn

Ein Bettler in einer großen Stadt Amerikas sieht einen reichen Ge-
schäftsmann aus seiner Firma kommen und fragt ihn: „Könnten Sie
mir einige Cents geben, dass ich mir mal eine Tasse Kaffee kaufen
kann?" Der Geschäftsmann hat Mitleid mit dem alten, abgerissenen
Mann und sagt freundlich: „Hier haben Sie zwei Dollar, dafür können
Sie sich zehn Tassen Kaffee nehmen!"
Am nächsten Tag sitzt der Bettler wieder vor der Firma des reichen
Mannes. Und als er herauskommt, gibt er ihm eine schallende Ohr-
feige.
„Guter Mann", sagt der Geschäftsmann, „was soll das?"
„Sie und Ihre verfluchten zehn Tassen Kaffee! Die ganze Nacht konn-
te ich nicht schlafen!"

*„Vielmehr liebt eure Feinde; tut Gutes und leiht, wo ihr nichts dafür
zu bekommen hofft. So wird euer Lohn groß sein, und ihr werdet Kinder des Allerhöchsten sein; denn er ist gütig gegen die Undankbaren
und Bösen!"*

(Lukas 6,35)

Nicht die Dinge hindern, sondern das Ich

Ein frommer Mann wollte arm und enthaltsam leben, alle Dinge aufgeben und nur für Gott da sein. So ging er zu einem weisen Einsiedler und sagte: „Ich bin zu euch gekommen mit nichts in den Händen!" „Dann lass es gleich fallen!", sagte der Weise. „Aber wie kann ich es fallen lassen, wenn ich nichts mit mir habe?" – „Dann musst du dich eben damit abschleppen!", sagte der Meister.

Nicht die Dinge hindern uns, sondern das dicke Ich. Das Ich blüht und wächst, ob wir nun der Heiligkeit oder der Welt nachjagen. Unser Ich nährt sich von Reichtum und Armut gleichermaßen. Für viele ist das Nichts ihr Besitz und der Verzicht ihr Triumph. Die Dinge brauchten wir gar nicht aufzugeben, wenn wir unser aufgeblasenes Ich loslassen könnten.

„Da sprach Jesus zu seinen Jüngern: Will mir jemand folgen, der verleugne sich selbst und nehme sein Kreuz auf sich und folge mir nach!"

(Matthäus 16,24)

Wie es richtig geht

Die bekannte Zeile aus dem Nachtgebet „Hab ich Unrecht heut getan, sieh es, lieber Gott, nicht an" verdrehte einmal ein kleiner Junge gewollt oder ungewollt: „Hab ich Unrecht heut getan, geht's dich, lieber Gott, nichts an!" So denken viele Menschen. Wen gehen meine kleinen oder großen Verfehlungen etwas an? Vor Menschen und vor Gott verbergen wir unsere Schwächen und Sünden. Aus den Augen – aus dem Sinn. Was kümmern mich meine Fehler von gestern? Allzu leicht halten wir das Unrecht unseres Lebens unter dem Mäntelchen des Schweigens verdeckt. Das kann man doch einfach gut sein lassen. Alle machen Fehler und keiner ist vollkommen. Was soll das Unrechtsbewusstsein? Es hindert und belastet nur! – Aber verdrängte Schuld, verborgenes Unrecht und verschwiegene Fehler melden sich. Sie vergiften unsere Seele und machen uns im Innern unwahrhaftig und krank. Wir brauchen die Sünde unseres Lebens nicht zu verdrängen, aber auch nicht zu dramatisieren. Wir können sie einfach bekennen, ans Licht bringen, vor Gott aussprechen und alles wird vergeben und wirklich verarbeitet. Sünde und Unrecht gut sein lassen kann man nur in Gottes Vergebung. Aber dort ist es dann auch gut.

Darum könnten wir abends nicht nur als Kinder beten:
„Müde bin ich, geh zur Ruh. Schließe meine Augen zu. Vater, lass die Augen dein, über meinem Bette sein.

Hab ich Unrecht heut getan, sieh es, lieber Gott, nicht an. Deine Gnad' und Christi Blut machen allen Schaden gut!

Alle, die mir sind verwandt, Gott, lass ruhn in deiner Hand. Alle Menschen, groß und klein, sollen dir befohlen sein!

Kranken Herzen sende Ruh, nasse Augen schließe zu. Lass in deiner Engel Wacht sanft uns ruhn in dieser Nacht!"

(Luise Hensel)

„Gott, sei mir gnädig nach deiner Güte und tilge meine Sünde nach deiner großen Barmherzigkeit!"

(Psalm 51,3)

Ernüchtert

Ein Vater beugt sich über die Wiege seines vor einigen Tagen gebo-
renen Kindes und ist völlig versunken. Die Mutter betritt unbemerkt
das Zimmer und, ohne sich zu rühren, betrachtet sie das ungläubige
Staunen, die tiefe Freude und das deutliche Entzücken auf dem Gesicht ihres Mannes. Ganz leise und tief gerührt nähert sie sich dem
Vater, legt liebevoll ihren Arm um seine Schultern und haucht: „Mein
Liebster, ich kann mir gut vorstellen, was dich jetzt bewegt!" Überrascht fährt der Vater aus seiner Versunkenheit auf und sagt: „Ja, ich
wüsste für mein Leben gern, wie man solch eine hübsche Wiege für
fünfzig Mark herstellen kann. Das ist fast ein Wunder!"

*„Es gibt Gold und viel Perlen; aber ein Mund, der Vernünftiges redet,
ist ein edles Kleinod!"*

(Sprüche 20,15)

Die richtige Reihenfolge

Einst gingen die Tatsache, der Glaube und die Erfahrung auf einem schmalen Steg über einen tiefen Abgrund. Die Tatsache ging voran, schaute nicht links und nicht rechts und nicht nach unten, ging gerade und aufrecht voran. Der Glaube folgte der Tatsache, schaute genau auf sie und ging so sicheren Schrittes über den gefährlichen Abgrund. Die Erfahrung folgte dem Glauben ebenso sicher nach.

Plötzlich machte sich der Glaube Sorge, ob und wie die Erfahrung ihm folgen würde. Der Glaube drehte sich um und schaute auf die Erfahrung zurück. Aber dabei geriet der Glaube ins Wanken, verlor das Gleichgewicht, klammerte sich voller Angst an die Erfahrung und so stürzten sie beide in die Tiefe.

Im Glauben folgen wir den Tatsachen des Heils, die Gott hat geschehen und uns sagen lassen. Unser Glaube gründet sich nicht auf Gefühle und Erfahrungen, sondern auf Fakten, und er hält sich an Tatsachen. Die Erfahrungen folgen einem solchen Glauben nach. Und immer, wenn Menschen sich im Glauben um die Erfahrung gesorgt und sich an sie geklammert haben, geriet der Glaube ins Wanken und stürzte oft in das Bodenlose hinab.

„Lasst uns laufen mit Geduld in dem Kampf, der uns bestimmt ist, und aufsehen zu Jesus, dem Anfänger und Vollender des Glaubens!"
(Hebräer 12,1f)

Vom Strom im Wüstensand

Ein Strom floss von seinem Ursprung in fernen Gebirgen durch sehr verschiedene Landschaften und erreichte schließlich die Sandwüste. Genauso wie er alle anderen Hindernisse überwunden hatte, versuchte der Strom nun auch, die Wüste zu durchqueren. Aber er merkte schnell, dass – so schnell er auch in den Sand fließen mochte – seine Wasser verschwanden.

Er war jedoch überzeugt davon, dass es seine Bestimmung sei, die Wüste zu durchqueren, auch wenn es keinen Weg gab. Da hörte er, wie eine verborgene Stimme, die aus der Wüste kam, ihm zuflüsterte: „Der Wind durchquert die Wüste, und der Strom kann es auch." Der Strom wandte ein, dass er sich doch gegen den Sand werfe, aber dabei nur aufgesogen würde; der Wind aber könne fliegen, und deshalb vermöge er die Wüste zu überqueren.

„Wenn du dich auf die gewohnte Weise vorantreibst, wird es dir unmöglich sein, sie zu durchqueren. Du wirst entweder verschwinden, oder du wirst ein Sumpf. Du musst dem Wind erlauben, dich zu deinem Bestimmungsort hinüberzutragen."

Aber wie sollte das zugehen? „Indem du dich von ihm aufnehmen lässt."

Diese Vorstellung war für den Fluss unannehmbar. Schließlich war er noch nie zuvor aufgesogen worden. Er wollte keinesfalls seine Eigenart verlieren. Denn wenn man sich einmal verliert, wie kann man da wissen, ob man sich je wiedergewinnt!

„Der Wind erfüllt seine Aufgabe", sagte der Sand. „Er nimmt das Wasser auf, trägt es über die Wüste und lässt es dann wieder fallen. Als Regen fällt es hernieder, und das Wasser wird wieder ein Fluss."

„Woher kann ich wissen, ob das wirklich wahr ist?"

„Es ist so, und wenn du es nicht glaubst, kannst du eben nur ein Sumpf werden. Und auch das würde viele, viele Jahre dauern; und es ist bestimmt nicht dasselbe wie ein Fluss."

Und der Strom ließ seinen Dunst aufsteigen in die Arme des Windes, der ihn willkommen hieß, sachte und leicht aufwärts trug und ihn, sobald sie nach vielen, vielen Meilen den Gipfel des Gebirges erreicht hatten, wieder sanft herabfallen ließ. Und weil er voller Bedenken gewesen war, konnte der Strom nun in seinem Gemüte die Erfahrungen in allen Einzelheiten viel deutlicher festhalten und erinnern und davon berichten. Er erkannte: „Ja, jetzt bin ich wirklich ich selbst."

(Aus Tunesien)

„Wer mein Wort hört und glaubt dem, der mich gesandt hat, der hat das ewige Leben und kommt nicht in das Gericht, sondern er ist vom Tode zum Leben hindurchgedrungen."

(Johannes 5,24)

Die große Unbekannte

Jeder spricht über sie. Aber niemand weiß, wie sie wirklich aussieht.

Einige sagen, sie sei wie ein Stern, funkelnd, strahlend und herrlich anzusehen.

Andere sagen, sie sei furchterregend, schrecklich und gefährlich, und sie hätten Angst vor ihr.

Einige meinen, sie sei wie ein Sturm, der wild und ungestüm alles mitreißt und aufdeckt.

Andere meinen, sie sei still und gütig, lind und sanft, und sie hätten Vertrauen zu ihr.

Einige behaupten, sie sei wie ein warmes Feuer, das wohltut und schützt, aber auch frisst und verletzt, wenn man ihr zu nahe kommt.

Andere behaupten, sie sei kalt wie ein Stein, hart und schwer wie ein Fels, mit dem schon so mancher erschlagen worden sei.

Einige sagen, sie wäre fröhlich und heiter, weil jedermann sie liebt.

Andere sagen, sie sei einsam und traurig, weil sie so missbraucht und vergewaltigt sei.

Wo mag sie sich aufhalten, hoch über uns, unerreichbar für unsere begrenzten Sinne, oder tief unter uns in den Abgründen des Lebens? Pilatus fragte einst Jesus: „Was ist Wahrheit?" (Johannes 18,38) Jesus ist die Wahrheit mit Hand und Fuß, die Wahrheit mit Herz und Leben, die Wahrheit, die in Liebe eingekleidet ist. Jesus ist die Wahrheit, die aus Liebe zu uns gekreuzigt und mit Macht von Gott auferweckt wurde.

„Jesus sagt: Ich bin der Weg, die Wahrheit und das Leben!"

(Johannes 14,6)

Ein unsäglich großer Schatz

Eindrücklich erzählt Dostojewski in seinem Roman „Die Brüder Karamasow", wie eine junge Bäuerin in ihrer Verzweiflung den berühmten Starzen Sosima aufsucht. Sie hat ihren Mann, der ihr viel Böses angetan hatte, in einer schweren Krankheit sterben lassen. Nun ist sie voller Angst und Schuld und wendet sich Rat suchend an den Starzen. Und der hat tröstliche Worte für sie:

„Fürchte nichts, und fürchte dich niemals, und gräme dich nicht. Wenn nur die Reue in dir nicht erlahmt – dann wird Gott dir alles vergeben. Solch eine Sünde gibt es nicht in der ganzen Welt und kann es gar nicht geben, die Gott der Herr einem wahrhaft Reuigen nicht verzieh. Ein Mensch kann gar nicht eine so große Sünde begehen, dass sie die unendliche Liebe Gottes erschöpfe. Oder kann es eine so große Sünde geben, dass sie Gottes Liebe überwöge? Um Reue sei nur besorgt, um unablässige Reue, die Furcht jedoch scheuche gänzlich von dir. Glaube daran, dass Gott dich so sehr liebt, wie du es dir nicht einmal vorstellen kannst, dich sogar mit deiner Sünde und in deiner Sünde liebt. Über einen Sünder, der Buße tut, wird im Himmel mehr Freude sein als über zehn Gerechte, so steht es seit Langem geschrieben. Geh also und fürchte dich nicht. Lass dich nicht erbittern gegen die Menschen, ärgere dich nicht, wenn dir Unrecht geschieht. Dem Verstorbenen vergib in deinem Herzen alles, womit er dich gekränkt hat, versöhne dich mit ihm in Wahrheit. Wenn du bereust, so liebst du auch. Liebst du aber, so bist du auch schon Gottes … Durch Liebe wird alles erkauft, alles gerettet. Wenn schon ich, ein ebenso sündiger Mensch wie du, deinetwegen Rührung und Mitleid empfand, um wie viel mehr wird es dann Gott tun? Die Liebe ist ein so unsäglich großer Schatz, dass man damit die ganze Welt kaufen könnte, nicht nur die eigenen Sünden kannst du damit loskaufen, sondern auch fremde. Geh denn und fürchte dich nicht." Er segnete sie dreimal mit dem Zeichen des Kreuzes, nahm ein kleines Heiligenbild von seinem Hals und hängte es ihr um. Sie verneigte sich schweigend vor ihm bis zur Erde.

„Wenn eure Sünde auch blutrot ist, soll sie doch schneeweiß werden, und wenn sie rot ist wie Scharlach, soll sie doch wie Wolle werden!"
(Jesaja 1,18)

Erst hören, dann reden

Ein Pastor berichtete nach einer Vortragsreise ins Ausland: Ich bewunderte die Dolmetscherin: Sie verarbeitete mehrere Gedanken zugleich. „Wie machen Sie das nur: Einen Satz übersetzen Sie noch, während Sie den nächsten schon wieder hören und einen dritten aussprechen?" So fragte ich sie. Das sei ganz einfach, erklärte sie. „Der Eingang muss eben stärker sein als der Ausgang. Ich darf mich nicht reden hören."

Das gab mir zu denken: Haben unsere Sätze oft so wenig Wert, weil wir zu wenig hören und zu viel reden? Finden wir deswegen so wenig Gehör, weil wir selber kaum hörende Menschen sind? Häufig unterbrechen wir den Gesprächspartner sogar. Und vielleicht überhören wir deshalb so vieles, weil wir nur das aufnehmen, was uns bestätigt und was wir bejahen.

Meistens haben wir auch schon eine Antwort „auf der Zunge", ehe der andere seinen Satz zu Ende spricht. Deshalb reden wir oft aneinander vorbei und verstehen uns nicht. „Ich darf mich selber nicht reden hören", meinte die Dolmetscherin. Das scheint das Geheimnis eines echten Dialogs zu sein. Martin Luther soll dazu einmal gesagt haben: „Der Mensch hat zwei Ohren und nur einen Mund, folglich soll er doppelt so viel hören als reden."

„Ein jeder Mensch sei schnell zum Hören, langsam zum Reden, langsam zum Zorn!"

(Jakobus 1,19)

Teuer erkauft

An der Küste Ostafrikas gibt es einen Hafen namens Bagamoyo. Der Name bedeutet „Wirf dein Herz weg!" oder „Lass deinen Mut fallen!". An diesem Hafen wurden früher die Sklaven auf Schiffe verladen. Von dort gab es kein Entrinnen mehr. Wer an diesem Hafen angelangt war, der musste alle Hoffnung aufgeben. Doch einige Missionare ließen sich an diesem Ort nieder, um einige der Sklaven loszukaufen. Sie bezahlten den Sklavenhändlern einen hohen Preis und ließen die Sklaven dann frei. Zuvor aber versuchten sie, ihnen etwas zu erklären: „Für deine Freiheit haben wir Gold bezahlt. Aber für die Freiheit deiner Seele reicht kein Gold oder Silber aus. Dafür war ein Preis zu zahlen, der viel kostbarer ist: Der Sohn Gottes selbst hat dafür sein Leben gelassen." Kein Wunder, dass dieser anschauliche Vergleich bei vielen einen tiefen Eindruck machte! So entstand in Bagamoyo eine der ersten christlichen Gemeinden Ostafrikas. Auch wir haben die Chance, frei zu werden: frei von Sucht und Schwermut, frei von Angst, Hass und Bitterkeit, frei von der Macht des Bösen. Wir sind freigekauft wie diese Sklaven. Wir haben die Wahl, ob wir dem folgen wollen, der das Lösegeld bezahlt hat, oder nicht.

(Elfriede Koch)

„Denn ihr wisst, dass ihr nicht mit vergänglichem Silber oder Gold erlöst seid von eurem nichtigen Wandel nach der Väter Weise, sondern mit dem teuren Blut Christi!"

(1. Petrus 1,18f)

Schönreden oder Gutsagen

In der Politik gibt es handfeste Probleme, aber sie werden schöngeredet. Eine Firma verliert durch Missmanagement Milliarden, aber die Verluste werden schöngeredet. Die Nationalmannschaft spielt grottenschlecht, aber die Leistung wird vom Trainer schöngeredet. Eine Ehe war von Anfang an eine Katastrophe, aber die beiden haben ihre Beziehung vor andern immer schöngeredet. In der Gemeinde gibt es seit Jahren hässlichen Streit und kleinliche Rechthaberei, aber nach außen hin wird alles schöngeredet. Wie viele Male vertuschen und verbergen, überspielen und übergehen wir ernsthafte Schäden, nur um den äußeren Schein zu wahren, reden schön, was überhaupt nicht schön ist?

Gott sieht unsere Probleme, durchschaut unser Versagen, erkennt unsere Störungen, weiß um alle Pleiten, und die Schäden und Katastrophen bleiben ihm nicht verborgen. Und Gott redet diese Dinge niemals schön und überdeckt sie auch nicht mit dem Mäntelchen des heilen Scheins. Nein, vor Gott darf alles aufgedeckt und ans Licht gebracht werden. Und dann redet Gott nicht schön, aber er sagt gut. Gutsagen ist die Übersetzung des Wortes segnen (lat. benedicere). Wenn Gott uns segnet, sagt er damit: Es ist gut, ich bin euch gut, es gibt einen guten Weg und ein gutes Ziel, ich habe eine gute Absicht und gute Gedanken mit euch, ich mache alles gut!

Darum sollten auch wir die Dinge nicht schönreden, aber die Menschen mit all ihren notvollen Schwierigkeiten unter den Segen Gottes stellen!

„Der Herr segne euch je mehr und mehr, euch und eure Kinder. Ihr seid die Gesegneten des Herrn, der Himmel und Erde gemacht hat!"
(Psalm 115,14f)

Zu allem fähig

Julien Green wurde 1900 in Paris geboren und starb 1998 auch dort. Als Sohn amerikanischer Eltern lebte und schrieb er in zwei Welten, in Frankreich und in Amerika. Seine weltberühmten Romane haben aber alle nur ein Thema, das Dunkle und Böse im Menschen, ihre Erklärung und Überwindung. Sein Vermächtnis auf seiner Grabplatte lautet:

„Wäre ich mutterseelenallein auf dieser Welt gewesen: Gott hätte seinen einzigen Sohn herabgesandt, damit er mich erlöse …

Aber wer, fragst du, hätte ihn dann ans Kreuz geheftet? Such nicht lange: Ich selber hätte das getan … Und der Jünger, der ihn lieb hat? Das ist das Schmerzlichste an der Geschichte und zugleich das große Geheimnis! Du weißt es recht gut: Auch diesen Jünger findest du in mir."

Ja, wir sind Petrus und verleugnen Jesus, wir sind Judas und verraten ihn, wir sind das Volk und spotten, wir sind die Frauen und weinen, wir sind die Römer und kreuzigen ihn, wir sind die Schächer und fluchen oder beten zu ihm, und wir sind Johannes, der ihn über alles liebt. Allen wurde Jesus in seiner Liebe gleich und der Heiland zugleich. Das ist sein Geheimnis.

„Jesus entäußerte sich selbst und nahm Knechtsgestalt an, ward den Menschen gleich und der Erscheinung nach als Mensch erkannt. Er erniedrigte sich selbst und ward gehorsam bis zum Tode, ja zum Tode am Kreuz!"

(Philipper 2,7f)

Der Himmel

Es war einmal ein kleiner Heiliger, der hatte viele Jahre ein glückliches und zufriedenes Leben geführt. Als er eines Tages gerade in der Klosterküche beim Geschirrabwaschen war, kam ein Engel zu ihm und sprach: „Der Herr schickt mich zu dir und lässt dir sagen, dass es an der Zeit für dich sei, in die Ewigkeit einzugehen."

„Ich danke dem Herrgott, dass er sich meiner erinnert", erwiderte der kleine Heilige. „Aber du siehst ja, was für ein Berg Geschirr hier noch abzuwaschen ist. Ich möchte nicht undankbar erscheinen, aber lässt sich das mit der Ewigkeit nicht noch so lange hinausschieben, bis ich hier fertig bin?"

Der Engel blickte ihn nach Engelsart weise und huldvoll an, sprach: „Ich werde sehen, was sich tun lässt", und verschwand. Der kleine Heilige wandte sich wieder seinem Geschirrberg zu und danach auch noch allen möglichen anderen Dingen. Eines Tages machte er sich gerade mit einer Hacke im Garten zu schaffen, da erschien auf einmal wieder der Engel. Der Heilige wies mit der Hacke gartenauf und gartenab und sagte: „Sieh dir das Unkraut hier an! Kann die Ewigkeit nicht noch ein bisschen warten?" Der Engel lächelte und verschwand abermals.

Der Heilige jätete den Garten fertig, dann strich er die Scheune. So werkte er fort und fort, und die Zeit ging dahin … Eines Tages pflegte er im Hospital die Kranken. Er hatte eben einem fiebernden Patienten einen Schluck kühlen Wassers eingeflößt, da sah er, als er aufblickte, wieder den Engel vor sich.

Dieses Mal breitete der Heilige nur mitleidheischend die Arme aus und lenkte mit den Augen des Engels Blicke von einem Krankenbett zum anderen. Der Engel verschwand ohne ein Wort.

Als der kleine Heilige sich an diesem Abend in seine Klosterzelle zurückzog und auf sein hartes Lager sank, sann er über den Engel nach und über die lange Zeit, die die ihn nun schon hingehalten hatte. Mit einemmal fühlte er sich schrecklich alt und müde, und er sprach: „O Herr, könntest du deinen Engel doch jetzt noch einmal schicken, er wäre mir sehr willkommen."

Kaum hatte er geendet, stand der Engel schon da … „Wenn du mich noch nimmst", sagte der Heilige, „so bin ich nun bereit, in die Ewigkeit einzugehen!"

Der Engel blickte den Heiligen nach Engelart weise und huldvoll an und sprach: „Was glaubst du wohl, wo du die ganze Zeit gewesen bist?"

(Albert Schweitzer)

„Es werden nicht alle, die zu mir sagen: Herr, Herr! in das Himmelreich kommen, sondern die den Willen tun meines Vaters im Himmel!"

(Matthäus 7,21)

Ohne Wurm und Wühlmaus

Sanftmut möge sein auf deinen Lippen,
lieblich und lau wie ein Sommerabend,
der langsam ins Laub der Bergeschen sinkt.

Möge freundlicher Sinn sich breiten in deinen Augen,
anmutig und edel wie die Sonne,
die aus den Nebeln sich hebend die ruhige See wärmt.

Möge Reinheit sich spiegeln am Grund deines Herzens,
heiter und hell wie der Quell des heiligen Brendan,
darin die Taube ihr Bild anschaut.

Möge der Weisheit entsprießen dir jegliche Handlung,
herrlich und hoch wie der Weizen eines guten,
gesegneten Jahres, ohne Wurm und Wühlmaus.

(Aus Irland)

„So zieht nun an als die Auserwählten Gottes, als die Heiligen und Geliebten, herzliches Erbarmen, Freundlichkeit, Demut, Sanftmut, Geduld!"

(Kolosser 3,12)

311

Von Mitmenschen und Einsamkeit

„Und Gott sprach: Es ist nicht gut, dass der Mensch allein sei; ich will ihm ein Gegenüber schaffen, die um ihn sei." (1. Mose 2,18)

„Einer mag überwältigt werden, aber zwei können widerstehen, und eine dreifache Schnur reißt nicht leicht entzwei!" (Prediger 4,12)

„Man muss beides verbinden und miteinander abwechseln lassen, Einsamkeit und Zweisamkeit. Die eine weckt in uns die Sehnsucht nach Menschen, die andere die Sehnsucht nach uns selbst." (Seneca)

„Wenn alle Menschen wüssten, was die einen über die anderen reden, so gäbe es keine vier Freunde auf Erden." (Blaise Pascal)

„Der Neid der Menschen zeigt an, wie unglücklich sie sich selbst fühlen; ihre beständige Aufmerksamkeit auf fremdes Tun und Lassen, wie sehr sie sich langweilen." (Arthur Schopenhauer)

Das Schönste und Schwerste im Leben ist das Miteinander von Menschen. Das Schönste und Schwerste im Leben ist die fruchtbare Einsamkeit. Man kann sie nicht vergleichen, man muss sie miteinander versöhnen.

„Ein neues Gebot gebe ich euch, dass ihr euch untereinander liebt, wie ich euch geliebt habe, damit auch ihr einander lieb habt!"

(Johannes 13,34)

Geheimnis der Liebe

In die Natur ist ein Geheimnis der Liebe eingebaut. Ich finde es fantastisch. Das Klopfen meines Herzens, hundertdreitausend Mal am Tage, gratis. Es ist nicht zu glauben, ich atme jeden Tag zwanzigtausend Mal, und für die 137 cbm Luft, die ich dazu nötig habe, wird mir keine Rechnung ausgestellt.

Die wesentlichen Dinge des Lebens sind umsonst. Sie werden dir gratis gegeben.

Ich frage mich, wie viele Flüge von wie vielen Bienen nötig waren für das kleine Löffelchen goldgelben Honigs zu meinem Frühstück. Und wie viele Blumen dazu blühten. Und wer die Sonne scheinen ließ, denn wenn es regnet, fliegen sie nicht. Das alles für das kleine Löffelchen goldgelben Honigs zu meinem Frühstück.

Der herrliche Apfel, woran ein Apfelbaum die ganze Saison gearbeitet hat. Für jedes Stück Brot, das ich esse, hat jemand ein Saatkorn in die Erde gelegt. Ein Wesen, größer als der Mensch, hat in das Saatkorn den Überfluss blühenden Getreides gelegt. Ich liebe das Saatkorn, das in der warmen Umarmung der Muttererde emporwächst, um Scheunen voll Getreide zu geben für das Brot der Menschen. Ich liebe das Brot, das der Bäcker mit Liebe backt. Das Brot ist eine Gabe von Himmel und Erde, durch Gott an die Menschen und durch die Menschen an Menschen gegeben.

Ich fühle mich geliebt bis in meine Zehenspitzen. Ich möchte danken, aber sag mir, wem ich danken muss! Keinem Präsidenten oder General, keinem Professor oder Technokraten – Gott will ich danken! Gott ist Liebe. Gottes Wille ist Liebe. Gottes Gesetz sind Gesetze der Liebe.

(Phil Bosmans)

„Der Herr aber richte eure Herzen aus auf die Liebe Gottes und auf die Geduld Christi!"

(2. Thessalonicher 3,5)

Beizeiten

Einst wurde ein Raubmörder zum Tode am Galgen verurteilt. Der Gefängnisdirektor besuchte den Gefangenen am Abend vor seiner Hinrichtung in der Zelle und fragte ihn: „Was möchten Sie gern als letzte Mahlzeit? Sie können essen und trinken, was und wie viel sie gerne möchten!" Der Mann weinte und sagte: „Bedauerlich, wenn Sie mich das einige Monate früher gefragt hätten, wäre der Raubmord gar nicht erst passiert!"

Was ist das für eine Einstellung, die dem Sterbenden alles gewährt und bei Lebzeiten alles verweigert? Was ist das für eine Art, dem Gestorbenen alle Ehre und nur Lob zu gönnen und im Leben damit zu geizen? Was sollen die vielen Blumen auf den Gräbern, wenn wir sie bei Lebzeiten vergessen oder verweigert haben? Lasst uns den Lebenden Gutes tun, Blumen beizeiten schenken und das Geld mit warmen Händen mit anderen teilen.

„Darum, solange wir noch Zeit haben, lasst uns Gutes tun an jedermann, allermeist aber an des Glaubens Genossen!"

(Galater 6,10)

Nimmst du mich noch einmal an?

Nimmst du mich noch einmal an? Herr, ich hab so viel getan
gegen deinen Willen, deinen Rat. Hat deine Liebe vielleicht
ihre Grenzen jetzt erreicht, und du kannst nicht mehr verzeihen,
was ich tat?

Ging ich auch zuerst nur kleine Schritte fort von dir,
so spür ich doch zwischen uns jetzt die Unendlichkeit.
Und um jede Stunde ohne dich, alle Tage fern von dir,
alle eignen Wege tut es mir heut leid.

Nimmst du mich noch einmal an? Ob es wieder werden kann,
so wie damals, als ich nahe bei dir war?
Was ich damals von mir stieß, als ich deine Hand verließ,
wird mir erst aus meiner Frage richtig klar.

Du sollst wieder meine erste Freude früh am Morgen sein
und der letzte der Gedanken vor der Nacht.
Und wenn einer von dir Gutes sagt, will ich mich wieder freun,
und es soll mir wehtun, wenn man dich verlacht.

Nimmst du mich noch einmal an? Herr, ich halte mich daran.
Ich darf kommen, und du stößt mich nicht hinaus.
Meine Flucht ist nun vorbei, ich gehör dir wieder neu.
Es ist gut, bei dir zu sein, bei dir zu Haus.

(Manfred Siebald)

*„Jesus aber sprach zu ihnen: Ich bin das Brot des Lebens. Wer zu
mir kommt, den wird nicht hungern; und wer an mich glaubt, den
wird nimmermehr dürsten. Wer zu mir kommt, den werde ich nicht
hinausstoßen!"*

(Johannes 6,35.37b)

Einsamkeit

„Die Mühlbäche, die die Räder der Weltgeschichte bewegen, entspringen an einsamen Stellen!" (Wilhelm Raabe)
Mose lebte vierzig Jahre in der Wüste, bevor Gott ihn zum Führer und Befreier seines Volkes machte. Elia floh in die Einsamkeit und wollte sterben, doch Gott machte ihn zu seinem Boten. Jeremia litt unsäglich unter der Einsamkeit seines Prophetenlebens, doch Gott gebrauchte ihn in der Geschichte seines Volkes. Johannes ging in die Wüste und die Jahre der Einsamkeit machten ihn zum Vorläufer Jesu. Viele Menschen, die im Namen Gottes die Welt bewegten, wurden in Einsamkeit und Leiden dazu vorbereitet.

„Ich habe mich nicht zu den Fröhlichen gesellt noch mich mit ihnen gefreut, sondern einsam saß ich und von deiner Hand gebeugt!"
(Jeremia 15,17)

„Wenn das Weizenkorn nicht in die Erde fällt und erstirbt, bleibt es allein; wenn es aber erstirbt, bringt es viel Frucht!"
(Johannes 12,24)

Die alte Frau Schatt

Die alte Frau Schatt war drei Wochen krank,
sie lag zwischen Waschtisch und Kleiderschrank
in ihrem Bettzeug aus gelbem Linn
und wimmerte leise vor sich hin.
Die Busklingeln schrillten, die Sonne schien warm,
die Kinder spielten Prinzess und Schandarm.
Wer fragt schon in der großen, großen Stadt
nach der alten Frau Schatt?

Sechs Familien wohnten im gleichen Haus,
die gingen geschäftig ein und aus,
jeder in Eile, jeder in Hatz.
Nur manchmal auf dem Treppenabsatz
blieb einer stehen, verschnaufte im Lauf:
„Schon gehört? Bei Karstadt ist Schlussverkauf!"
Wer fragt schon in der großen, großen Stadt
nach der alten Frau Schatt?

Im Fernsehen, klar, da ist man im Bild,
da sitzen sie stumm und glotzen wild:
Tatort, Der Chef, XYZ,
Flipper, Sportreportage, Ballett.
Und hier ist Krieg und dorten brennt's!
In Ottawa tagt die Geheimkonferenz.
Wer fragt schon in der großen, großen Stadt
nach der alten Frau Schatt?

Und als man sie fand, die alte Frau Schatt,
da drückten die Kinder die Nasen platt
am Fenster und sahen sie klein und bleich
verhutzelt liegen im Bett als Leich
mit zahnlosem Mund und knochigem Arm –
dann spielten sie wieder Prinzess und Schandarm
Wer fragt schon in der großen, großen Stadt
nach der alten Frau Schatt?

Am Grabloch stand ein Pfarrer bestellt,
der Küster hat mit der Glocke geschellt.
Es regnete. Keine Blume, kein Kranz.
Nur ein Hündchen mit eingezogenem Schwanz,
ein verirrtes, kläfft in die Grube hinab,
und der Wärter brummelt erbost: „Hau ab."
Wer fragt schon in der großen, großen Stadt
nach der alten Frau Schatt,
nach der alten Frau Schatt?

(Rudolf Otto Wiemer)

„Und lasst uns aufeinander achthaben und uns anreizen zur Liebe und zu guten Werken!"

(Hebräer 10,24)

Falsch gewählt – alles richtig gemacht!

London. Ein falsch verbundener Anrufer hat in Großbritannien einer Diabetikerin das Leben gerettet. Wie der „Daily Star" gestern berichtete, war die 32-jährige Karen Tuke in ihrer Wohnung wegen Unterzuckerung zusammengebrochen und dabei mit dem Kopf aufgeschlagen. Ihre vierjährige Tochter Emily und ihr zweijähriger Sohn Stephen wussten nicht, was sie tun sollten, als ihre Mutter bewusstlos liegen blieb.

Da klingelte das Telefon. Der Geschäftsmann Carl Harrison hatte sich verwählt. Emily sagte ihm: „Meiner Mami geht es ganz schlecht." Daraufhin bat Harrison das Mädchen, ruhig zu bleiben, den Hörer aufzulegen und anschließend drei Mal die 9 zu wählen – den Notruf. Minuten später waren Notarzt und Polizei zur Stelle.

Der Anrufer meldete sich später noch einmal, um nachzufragen, ob alles gut gegangen war. „Er ist ein echter Held", sagte die Mutter. „Ich mag gar nicht daran denken, was passiert wäre, wenn das Telefon nicht geklingelt hätte."

(dpa am 20.8.2000)

Alles Zufall – oder?

„Du bist der Gott, der Wunder tut, du hast deine Macht bewiesen unter den Völkern!"

(Psalm 77,15)

Apfeljahr

Der Apfel ist nicht gleich am Baum.
Da war erst lauter Blüte.
Da war erst lauter Blütenschaum.
Da war erst lauter Frühlingstraum
aus lauter Lieb und Güte.

Dann waren Blätter, grün an grün
und grün an grün nur Blätter.
Die Amsel nach des Tages Mühn,
sie sang ihr Abendlied gar kühn.
Und auch bei Regenwetter.

Der Herbst, der macht die Blätter steif.
Der Sommer muss sich packen.
Hei, dass ich auf dem Finger pfeif:
da sind die ersten Äpfel reif
und haben rote Backen.

Und haben Backen rund und rot.
Und hängen da und nicken.
Und sind das lichte Himmelsbrot.
Wir haben unsre liebe Not,
dass wir sie alle pflücken.

Und was bei Sonn und Himmel war,
erquickt nun Mund und Magen
und macht die Augen hell und klar.
So rundet sich das Apfeljahr.
Und mehr ist nicht zu sagen.

(Hermann Claudius)

Gönnen wir uns in Erziehung und Beziehung, in Arbeit und Beruf, in Gesellschaft und Gemeinde ein „Apfeljahr", eine Zeit des Wachsens und Reifens. Die Früchte sind nicht gleich am Baum. Aber sie werden.

„So seid nun geduldig ... Siehe, der Bauer wartet auf die kostbare Frucht der Erde und ist dabei geduldig!"

(Jakobus 5,7)

Was kann warten?

„Die Arbeit läuft dir nicht davon, wenn du einem Kind einen Regenbogen zeigst. Aber der Regenbogen wartet nicht, bis du mit der Arbeit fertig bist!" (Aus China)
Welche Arbeit kann heute warten, damit ich eine besondere Gelegenheit nicht versäume: einem Kind die bunten Farben des Regenbogens zeigen, einen geliebten Menschen umarmen, die altgewordenen Eltern anrufen, mit den kleinen Enkelkindern spielen, einen Kranken besuchen, mit Gott über mein Leben sprechen?
Die Arbeit läuft uns nicht weg, aber zu schnell sind die Momente des Glücks und der Liebe, der Freude und der Nähe, des Zuspruchs und des Trostes, der Nähe und des Gebetes dahin.
Wenn Gott uns in seinem Bogen der Treue zulächelt, sollten wir es nicht versäumen, innezuhalten, Zeit zu haben und das Staunen wieder zu lernen.

„Ein jegliches hat seine Zeit, und alles Vorhaben unter dem Himmel hat seine Stunde. Ich sah die Arbeit, die Gott den Menschen gegeben hat, dass sie sich damit plagen. Da merkte ich, dass es nichts Besseres gibt als fröhlich sein und sich gütlich tun in seinem Leben."

(Prediger 3,1.10.12)

Man kann seine Meinung doch mal ändern

Ein Mann kommt eines Tages zu einem Priester und bittet ihn, für seinen verstorbenen Hund eine Messe zu lesen. Der Priester lehnt entrüstet ab. Der Mann beteuert, wie sehr er seinen Hund geliebt hat. Der Priester wehrt energisch ab: „Wir lesen keine Messen für Hunde!" Der Mann beschreibt, wie sehr sein Hund ihm ein Freund und Partner und wie treu und ergeben er gewesen sei. Der Priester bleibt hart und rät dem Mann, er solle es doch bei der anderen Konfession versuchen. „Fragen Sie doch den evangelischen Pastor, ob er für Ihren Hund eine Messe lesen kann." Enttäuscht wendet sich der Mann zum Gehen, dreht sich in der Tür noch einmal um und sagt: „Sehr schade, ich habe den Hund wirklich geliebt und wollte für die Messe eine Millionenspende machen!" Der Priester springt auf: „Warten Sie mal! Warum haben Sie nicht gleich gesagt, dass der Hund gut katholisch war? Natürlich bekommt er eine Messe gelesen."

„Eure Rede aber sei: Ja, ja; nein, nein. Was darüber ist, das ist vom Übel!"

(Matthäus 5,37)

Ablenkung

Sie trafen sich: die geplagten Tiere,
denen man beleidigende Beinamen gegeben hatte.

Die dumme Gans.
Dabei hatten ihre Vorfahren Rom gerettet.
Das Dreckschwein.
Dabei kann es besonders gut Trüffeln suchen.
Die diebische Elster.
Dabei hat sie einen Sammlertrieb,
der jedem Museumsdirektor gut anstünde.
Der faule Hund.
Dabei ist gerade er der wachsame und treue Freund des Menschen.
Der falsche Fuchs.
Dabei ist er berühmt für seine Klugheit.
Der Dreckspatz.
Dabei ist er der charmante Geselle auf dem Hof.
Der Angsthase.
Dabei ist gerade er bekannt für Wendigkeit und Schläue.
Das Stinktier.
Dabei ist es besonders berühmt für harmlose Verteidigung.
Der blöde Esel.
Dabei ist gerade er das Wesen, das sich tapfer gegen Hiebe wehrt.

Sie und viele andere klagten ihr Leid.
Sie beschlossen, ein Jahr lang die Menschen zu beobachten.
Als sie sich danach wieder trafen, stellten sie übereinstimmend fest:
Unsere Beinamen sind reine Ablenkung.
Die Menschen meinten sich selbst, wollten es nur nicht so deutlich
sagen.

(Peter Spangenberg)

*„Ein Ochse kennt seinen Herrn und ein Esel die Krippe seines Herrn;
aber Israel kennt's nicht, und mein Volk versteht's nicht!"*

(Jesaja 1,3)

Wir sind gut gebaut

Gott gab uns zwei Beine, damit wir uns bewegen und vorankommen können. Für einen Standpunkt hätte ein Bein genügt.

Gott gab uns zwei Hände, damit wir festhalten und liebhalten, handeln und loslassen, nehmen und geben können. Für ein Handy hätte eine Hand genügt.

Gott gab uns zwei Augen, damit wir die Wahrheit und mit Liebe sehen, damit wir immer beide Ansichten, meine und deine, ihre und seine sehen. Zum Rechthaben hätte ein Auge genügt.

Gott gab uns zwei Ohren, dass wir sein ewiges Wort und die Stimmen der Zeit, das göttliche Reden und menschliche Fragen zugleich hören und im Kopf haben. Für das, was wir gern hören wollen, hätte ein Ohr genügt.

Gott gab uns ein Herz, damit es nicht geteilt, sondern versöhnt und ganz ist.

Gott gab uns eine Zunge, damit sie nicht gespalten und doppelzüngig, sondern eindeutig ist.

Wir sind gut gebaut.

„Ich danke dir dafür, dass ich wunderbar gemacht bin; wunderbar sind deine Werke; das erkennt meine Seele!"

(Psalm 139,14)

Enttäuscht

Voller Freude läuft der Vater in das Kinderzimmer. „Mein Junge", ruft er mit strahlendem Gesicht, „ein Engelchen ist hier gewesen und hat ein wunderschönes Baby in Muttis Bett gelegt. Willst du dir das süße Baby einmal ansehen?"
Der Junge hebt nur gelangweilt den Kopf: „Babys habe ich schon oft gesehen. Das ist doch nichts Besonderes. Aber das Engelchen hätte ich mir zu gerne mal angesehen, wenn du mir vorher Bescheid gesagt hättest."

„Ein Mann wird gelobt nach seiner Klugheit; aber wer verschrobenen Sinnes ist, wird verachtet!"

(Sprüche 12,8)

Jung und alt

„Du bist so jung wie deine Zuversicht. Jugend ist nicht ein Lebensab-
schnitt, sie ist ein Geisteszustand. Sie ist Schwung des Willens, Reg-
samkeit der Fantasie, Stärke der Gefühle, Sieg des Mutes über die
Feigheit, Triumph der Abenteuerlust über die Trägheit.
Niemand wird alt, weil er eine Anzahl Jahre hinter sich gebracht hat.
Man wird nur alt, wenn man seinen Idealen Lebewohl sagt. Mit den
Jahren runzelt die Haut, mit dem Verzicht auf Begeisterung aber runzelt die Seele. Sorgen, Zweifel, Mangel an Selbstvertrauen, Angst
und Hoffnungslosigkeit, das sind die langen, langen Jahre, die das
Haupt zur Erde ziehen und den aufrechten Geist in den Staub beugen.
Ob siebzig oder siebzehn, im Herzen eines jeden Menschen wohnt
die Sehnsucht nach dem Wunderbaren, das erhabene Staunen beim
Anblick der ewigen Sterne und der ewigen Gedanken und Dinge,
das furchtlose Wagnis, die unersättliche kindliche Spannung, was der
nächste Tag bringen möge, die ausgelassene Freude und Lebenslust.
Du bist so jung wie deine Zuversicht, so alt wie deine Zweifel, so
jung wie deine Hoffnung.
Solange die Botschaft der Schönheit, Freude, Kühnheit, Größe,
Macht von der Erde, den Menschen und dem Unendlichen dein Herz
erreichen, solange bist du jung.
Erst wenn die Flügel nach unten hängen und das Innere deines Herzens vom Schnee des Pessimismus und vom Eis des Zynismus bedeckt sind, dann erst bist du wahrhaft alt geworden."

(Albert Schweitzer)

*„Die gepflanzt sind im Hause des Herrn, werden in den Vorhöfen
unseres Gottes grünen. Und wenn sie auch alt werden, werden sie
dennoch blühen, fruchtbar und frisch sein."*

(Psalm 92,14f)

Wohin

Wohin gelangen Menschen, die meinen Spuren folgen? In die Irre, in den Stress, in die Langeweile, in das Vergnügen, in den Rausch, in die Besessenheit, in das Selbstmitleid, in den Dschungel der Lügen oder in den Sumpf der Sünde?

Wohin kommen Menschen, die mir heute nachgehen? In die Ehrlichkeit, in das Leben, Hoffen und Vertrauen, in die Treue und Verlässlichkeit, in die Freude und Gelassenheit, in den Ernst und die Sorgfalt, in die Liebe und Zartheit, in die Festigkeit und Eindeutigkeit und schließlich auf das feste Fundament des Gottvertrauens?

„Darum ermahne ich euch: Folgt meinem Beispiel!"

(1. Korinther 4,16)

Die Legende von der blauen Krähe

Auf weiter Steppe stand einsam die Pinie,
verlassen, traurig, allein.
Und Tag um Tag gab es niemand,
der da war, um sie zu erfreun.
Niemand, mit dem sie beim Mondenschein träumte,
der mit ihr beim Abendrot sang.
Kein Lebewesen zu sehn weit und breit,
kein Ohr für ihr einsames Klagen.
Doch dann, eines Tages, geschah es:
Eine blaue Krähe ward müde.
Der Schwarm war gen Süden geflogen.
Auf der Pinie, da ruhte sie aus:
„Du hast mir das Leben gerettet!"
Sie piepst es dem Baum dankbar zu.
„So bleib doch und leist' mir Gesellschaft!
Nimm Platz hier auf meinem Ast.
Ich schenke dir Früchte zur Nahrung,
ich gebe dir Schatten und Schutz!
Wie lange schon hab' ich gewartet,
dass endlich ein Wesen mich braucht,
dass jemand sich nährt von den Früchten,
dass jemand sein Nest auf mir baut.
Jetzt kann auch ich einmal helfen,
jetzt endlich wird mein Leben froh."
Die Krähe probierte die Früchte:
„Gut sind sie! Und satt werd' ich auch!
Nur, Pinie, warum bleibst du einsam?
Warum wächst kein Baum neben dir?
Dein Samen, der fällt doch zur Erde,
warum wird draus niemals ein Baum?"
Die Pinie war traurig und klagte:
„Er wächst nur, wenn er gepflanzt.
Nur wenn ihn jemand vergräbet,
nur dann fasst er Wurzeln und keimt."
„Nur das?" Die Krähe war fröhlich,

329

flog auf und zog Richtung Süden.
Die Pinie blieb traurig alleine,
verstand nicht, was da geschah.
Nach Wochen sah sie gen Süden,
dorthin, wo die Krähe entschwand.
Da kam der Schwarm vieler Krähen,
und vorneweg die bei ihr war.
Sie brachte den Schwarm, ihr zu helfen,
den Samen im Feld zu vergraben.
Jetzt konnte er treiben und wachsen,
und bald wuchs ein Wald vieler Pinien.
Die Pinie war nun nicht mehr einsam:
Ein Wald hat sich um sie gebildet.
Die Krähen sind bei ihr geblieben,
sie gibt ihnen Nahrung und Schutz.
Die Krähen vergraben den Samen,
und eins hat vom anderen Nutz.

(Aus Afrika)

*„Dient einander, ein jeder mit der Gabe, die er empfangen hat, als die
guten Haushalter der mancherlei Gnade Gottes!"*

(1. Petrus 4,10)

Wo das Glück blüht

„Das Glück, kein Reiter kann's erjagen,
es ist nicht dort, es ist nicht hier;
lern überwinden und entsagen,
und ungeahnt erblüht es dir!"

(Johann Wolfgang Goethe)

Das Glück kommt nicht Knall auf Fall und auch nicht erzwungen oder ertrotzt, das Glück kommt auf leisen Sohlen und blüht in Gärten des Vertrauens und Erwartens, der Sanftmut und Barmherzigkeit, des Friedens und der Gerechtigkeit. In Leiden und Bedürftigkeit, in Überwinden und Entsagen wird es als reife Frucht geerntet.

„Selig sind, die da geistlich arm sind, denn ihrer ist das Himmelreich!
Selig sind, die da Leid tragen, denn sie sollen getröstet werden!
Selig sind die Sanftmütigen, denn sie sollen das Erdreich besitzen!
Selig sind, die da hungert und dürstet nach der Gerechtigkeit, denn sie sollen satt werden!
Selig sind die Barmherzigen, denn sie werden Barmherzigkeit erlangen! Selig sind, die reinen Herzens sind, denn sie werden Gott schauen!
Selig sind die Friedfertigen, denn sie werden Gottes Kinder heißen!"

(Matthäus 5,3-9)

Vor dem König

„Ich habe Seiner Majestät immer
wichtige Ratschläge gegeben",
begann leise der Minister für Inneres,
als es mit dem König zu Ende ging.
„Ich habe Seiner Majestät stets die Akten vorgelegt",
sagte der Minister für Äußeres nach kurzem Schweigen.
„Ich habe Seiner Majestät die Speisen zubereitet",
meinte der Hofkoch etwas verlegen.
„Ich habe Seiner Majestät die Kleider genäht",
wieselte der Hofschneider um die großen Herren herum.
„Ich habe Seiner Majestät die Wunden behandelt und die Schmerzen
erleichtert",
warf sich der Hofarzt in die Brust.
„Ich habe Seiner Majestät den Vertrag meines Landes unterbreitet",
ereiferte sich der Botschafter von Andalusien.
„Ich habe Seiner Majestät die Beichte abgenommen und die Predigt
gehalten",
fügte der Schlosspastor hinzu.
Schweigen entstand.
„Und du?", flüsterte der sterbende Monarch,
„was hast du für mich getan?" Mit dieser Frage wandte er sich an den
Zwerg, seinen Hofnarren.
Der Kleine schlug einen Purzelbaum bis an das Sterbebett, lachte
breit, schlug sich auf die Schenkel und flüsterte dann bescheiden:
„Ich habe Euer Majestät immer die Wahrheit gesagt."
Da lächelte der König.

(Peter Spangenberg)

*„Darum legt die Lüge ab und redet die Wahrheit, ein jeder mit seinem
Nächsten!"*

(Epheser 4,25)

Ein jedes Ding

„Ein jedes Ding hat seinen Engel und seinen Teufel!" lautet eine alte Weisheit. Und sie meint, dass alle Werte des Lebens, ob Leib und Sinnlichkeit, Welt und Natur, Schätze und Reichtümer, etwas vom Glanz Gottes und der Verderbtheit der Welt widerspiegeln. Alles Schöne, Edle, Zauberhafte und Wertvolle kann Engel und Teufel zugleich sein.

Denken wir an das Edelste, das Gold, so empfinden wir den Reichtum, das Schöne und Betörende, aber auch das Elend und den Zerbruch, Mord und Totschlag. „Am Golde hängt, zum Golde drängt doch alles!" (Goethe)

Und wie viel Not und Schmerzen, Gier und Geiz, Unterdrückung und Grausamkeit des Goldes und Geldes wegen! Mit Recht sagt man: „Wo Geld ist, ist ein Teufel!" Wie oft hat die Gier nach Geld oder der Besitz von Geld den Menschen zum Tier und das Leben zur Hölle gemacht. Aber man sagt mit noch mehr Recht: „Wo kein Geld ist, sind zwei Teufel!" Wie viel Not und Elend, Erniedrigung und Verzweiflung, Unmenschlichkeit und Demütigung hat die Armut den Menschen gebracht! Nein, Armut ist kein Ideal und Besitzlosigkeit keine Option.

Natur und Geschichte, Menschen und Leben, Kultur und Bildung, Hab und Gut, Gold und Geld, Arbeit und Freizeit, ein jedes Ding hat seinen Engel und Teufel. Also kommt alles darauf an, dass wir alle Dinge so an Gott binden, dass sie das Verderbliche verlieren und zum Segen, zu einem Engel werden.

„Habt ihr aber bitteren Neid und Streit in eurem Herzen, so rühmt euch nicht und lügt nicht der Wahrheit zuwider. Das ist nicht die Weisheit, die von oben herabkommt, sondern sie ist irdisch, niedrig und teuflisch! Die Weisheit aber von oben her ist zuerst lauter, dann friedfertig, gütig, lässt sich etwas sagen, ist reich an Barmherzigkeit und guten Früchten ..."

(Jakobus 3,14-17)

Anderen vertrauen?

Ein Einbrecher ist in eine Villa eingedrungen. Als er den Tresor gefunden hat, packt er sein Werkzeug aus, um den Geldschrank aufzubrechen. Da liest er auf einem kleinen Zettel an der Tür: „Wenn Sie diesen Tresor knacken wollen, wenden Sie bitte keine Gewalt an und zerstören die Tür. Der Safe ist nicht verschlossen. Sie brauchen nur den Griff nach links zu drehen!"

In dem Augenblick, in dem der Einbrecher den Griff nach links dreht, fällt ihm ein Sandsack auf den Kopf, grelle Scheinwerfer blitzen auf und der ausgelöste Alarm bringt die Polizei auf den Plan.

Als der Einbrecher im Gefängnis sitzt, jammert er vor sich hin: „Wie konnte ich bloß einem anderen Menschen trauen!"

Wie traurig, wenn Menschen sich nicht trauen können, weil sie das Böse tun und auch erwarten. Wie gut, wenn man sich auf Menschen verlassen und mit ihrer Güte rechnen kann.

„Ich freue mich, dass ich mich in allem auf euch verlassen kann!"
(2. Korinther 7,16)

Gebet eines älter werdenden Menschen

O Herr, du weißt besser als ich, dass ich von Tag zu Tag älter werde – und eines Tages alt.

Bewahre mich vor der Einbildung, bei jeder Gelegenheit und zu jedem Thema etwas sagen zu müssen.

Erlöse mich von der großen Leidenschaft, die Angelegenheiten anderer ordnen zu wollen.

Lehre mich, nachdenklich – aber nicht grüblerisch, hilfreich – aber nicht diktatorisch zu sein.

Bei meiner ungeheuren Ansammlung von Weisheit erscheint es mir oft schade, sie nicht weiterzugeben. Aber du verstehst, o Herr, dass ich mir ein paar Freunde erhalten möchte.

Bewahre mich vor der Aufzählung endloser Einzelheiten und verleihe mir Schwingen, zur Pointe zu gelangen.

Lehre mich schweigen über meine Krankheiten und Beschwerden. Sie nehmen zu und die Lust, sie zu beschreiben, wächst von Jahr zu Jahr. Ich wage nicht, die Gabe zu erflehen, mir Krankheitsberichte anderer mit Freude anzuhören, aber lehre mich, sie geduldig zu ertragen.

Lehre mich die wunderbare Weisheit, dass ich mich irren kann.

Erhalte mich so liebenswert wie möglich. Ich möchte kein Heiliger sein – mit ihnen lebt es sich so schwer –, aber ein alter Griesgram ist das Krönungswerk des Teufels.

Lehre mich, an anderen Menschen unerwartete Talente zu entdecken – und verleihe mir, o Herr, die schöne Gabe, sie auch zu erwähnen.

(Teresa von Ávila 1515–1582)

„Graue Haare sind eine Krone der Ehre; auf dem Weg der Gerechtigkeit wird sie gefunden. Ein Geduldiger ist besser als ein Starker und wer sich selbst beherrscht, besser als einer, der Städte gewinnt!"
(Sprüche 16,31f)

Das erste und das letzte Wort

Wenn alles ausgeredet ausgerechnet
Kalkuliert und spekuliert
Wenn alles tausendfach erklärt
Bewiesen
Aufgesagt und abgeschrieben
Widerrufen
Neu behauptet
Festgestellt und festgelegt und
Festgesetzt
Und dementiert und falsch betont
Hinausposaunt
Manipuliert und propagiert und wahrgesagt
Hundertprozentig prophezeit
Dokumentiert und illustriert
Korrigiert
Und vorgeworfen nachgeworfen
Zugerufen
Fest versprochen
Ehrenwort und Wortgefecht
Nachgeredet überredet
Eingetrichtert inhaliert und suggeriert
Und wenn dann wirklich alles
Ausgeredet hat
Und sprachlos ist
Dann möge Gott der Herr
Uns immer wieder sagen
Uns immer wieder zeigen
Dass nur sein Wort
Das erste und letzte Wort
Dass unser Tun und Hören
Seinem Wort ent-sprechen möge

Denn seine Sprache ist unser täglich Brot
Und unser nächtliches Vertrauen
Sein Wort ist Geist

Der uns alle friedlich macht
Und freundlich macht
Lebendig macht
Und auch unsterblich macht.

(Hanns Dieter Hüsch)

„Wer mein Wort hört und glaubt dem, der mich gesandt hat, der hat das ewige Leben und kommt nicht in das Gericht, sondern er ist vom Tode zum Leben hindurchgedrungen."

(Johannes 5,24)

Gezeichnet für das Leben

Ich sitze im Straßencafé einer Großstadt mit Cappuccino und Buch und schaue zwischendurch den vielen verschiedenen Menschen nach, die vorübergehen. Dabei fallen mir drei Jugendliche ins Auge; auf ihren schwarzen T-Shirts steht mit weißen Buchstaben aufgedruckt: *scarred for life* – gezeichnet für das Leben!

Beim Lesen fallen mir viele Kinder und Menschenkinder ein, die durch irgendein Schicksal für ihr Leben gezeichnet sind. Kranke und behinderte Kinder, arme und misshandelte Kinder, schwer arbeitende und missbrauchte Kinder, Waisenkinder, Findelkinder, Aidskinder und Straßenkinder, Slumkinder und bettelnde Kinder, *scarred for life* – gezeichnet für ihr Leben. – Und dann fällt mir ein, dass das Wort gezeichnet nicht nur die negativen und schlimmen Dinge bedeuten muss. Gibt es auch ein Gezeichnetsein zum Guten und Überwinden, zum Wachsen und Gelingen, zum Vorankommen und Siegen? Die Kinder, die wir zur Taufe oder zur Segnung in Gottes Haus bringen, werden gezeichnet für ihr Leben. Eltern, die ihre Kinder abends zu Bett bringen, mit ihnen beten und sie segnen; scarred for life – gezeichnet für ihr Leben. Vor einer Reise oder am ersten Schultag werden in vielen Gemeinden und Elternhäusern die Kinder gesegnet, und das heißt wörtlich: gezeichnet, sozusagen signiert, handsigniert von Gott selbst.

Lassen wir uns gegen alles Negative, Böse und Schlimme in jedem Gottesdienst segnen. Am Geburtstag, bei der Eheschließung, beim Einzug in ein Haus und am Anfang einer Arbeit können wir uns segnen lassen. Sicher haben wir dann auch die besseren Motive, die vom Schicksal gezeichneten Menschen zu begleiten, ihnen zu helfen und ihre Not zu lindern.

„Siehe, in meine Hände habe ich dich gezeichnet!"

(Jesaja 49,16)

„Der Herr segne euch je mehr und mehr, euch und eure Kinder!"

(Psalm 115,14)

Im Kleinsten liegt die wahre Größe

Geduldig sein in kleinen Leiden, das kleinste Böse ernstlich meiden, bei allen kleinen Sachen das Kleinste sich zum Segen machen, sich freuen an den kleinen Dingen, im Kleinsten schon sich selbst bezwingen, in kleinen Pflichten treu sich üben, den kleinsten Dienst von Herzen lieben, auch kleine Opfer niemals scheuen, am kleinsten Sonnenstrahl sich freuen, die kleinste Blume nicht zertreten, gern helfen auch in kleinen Nöten, den kleinen Glauben nicht zerstören, auch gerne kleinen Rat anhören, in kleinen Kämpfen nicht verzagen, die kleinste Not zu Jesus tragen, für kleinste Liebe herzlich danken, in kleinster Treue niemals wanken.

„Wer im Geringsten treu ist, der ist auch im Großen treu; und wer im Geringsten ungerecht ist, der ist auch im Großen ungerecht!"

(Lukas 16,10)

Unfassbar

Wie sehr wir im Empfinden und Reagieren von uns selbst und wie wenig wir vom anderen ausgehen, wurde mir einmal bei folgendem Erlebnis deutlich: In Marburg besuchte ich Freunde. Es war ein Wintertag und abends schon stockdunkel. Hans wollte gern mit mir noch einen langen Waldspaziergang machen. Da er sich sehr gut auskannte, vertraute ich mich ihm sorglos an. So gelangten wir in den nahe gelegenen Wald, in dem es nun so finster war, dass man buchstäblich die Hand vor Augen nicht sehen konnte. Vorsichtig hielt ich mich eng an seiner Seite, ich ließ seine Schulter stets die meine spüren, um auf dem Weg zu bleiben. Langsam löste sich meine Verkrampfung und wir unterhielten uns angeregt. Plötzlich hörten wir ein Rascheln und dann Schritte. „Da kommt jemand", sagte ich besorgt. „Das ist Herr X, der macht hier jeden Tag seine Runde", bemerkte Hans. Herzliche Begrüßung, einige freundliche Worte, und jeder ging seines Weges. „Dass der sich bei der Dunkelheit allein in den Wald traut", sagte ich erstaunt. „Der Mann ist völlig blind", sagte Hans, „aber der kennt hier jeden Meter."

„Das ist ja unfassbar", sagte ich, „geht als Blinder in diesen dunklen Wald, wo ich noch nicht einmal etwas sehen kann!"

Worauf Hans ganz locker sagte: „Für ihn ist es auch mittags so dunkel!" Da erst merkte ich, dass das Einzige, was unfassbar war, meine Reaktion war. Ich hatte es mit meinen Augen gesehen und nur von mir aus bewertet.

„Niemand betrüge sich selbst. Wer unter euch meint, weise zu sein in dieser Welt, der werde ein Narr, dass er weise werde!"

(1. Korinther 3,18)

Goldene Regel

Die einfachste und schwerste Regel des Lebens, die für jeden Menschen auf Erden das Beste wäre, hat zwei Seiten. Einmal sollten wir alle die Dinge und Werte, die wir uns wünschen, auch dem Nächsten zukommen lassen. Und zum anderen sollten wir alles, was wir uns an Übeln nicht wünschen und an Schlechtem vermeiden, auch dem Nächsten nicht zudenken oder zustoßen lassen. Wenn wir diese Goldene Regel dann auch noch für Menschen gelten lassen, die uns um unser Glück beneiden und es uns nicht gönnen und uns das Übel wünschen oder gar zufügen, dann haben wir die reifste Form dieser Goldenen Regel gefunden.

„Denn das ganze Gesetz ist in einem Wort erfüllt, in dem: Liebe deinen Nächsten wie dich selbst!"

(Galater 5,14)

Gepäckträger Nr. 42

Grand-Central-Station New York, der größte Bahnhof der Welt. Die Sonne flutet durch die zwanzig Meter hohen Fenster und über die Marmortreppen wie in eine Kathedrale. Doch die vielen Menschen jeder Sprache und Farbe schauen sich kaum um, denn sie haben Eile. Sie merken auch nicht, dass neben ihnen Menschen gehen, die in großer Not sind. Einer aber sieht das. Es ist Gepäckträger Nr. 42, etwa vierzig Jahre alt.

Eine junge Frau ruft: „Gepäckträger!" Da geht Nr. 42 auf sie zu. Sie hat eine ältere Dame im Rollstuhl neben sich. „Bitte, bringen Sie meine Mutter zum Zug nach Philadelphia! Ich muss schnell telefonieren."

Der Gepäckträger schiebt den Stuhl durch die belebte Bahnhofshalle. Die alte Dame nimmt ihr Taschentuch und wischt sich über die Augen.

„Ist das Ihre Tochter, Madam? Eine schöne Frau!", sagt der Gepäckträger. Die alte Dame nickt.

„Haben Sie mehrere Kinder zu Haus? Sie müssen glücklich sein, weil Sie eine so nette Tochter haben ..."

So redet der Gepäckträger weiter, bis sie zum richtigen Gleis kommen. Die Dame macht ihre Tasche auf und pudert sich. „Merkt man, dass ich geweint habe?", fragt sie schnell. „Kaum", antwortet der Gepäckträger. „Ich will nicht, dass meine Tochter es merkt, aber ich bin so verzweifelt. Ich bin krank, sehr krank. Niemand kann mir helfen!"

„Gott kann helfen!", sagt Nr. 42 ruhig.

„Meinen Sie, dass ich glauben könnte, es gäbe einen guten Gott im Himmel, wenn er mich so leiden lässt?"

„Gott hat seinen eigenen Sohn auch leiden und sterben lassen, um unserer Sünden willen."

Die Dame sieht erstaunt auf. „Das verstehe ich nicht." – „Niemand versteht es, Madam. Aber wir glauben es." – „Soll ich glauben, dass Gott mir diese Krankheit ...?" – „Wie Sie wollen, Madam. Aber eins von beidem müssen Sie glauben. Ich nehme das Erste an, denn das gibt mir Frieden und Zuversicht, das Schwere, das ich nicht verstehe, zu tragen. – Aber hier kommt Ihre Tochter!"

„Wie heißen Sie, Gepäckträger?", fragt die Dame beim Einsteigen. „Ralston Young, Madam, Gepäckträger Nr. 42."

„Mr. Young, ich danke Ihnen: Sie werden von mir noch hören!" – Ein Jahr später bekommt Ralston einen Brief: „Meine Mutter ist gestern gestorben. Sie wollte, dass ich Ihnen sage, sie sei im Frieden und Vertrauen zu Gott heimgegangen. Die Familie dankt Ihnen ..." Ralston ist glücklich; denn er hat mit seinem Glauben einem anderen Menschen geholfen. Das ist seine Arbeit: Gepäckträger und Seelsorger – Abnehmer aller Art von Lasten – im größten Bahnhof der Welt.

(William Graffam)

„Einer trage des andern Last, so werdet ihr das Gesetz Christi erfüllen!"

(Galater 6,2)

Feuer anzünden

Ich zünde heute Morgen mein Feuer an.
Die Engel des Himmels sehen mir zu.
Ich zünde es an ohne böse Gedanken,
ohne Neid und ohne Eifersucht,
ohne Furcht, nur mit dem großen Wunsch,
Gott möge mich den Tag beschützen.

Gott, zünde du innen in meinem Herzen
das Feuer an: die Liebe zu meinen Nächsten,
die Freundlichkeit zu Freunden und Feinden,
die Mitfreude mit den Glücklichen,
das Mitleid mit den Bedrückten.
Zünde du innen in meinem Herzen das Feuer an:
die Flamme der Hoffnung gegen alle Resignation,
das Brennen des Geistes für alles Gute,
die Wärme gegen den kalten Hauch des Egoismus.

*„Ich bin gekommen, ein Feuer anzuzünden auf Erden; was wollte ich
lieber, als dass es schon brennte!"*

(Lukas 12,49)

Wer ist schuld?

Ein Mädchen ist einst zu einem Brunnen gegangen, um Wasser zu schöpfen. Als sie ihre Eimer gefüllt hatte, wollte sie vor dem langen Heimweg noch ein wenig ausruhen. So setzte sie sich auf den Brunnenrand, lehnte sich an das Gestänge, ließ sich von der warmen Sonne wohlig wärmen und schlief darüber ein.

Das Schicksal sah das Mädchen sitzen und in der Gestalt einer alten Frau weckte es das schlafende Mädchen behutsam auf. Das Mädchen öffnete verwirrt die Augen und schimpfte auf die alte Frau: „Warum lässt du mich nicht ein wenig schlafen? Ich hatte solch einen wunderbaren Traum!" – „Damit du nicht in den Brunnen fällst. Stell dir vor, du würdest im Traum in die Tiefe stürzen, alle Menschen würden wieder mir, dem Schicksal, die Schuld geben an deinem Unglück, wo es doch deine Unachtsamkeit gewesen wäre!"

„Was murren denn die Leute im Leben? Ein jeder murre wider seine Sünde!"

(Klagelieder 3,39)

Abendlied

Es ist so still geworden,
verrauscht des Abends Wehn;
nun hört man allerorten
der Engel Füße gehn;
rings in die Tale senket
sich Finsternis mit Macht –
wirf ab, Herz, was dich kränket
und was dir bange macht!

Es ruht die Welt im Schweigen,
ihr Tosen ist vorbei,
stumm ihrer Freude Reigen
und stumm ihr Schmerzensschrei.
Hat Rosen sie geschenket,
hat Dornen sie gebracht –
wirf ab, Herz, was dich kränket
und was dir bange macht!

Und hast du heut gefehlet,
o schaue nicht zurück;
empfinde dich beseelet
von freier Gnade Glück.
Auch des Verirrten denket
der Hirt auf hoher Wacht –
wirf ab, Herz, was dich kränket
und was dir bange macht!

Nun stehn im Himmelskreise
die Stern' in Majestät;
in gleichem, festem Gleise
der goldne Wagen steht.
Und gleich den Sternen lenket
er deinen Weg durch Nacht –
wirf ab, Herz, was dich kränket
und was dir bange macht!

(Gottfried Kinkel)

„Alle eure Sorge werfet auf ihn; denn er sorgt für euch!"

(1. Petrus 5,7)

Geteilte Freude

Ein Landwirt kommt zum Kloster. In der Hand hat er eine große Weintraube mit herrlich blauen saftigen Beeren. „Bruder Pförtner, ich habe die schönste Weintraube aus meinem Weinberg mitgebracht. Raten Sie mal, wem ich damit eine Freude machen will!" – „Wahrscheinlich dem Abt oder sonst einem Pater. Ich weiß es nicht." – „Nein, Ihnen!" – „Mir? Sie haben an mich gedacht?" Er findet kaum Worte. Die Freude, die der Landwirt im Gesicht des anderen sieht, macht ihn selbst froh. Der Bruder Pförtner legt die Weintraube vor sich hin. Ach, die ist viel zu schön, um etwas davon abzupflücken. Den ganzen Vormittag freut er sich an ihrem Anblick. Dann hat er eine Idee: Wenn ich die jetzt unserem Vater Abt schenke, was für eine Freude wird der haben! Und er gibt die Traube weiter. Der Abt freut sich wirklich. Als er abends einen kranken Per in seinem Zimmer besuchen will, kommt ihm der Gedanke: Den kannst du sicher mit dieser Traube froh machen. Die Traube wandert weiter. Schließlich bringt sie ein Mönch wieder zum Bruder Pförtner, um ihm einmal eine Freude zu machen. So hat sich der Kreis geschlossen, ein Kreis der Freude.

Die Seele nährt sich von dem, worüber sie sich freut.

(Nach Augustin)

„Freuet euch in dem Herrn allewege, und abermals sage ich: Freuet euch! Eure Güte lasst kund sein allen Menschen!"

(Philipper 4,4f)

Von Liebe eine Spur

Wie soll man das Leben lieben, wenn man Gott, die Quelle des Lebens, nicht liebt? Und wie soll man Gott lieben, wenn man das Leben, seine Gabe, nicht liebt? Wie kann man einen anderen Menschen lieben, wenn man nicht das Leben liebt? Wie kann man sich selbst lieben, wenn man das Leben nicht liebt? Wie soll man seine Arbeit lieben, wenn man das Leben nicht lieben kann? Wie soll man die Schöpfung lieben, wenn man das Leben nicht liebt?

Wenn die Liebe zu Gott und die Liebe zum Leben in einem Herzen wohnen, dann ist in allem von Liebe eine Spur: in unseren Beziehungen, in unserem Tun und Lassen, in unserem Fühlen und Wollen, Erleben und Erleiden. Auch ein schweres Leben und schmerzliche Erfahrungen wollen in Liebe verarbeitet und mit Gott in Beziehung gebracht sein. Behalt das Leben lieb heißt dann: Lass dich von Gott liebhalten!

„Alle eure Dinge lasset in der Liebe geschehen!"

(1. Korinther 16,14)

Die Legende von den Worten

Es hat Gott in jedes Herz ein gewisses Wort gelegt, das für diesen bestimmten Menschen gut und heilsam und erlösend wäre, wenn er es in der rechten Stunde brauchte.

Einmal in seiner Jugend liebt er ein Mädchen, es mag Hanna heißen. Er spricht mit ihr beim Kirchgang und führt sie zum Tanz, weil ihre Augen so brennen und weil sie so schwer auf seiner Schulter liegt. Der Mann hat tausend schöne Worte für das Mädchen, „immer" sagt er und „ewig" und „lass den Riegel offen" – unzählbar viele schöne Worte, aber das eine ist nicht darunter.

Dann hat er also endlich seinen Willen, und auch das Unglück kommt früh genug. Aber der Mann ist schon wieder weit fort um diese Zeit. Nun müsste er eigentlich umkehren, das Mädchen wartet ja auf ihn in ihrer Schande. Und er tut es auch wirklich, kommt zurück und bleibt eine Weile und würgt an dem Wort. Vielleicht liebt er die Frau schon gar nicht mehr so sehr. Oder doch, er liebt sie. Steht an der Tür, wendet sein Herz um und um, kann nicht, nein, kann das Wort nicht finden, er geht wieder.

Der Mann läuft nun weiter in der Welt umher, so ein kluger Kopf, er hat die Worte schockweise auf der Zunge. Wir sind alle kluge Köpfe, sogar das Pulver haben wir erfunden, aber das schreckt den Teufel nicht. Der Mann hat Freunde und verliert sie nach und nach. Er hat andere Frauen, auch sie verlassen ihn, und zuletzt ist der Mann ganz einsam, sein Bart wird lang und grau, so einsam ist er.

Eines Tages aber trifft ihn ein Brief unterwegs, trifft ihn wie ein Pfeil in die Kehle. Es stehen nur ein paar dürftige Worte auf dem verwischten Blatt – „Hättest du", steht da, „nur ein einziges Mal."

Und jetzt weiß also der Mann plötzlich sein Wort, es brennt ihm auf der Lippe, er rennt um sein Leben, um das Leben seiner Seele. Kniet hin und gräbt den frischen Hügel auf, schreit es hundertmal, sein „Verzeih mir!".
Nichts, es ist zu spät.

(Karl Heinrich Waggerl)

„Bekennet also einander eure Sünden und betet füreinander, dass ihr gesund werdet. Des Gerechten Gebet vermag viel, wenn es ernstlich ist!"

(Jakobus 5,16)

Was das Leben alles so bringt …

Für die Inseln des Trostes mitten in einem Meer von Leid
danke ich dir, Herr, du mein Gott.
Du führst mich durch unwegsame Schluchten,
großen Schrecken bin ich ausgeliefert
und bin dennoch behütet.
Meine Kraft ist längst erschöpft, aber du trägst mich hindurch.
Nicht dass die Stimmen des Misstrauens und des Sichauflehnens
verstummt wären in meinem Herzen,
aber ich weiß, dass sie unrecht haben.
Sie verlieren ihre Macht,
wenn ich deine Stimme erhorche.
Du sagst zu mir: „Fürchte dich nicht,
ich, dein Gott, verlasse dich nicht."
Lobpreisen will ich dich für alle Treue.
Ich erfahre, was Verzweiflung heißt,
aber gleichermaßen umgibt mich
das Geheimnis des Getröstetseins.
Auch wenn die Finsternis noch wächst,
sie ist nicht die einzige Wirklichkeit meines Lebens.
Wenn meine Augen vertraut geworden sind
mit der Dunkelheit, kann ich wahrnehmen,
dass immer noch Licht einfällt:
Du schenkst mir Menschen, die sich meiner Klage
nicht verschließen, die für mich einstehen vor dir.
Du hältst mir Brot und Wein bereit und
umarmst mich im heiligen Mahl.
Mein Herz darf ich ausschütten vor dir. Du
hilfst mir, dass ich nicht versinke im Selbstmitleid,
sondern teilnehmen kann an fremder Trauer.
Beides lässt du wachsen in mir:
die Fähigkeit zu leiden
und die Fähigkeit zu lieben.
Du befreist mich von dem Drang, den Sinn allen Leidens
hier und jetzt erkennen zu wollen.

Herr, mein Gott, ich lobpreise dich, denn ich weiß,
am Ende wird alle Klage von mir abfallen.
Am Ende wirst du alles Erlittene verwandeln in Freude.

(Sabine Naegeli)

„Fürchte dich nicht, ich bin mit dir; weiche nicht, denn ich bin dein Gott. Ich stärke dich, ich helfe dir auch, ich halte dich durch die rechte Hand meiner Gerechtigkeit!"

(Jesaja 41,10)

Mit aller Macht

In sicher mehr als tausendundeinem Märchen geht es darum, dass der Held durch tausendundeine Schwierigkeit schließlich sein Ziel erreicht.

Der edle Prinz sucht seine schöne Prinzessin, der König mit aller Macht sein Reich, der Kranke unter allen Umständen die Heilung und der Weise mit aller Sehnsucht die Erleuchtung.

Alle müssen, um ihr Ziel zu erreichen, in der Regel schwierige Aufgaben lösen, große Opfer bringen, mächtige Gegner überwinden, gegen böse Mächte gewinnen, reißende Ströme durchqueren, Hunger und Entbehrungen, extreme Hitze oder Kälte aushalten, riesige Berge besiegen und über tiefe Abgründe gelangen und unendliche Geduld aufbringen.

Aber schließlich erreichen sie das Ziel, von dem sie so begeistert und überzeugt, so hingerissen und erfüllt waren. Niemand findet eine Prinzessin, ein Reich, eine Heilung oder Erleuchtung ohne Einsatz und Opfer, Hingabe und Leidenschaft.

Als Christen können wir auch nicht in bequemen Hausschuhen im gemütlichen Sessel hocken, aber wir brauchen nicht im eigenen Namen und mit unserer Macht das Ziel zu erreichen. Jesus Christus hat das Ziel schon erreicht, die Herrschaft schon gewonnen und möchte uns an seinem Reich beteiligen.

„Ich vermag alles durch den, der mich mächtig macht, Jesus Christus!"

(Philipper 4,13)

Trauer und kein Trost

In seinem berühmten Roman „Die Brüder Karamasow" erzählt Dostojewski von einer Mutter, die über den Verlust ihres kleinen Jungen so untröstlich und verzweifelt ist, dass sie den bekannten Starzen Sosima um Rat und Trost bittet. „Es ist", sagte der Starze, „es ist wie in uralten Zeiten: ‚Rahel beweinte ihre Kinder und wollte sich nicht trösten lassen, denn es war aus mit ihnen.' So ist nun mal das Los, das euch Müttern auf Erden beschieden ist. Tröste dich also nicht, du brauchst dich nicht zu trösten, tröste dich nicht und weine, nur rufe dir jedes Mal, wenn du weinst, fest ins Gedächtnis, dass dein Söhnchen einer von den Engeln Gottes ist, von dort auf dich herniederschaut und dich sieht, sich über deine Tränen freut und Gott den Herrn auf sie hinweist. Und lange noch wird dir dieses heilige mütterliche Weinen auferlegt sein, doch schließlich wird es sich wandeln in eine stille Freude, und deine bitteren Tränen werden dann Tränen einer stillen Rührung sein und einer Läuterung des Herzens, die von Sünden bewahrt. Deines Kindleins aber will ich in meinem Gebet gedenken, auf dass Gott seiner Seele Ruhe schenke."

„So spricht der Herr: Man hört Klagegeschrei und bitteres Weinen in Rama: Rahel weint über ihre Kinder und will sich nicht trösten lassen über ihre Kinder, denn es ist aus mit ihnen. Aber so spricht der Herr: Lass dein Schreien und die Tränen deiner Augen, denn deine Mühe wird noch belohnt werden, spricht der Herr. Sie sollen wiederkommen aus dem Lande des Feindes!"

(Jeremia 31,15f)

Worte richtig verstehen

Ein Dorfschmied bekam einen Lehrling, der das schwere Handwerk erlernen wollte. Der Meister nahm den Jungen mit in seine Schmiede und erklärte ihm die Geräte und Arbeitsweise. Und dann ging es auch gleich an die erste Arbeit. Der Schmied erklärte seinem Lehrling: „Wenn ich das Eisen aus dem Feuer nehme, lege ich es auf den Amboss. Und sobald ich mit dem Kopf nicke, schlägst du mit deinem Hammer drauf!" Der Lehrling tat ganz genau, was er meinte, dass der Meister es gesagt hatte. Und der Dorfschmied nickte nie wieder.

Nimm Worte ganz wörtlich, hat mir einmal ein älterer Freund geraten. Ich habe das immer versucht, habe den Worten nachgedacht, ihrer Geschichte, Bedeutung und Wirkung nachgespürt. Gerade auch Gottes Wort, das Wort der Bibel sollte man wirklich wörtlich nehmen und in seinem ganzen Zuspruch und Anspruch wirken lassen. Aber man muss die Worte auch richtig im Zusammenhang verstehen. Sonst wird es tragische Missverständnisse geben. Die Geschichte der Bibelauslegung ist voll solcher Beispiele. Vom bloßen Wort her ist vieles als biblisch bezeichnet worden, weil es in der Bibel dem Wort nach vorkommt: der Krieg, die Sklaverei, die Unterdrückung der Frau, die Missachtung des Leibes, die Verachtung der Welt und die Verteufelung des Fortschritts.

Nimm Gottes Wort ganz wörtlich, aber versuche es im Zusammenhang der Bibel richtig zu verstehen.

„Da öffnete er ihnen das Verständnis, sodass sie die Schrift verstanden."

(Lukas 24,45)

„Da lief Philippus hin und hörte, dass er den Propheten Jesaja las, und fragte: Verstehst du auch, was du liest?"

(Apostelgeschichte 8,30)

Sich selbst erkennen

Eine Geschäftsfrau verstaute nach ihrem Einkauf im Wohnzimmerschrank eine Dose mit kostbaren Pralinen. Als sie am Abend die Dose zur Hand nahm, um einige der erlesenen Köstlichkeiten zu genießen, war die Dose leer. Am nächsten Tag fand sie die Pralinen sorgfältig verpackt unter den Sachen ihrer Haushälterin. Die gutherzige Frau wollte deswegen keine Szene oder einen Streit. So füllte sie kurzerhand die Pralinen wieder in die Dose und stellte sie in den Wohnzimmerschrank zurück. Ganz überrascht war die Familie dann, als die Haushälterin nach dem Abendessen sagte, dass sie die Stelle noch heute aufgeben möchte. Als der Hausherr sie nach den Gründen fragte, sagte die Frau entrüstet: „Ich möchte nicht bei Leuten arbeiten, die zurückstehlen!"

In den Fehlern und Schwächen anderer Menschen können wir immer auch uns selbst erkennen. Wenn wir nur nicht so blind für unsere eigenen Fehler und so ungerecht im Blick auf die Schwächen anderer wären.

„Was siehst du aber den Splitter in deines Bruders Auge und nimmst nicht wahr den Balken in deinem Auge? Oder wie kannst du sagen zu deinem Bruder: Halt, ich will dir den Splitter aus deinem Auge ziehen? und siehe, ein Balken ist in deinem Auge. Du Heuchler, zieh zuerst den Balken aus deinem Auge: danach sieh zu, wie du den Splitter aus deines Bruders Auge ziehst!"

(Matthäus 7,3-5)

Still, aber mutig

Gerhard Tersteegen lebte von 1697 bis 1769 und gehört als Mystiker zu den Stillen im Lande. Seine vielen Lieder singen von der innigen Jesusliebe und rühren immer wieder die Menschen in der Tiefe der Seele an. „Gott ist gegenwärtig, lasset uns anbeten und in Ehrfurcht vor ihn treten ...“ – „Ich bete an die Macht der Liebe, die sich in Jesus offenbart ...“ – „Dass du mich stets umgibest, dass du mich herzlich liebest und rufst zu dir hinein, dass du vergnügst alleine, so wesentlich und reine, lass früh und spät mir wichtig sein!“

Aber Gerhard Tersteegen hat sich auch mutig gegen den König von Preußen, Friedrich den Großen, gewandt. In einer öffentlichen Schrift mahnt er nicht ohne Respekt und doch mit aller Deutlichkeit die falsche Einschätzung der Vernunft an: „Welch ein Werkzeug könnte dieser große Mann in der Hand des großen Gottes sein, wenn sein vorzüglicher Verstand, von höherem Licht bestrahlt, die höchst schädlichen Vorurteile wider die Religion ablegen und sein edles Herz dem König aller Könige, dem Herrn aller Herren seine gebührende Ehre geben möchte! Also geschehe es!“ Der König soll sehr beeindruckt gesagt haben: „Können das die Stillen im Lande?“

„Predige das Wort, steh dazu, es sei zur Zeit oder Unzeit; weise zurecht, drohe, ermahne mit aller Geduld und Lehre!“

(2. Timotheus 4,2)

Flucht oder Zuflucht

Unser ganzes Leben ist eine Flucht, eine Flucht vor Gott, vor einander, vor uns selbst, vor der Wahrheit, vor dem Leid, vor dem Tod, vor der Verantwortung.

Adam verbarg sich mit Eva nach ihrer Sünde vor Gott. Und Gott suchte ihn und fragte: Adam, wo bist du? Kain erschlug seinen Bruder und musste unstet und flüchtig sein. Er lebte hinfort jenseits von Eden im Lande Nod, das heißt übersetzt: Flucht, Ruhelosigkeit, Heimatlosigkeit, Unstetigkeit. Jakob hatte seinen Vater belogen und seinen Bruder betrogen. Er ging auf die Flucht. Mose hatte einen Volksgenossen ermordet und ging auf die Flucht. Elia wurde von der Königin Isebel bedroht und machte sich auf die Flucht. David wurde von Saul fast umgebracht und ging auf die Flucht. Jesus, kaum geboren, befand sich mit seinen Eltern auf der Flucht vor Herodes. Ja, so ist unser Leben: unstet und flüchtig auf Erden, ruhelos, heimatlos.

Aber unser Leben kann auch eine Zuflucht und Heimkehr, ein Nach-Hause- und Zur-Ruhe-Kommen sein. Gott kleidete Adam und Eva liebevoll ein und schützte sie damit. Er machte an Kain ein Zeichen, damit niemand ihn antasten durfte. Er schenkte Jakob seinen Segen und die Versöhnung mit seinem Bruder. Er berief den flüchtenden Mose zum Retter seines Volkes und den flüchtenden David zum König Israels. Und Jesus wurde nach Flucht und Heimatlosigkeit auf Erden durch Auferstehung und Himmelfahrt nach Hause und in die ewige Ruhe gebracht.

Das Kreuz Jesu ist das stärkste Symbol für beides: es ist der Ort der bittersten Verlassenheit, von Gott und Mensch und allen guten Geistern verlassen, und zugleich der Ort der wunderbarsten Zuflucht für uns unstete und umherirrende Menschen. Wer sich unter das Kreuz Jesu flüchtet, findet wirklich Zuflucht, hier im Glauben und in Ewigkeit im Bleiben.

„Herr, du bist unsere Zuflucht für und für!"

(Psalm 90,1)

Versandete Tage

Herr, mein Gott, es gibt Tage,
an denen alles versandet ist:
die Freude, die Hoffnung,
der Glaube, der Mut.

Es gibt Tage, an denen
ich meine Lasten
nicht mehr zu tragen vermag:
meine Krankheit, meine Einsamkeit,
meine ungelösten Fragen, mein Versagen.

Herr, mein Gott,
lass mich an solchen Tagen erfahren,
dass ich nicht allein bin,
dass ich nicht durchhalten muss
aus eigener Kraft,
dass du mitten in der Wüste
einen Brunnen schenkst
und meinen übergroßen Durst stillst.

Lass mich erfahren,
dass du alles hast und bist,
dass ich in dir wieder finde,
was ich verloren habe.
Lass mich glauben,
dass du meine Wüste
in fruchtbares Land
verwandeln kannst.

(Nach Sabine Naegeli)

„Die Wüste und Einöde wird frohlocken, und die Steppe wird jubeln und wird blühen wie die Lilien. Sie wird blühen und jubeln in aller Lust und Freude. Stärket die müden Hände und macht fest die wankenden Knie! Saget den verzagten Herzen: Seid getrost und fürchtet euch nicht! Seht, da ist euer Gott!"

(Jesaja 35,1-4)

Das Leben ist gerichtet

Das bedeutet dreierlei:

1. Das Leben hat nur eine Richtung. Es ist schöpfungsmäßig begrenzt und geht auf ein Ziel hin. Unser Leben ist auf eine Vollendung hin gerichtet. Wir kommen nie zurück. Jeden Tag haben wir nur einmal. Der Strom der Zeit fließt unaufhörlich weiter. Und niemand schwimmt gegen diesen Strom. Das macht die Einmaligkeit, aber auch die Ernsthaftigkeit unseres Lebens aus. Unser Leben ist gerichtet!

2. Das Leben steht nicht nur unter dem Segen Gottes, sondern auch unter dem Fluch der Sünde. Es ist gerichtet und gebrochen, versehrt und beschädigt. In allen Bereichen des Lebens spüren wir neben dem Gabecharakter des Lebens auch die Wirklichkeit des Gerichtes. Wir leben jenseits von Eden und haben die Eindeutigkeit und Geborgenheit verloren. Verstand und fünf Sinne, Leib und Gesundheit, Beziehung und Arbeit, Miteinander und Kultur, Wissenschaft und Forschung, alles ist eine riesige Möglichkeit und eine ebenso große Gefährdung. Unser Leben steht wirklich unter dem Gericht, und wir können es allenthalben mit Händen greifen.

3. Das Leben wird von Gott wieder aufgerichtet, hergerichtet. Jesus trug den Fluch der Sünde, hielt das Gericht für uns aus und nahm die Strafe auf sich. So ist ein Leben, das sich an Jesus bindet, gerichtet im Sinne des Aufrichtens, Herrichtens und Geraderichtens. Gott wird es richten, was in unserem Leben schiefgelaufen, verkehrt gemacht und danebengegangen ist. Unser Leben ist in seiner Liebe wieder gerichtet. Menschen ohne Jesus gehen auf ein schreckliches Gericht zu. Menschen, die durch Jesu Liebe und Opfer neu geboren sind, erwarten ein Richtfest, an dem Gott alles wunderbar richten wird.

„Und wie es den Menschen bestimmt ist, einmal zu sterben, danach aber das Gericht: so ist auch Christus einmal geopfert worden, die Sünden vieler hinwegzunehmen; zum zweiten Mal wird er nicht der Sünde wegen erscheinen, sondern denen, die auf ihn warten, zum Heil!"

(Hebräer 9,27f)

Richtig leben

Leben ist Empfangen. Können wir uns und unser Leben als Geschenk verstehen oder müssen wir es als Leistung missverstehen? Lebensraum und Lebenszeit werden uns anvertraut. Lebensmöglichkeiten, Lebensmittel und Lebensgefährten werden uns geschenkt. Lebensfreude und Lebenskraft wachsen uns zu. Essen und Trinken, Arbeit und Schlaf, Jahreszeiten und Lebenszeiten, Sonne und Wind, Erde und Wasser, Gaben und Aufgaben, Kultur und Bildung, Wachsen und Reifen, Herkunft und Zukunft, Ehe und Familie, Gemeinde und Gesellschaft sind einige von ungezählten Gaben des Lebens. Warum würdigen wir die großen Geschenke herab und tun uns mit armseligen und eingebildeten Leistungen groß? Warum verfallen wir einem verbissenen und angestrengten Machen, wo wir das Leben befreit und erlöst empfangen könnten?

Von den Kindern sollten wir das unverschämte Nehmen und Gebrauchen lernen. Aber wir schämen uns der großen Geschenke und sind stolz auf die eher kleinen Leistungen unseres Lebens!

„Wahrlich, ich sage euch: Wer das Reich Gottes nicht empfängt wie ein Kind, der wird nicht hineinkommen!"

(Markus 10,15)

Lachen und Weinen

Von Johann Wolfgang Goethe gibt es eine schöne Geschichte über den Chodscha:
Timur war ein hässlicher Mann; er hatte ein blindes Auge und einen lahmen Fuß. Indem nun eines Tages Chodscha um ihn war, kratzte sich Timur den Kopf, denn die Zeit des Barbierens war gekommen, und befahl, der Barbier solle gerufen werden. Nachdem der Kopf geschoren war, gab der Barbier, wie gewöhnlich, Timur den Spiegel in die Hand. Timur sah sich im Spiegel und fand sein Ansehen gar zu hässlich. Darüber fing er an zu weinen, auch der Chodscha hub an zu weinen, und so weinten sie ein paar Stunden. Hierauf trösteten einige Gesellschafter den Timur und unterhielten ihn mit sonderbaren Erzählungen, um ihn alles vergessen zu machen. Timur hörte auf zu weinen, der Chodscha aber hörte nicht auf, sondern fing erst recht an, stärker zu weinen. Endlich sprach Timur zum Chodscha: „Höre! Ich habe in den Spiegel geschaut und habe mich sehr hässlich gesehen, darüber betrübte ich mich, weil ich nicht allein Kaiser bin, sondern auch viel Vermögen und Sklavinnen habe, daneben aber so hässlich bin, darum habe ich geweint. Und warum weinst du noch ohne Aufhören?" Der Chodscha antwortete: „Wenn du nur einmal in den Spiegel gesehen und bei Beschauung deines Gesichts es gar nicht hast aushalten können, dich anzusehen, sondern darüber geweint hast, was sollen wir denn tun, die wir Nacht und Tag dein Gesicht anzusehen haben? Wenn wir nicht weinen, wer soll denn weinen! Deshalb habe ich geweint." Timur kam vor Lachen außer sich.

„Freut euch mit den Fröhlichen und weint mit den Weinenden!"
(Römer 12,15)

Licht in dein Haus

Der später so bekannte Dichter Fritz Reuter (1810–1874) war nach siebenjähriger Festungshaft ein gebrochener Mann. Zeitlebens hatte er unter wiederkehrenden körperlichen und auch seelischen Zusammenbrüchen zu leiden. Quälende Schmerzen des Körpers und tiefe Dunkelheiten des Gemütes machten ihm immer wieder zu schaffen. Und doch schrieb Fritz Reuter die besten Werke, die ja zum Teil von so viel Humor und Freude durchzogen sind, in und nach schwersten Leidenstagen und schlaflosen Schmerzensnächten. In einer solchen Nacht diktierte er seiner Frau, die ihn über Jahrzehnte mit großer Liebe und Geduld begleitet hatte, die Inschrift für seinen eigenen Grabstein:

> „Der Anfang, das Ende, o Herr, sie sind dein,
> die Spanne dazwischen, das Leben, war mein,
> und irrt ich im Dunkeln und fand mich nicht aus:
> Bei dir, Herr, ist Klarheit und licht ist dein Haus!"

„Der Herr behüte dich vor allem Übel, er behüte deine Seele. Der Herr behüte deinen Ausgang und Eingang von nun an bis in Ewigkeit!"

(Psalm 121,7f)

Die Botschaft der Steine

Wenn ich über den nahe gelegenen Friedhof gehe, um das Grab meiner Frau zu besuchen, komme ich an Hunderten von Grabsteinen vorbei. Sie alle tragen Namen und Lebensdaten von Verstorbenen. Auf kaum einem Grabstein findet sich noch eine Botschaft. Jedoch zwei Grabsteine nebeneinander haben mich bei jedem Vorübergehen nachdenklich gemacht. Auf einem Stein lautet die Inschrift unter dem Namen einer Frau: „Schatz, du bist immer bei mir!" Daneben heißt es über dem Namen einer Frau: „Im Hause des Herrn immerdar!"
Wo sind unsere Verstorbenen? Sind sie immer noch bei uns? Sind sie bei Gott zu Haus? Unerbittlich zerschneidet der Tod die irdischen Beziehungen. Und es ist wichtig, Verstorbene ganz loszulassen und sie Gott anzubefehlen. Wenn ich dann am Grab meiner Frau angekommen bin, danke ich Gott für die 35 Jahre der Gemeinsamkeit. Aber ich danke auch dafür, dass meine Frau von ihrem Leiden erlöst und bei Gott zu Hause ist. Ich bin sicher, dass sie in Gottes Händen besser aufgehoben ist als in den Händen der Ärzte, die ihr nicht mehr helfen konnten, und in unseren Händen, die sie nicht mehr halten konnten. Über ihrem Namen und den Lebensdaten steht das Zeugnis ihres Lebens, Leidens und Sterbens: „Jesus lebt, mit ihm auch ich!"

„Leben wir, so leben wir dem Herrn; sterben wir, so sterben wir dem Herrn. Darum: wir leben oder sterben, so sind wir des Herrn!"

(Römer 14,8)

Ein einfacher grauer Stein

Mathilde Wrede, der „Engel der Gefangenen", besuchte einst im Norden Finnlands das Kloster von Valamo, das auf einer Insel im Ladogasee liegt. Die Mönche zeigten ihr die Klosteranlage und auch den kleinen Friedhof, wo die verstorbenen Mönche begraben lagen. Tief beeindruckt war Mathilde Wrede von den einfachen grauen Steinen aus dem Ladogasee, die die Gräber zierten. Sie enthielten alle gleich die Inschrift „Gottes Leibeigener" und darunter den Namen des Mönches. Sie sagte, solch ein einfacher Grabstein würde ihr sehr gefallen. Kurze Zeit nach ihrer Rückkehr wurde ihr in Helsinki eine Kiste gebracht, in der solch ein einfacher grauer Stein lag. In den Stein eingraviert war die Inschrift: „Gottes Leibeigene" und darunter ihr Name. Diesen Stein ließ Mathilde Wrede in den großen Lehnsessel neben ihrem Krankenbett legen. Immer wieder musste sie am Ende ihres Lebens für die Befreiung danken, die darin liegt, Gott ganz zu gehören. Und immer wieder musste sie für die vielen Menschen beten, die noch in der Sklaverei und Unterdrückung der Sünde als Leibeigene des Todes lebten.

Bis sie dann in der Christnacht über die Grenze des Todes in das ewige Leben ging und ihr Leib unter dem einfachen grauen Stein aus dem Ladogasee begraben wurde.

„Meine Seele erhebt den Herrn und mein Geist freut sich Gottes, meines Heilandes, denn er hat die Niedrigkeit seiner Magd angesehen!"
(Lukas 1,46ff)

Das wirklich schmerzliche Warum

Ruf aus Stalingrad
Einer aber der Namenlosen
im Höllensturme von Stalingrad
schrieb seiner Mutter aus Tod
und Tosen
in Brand und Brüllen
auf blutigem Blatt:
„Mutter, warum
hast du mir nie
von Christus gesagt?" –
Schwieg und fiel dann,
steinschwer, stumm.
Aber die Klage pocht.
Und die Frage fragt
durch Jahre fort
im Gang der Geschlechter,
knistert wie Irrlicht
im klüngelnden Buch,
schwelt im zornfeurigen Fluch,
hallt durch Dome,
zischelt am Tisch der Verächter …
Vergilbter Brief?
Für nichts verpfändet
des Jünglings Stirn,
die zerrissen klafft?
Beweint nicht Blut,
das in Strömen verschwendet!
In einem hört alle,
die frühe vollendet!
Gebt Antwort,
die da Glauben schafft!
Antwort ist mehr
als des Marmors Ruhm.
Weh uns, wir bleiben stumm,
dass nochmals ein Enkel

wider die Ahnen klagt:
„Warum, warum
habt ihr uns nie von
Christus gesagt?"

(Wilhelm Horkel)

„Weil wir denselben Geist des Glaubens haben, wie geschrieben steht: Ich glaube, darum rede ich!, so glauben wir auch, darum reden wir auch!"

(2. Korinther 4,13)

Schicksalstage

Wenn die trüben Tage grauen,
kalt und feindlich blickt die Welt,
findet scheu sich dein Vertrauen
ganz auf dich allein gestellt.

Aber in dich selbst verwiesen
aus der alten Freuden Land,
siehst du neuen Paradiesen
deinen Glauben zugewandt.

Als dein Eigenstes erkennst du,
was dir fremd und feind erschien,
und mit neuem Namen nennst du
dein Geschick und nimmst es hin.

Was dich zu erdrücken drohte,
zeigt sich freundlich, atmet Geist,
ist ein Führer, ist ein Bote,
der dich hoch und höher weist.

(Hermann Hesse)

An trüben Tagen, schweren Tagen, in Widrigkeiten und bedrückenden Situationen, wenn alles kalt, feindlich, fremd und einsam ist, brauchen wir neue Paradiese, neue Namen, bessere Aussichten und Boten, die uns hoch und höher weisen.

„Und auch ihr habt nun Traurigkeit; aber ich will euch wiedersehen, und euer Herz soll sich freuen, und eure Freude soll niemand von euch nehmen."

(Johannes 16,22)

Ein kostbares Gut

Die Tiere hatten eine große Versammlung einberufen, weil sie beraten wollten, wie sie sich gegen den Raubbau der Menschen schützen konnten.

„Mir nehmen sie fast alles", sagte die Kuh, „die Milch, das Fleisch und selbst die Haut."

„Mir geht es auch nicht viel besser", sagte die Henne. „Mir nehmen sie die Eier weg, und schließlich muss ich in den Topf."

„Von mir nehmen sie das Fleisch und meine schöne Haut", sagte das Schwein.

„Und mir rauben sie die Freiheit, weil ich ihnen etwas Vorsingen soll", sagten die Kanarienvögel.

Und so hatten alle etwas zu beklagen: die Hirsche, die Hasen, die Vögel und die Fische, die Wale und die Seehunde, die Leoparden und die Elefanten.

Als alle Gruppen ihre Klagen vorgetragen hatten, ließ sich die leise Stimme der Schnecke vernehmen:

„Was ich habe, würden mir die Menschen sofort wegnehmen, wenn sie könnten. Denn was ich habe, fehlt ihnen zu ihrem Wohlergehen am meisten: Ich habe Zeit!"

„Der Mensch, von einer Frau geboren, lebt kurze Zeit und ist voll Unruhe, geht auf wie eine Blume und fällt ab, flieht wie ein Schatten und bleibt nicht!"

(Hiob 14,1f)

371

Gott sieht auch im Dunkeln

„Eine schwarze Ameise auf einem schwarzen Stein in tiefschwarzer Nacht – doch Gott sieht sie!" (Arabisches Sprichwort)
Bisweilen verdunkelt sich das Leben: um uns nur tiefschwarze Not, düstere Aussichten, in uns dunkle Verzweiflung, unser Lebensraum gleicht einem schwarzen Stein und wir einer kleinen Ameise. Doch Gott sieht uns. Er schaut ins Dunkel und durch die Nacht aller Leiden hindurch. Gott sieht meinen Kummer, zählt meine Tränen, weiß um meine Ängste und versteht meine Sorgen. Auch wenn wir vor lauter Nacht Gott nicht mehr sehen, er sieht uns mit seinen alles durchdringenden Augen der Liebe.
Ein Junge stand im Fenster eines brennenden Hauses. Er schrie vor Angst. Der Rauch hüllte ihn ein und nahm ihm den Atem. Der Vater kam herzu und rief zu dem Jungen herauf, er solle springen, er würde ihn sicher auffangen. Der Junge weinte: „Ich sehe dich nicht, Vater!" Aber der Vater rief: „Ich sehe dich, und nun spring, ich fange dich!" Und obwohl der Junge nichts sah, vertraute er seinem Vater und sprang durch das Dunkel in seine Arme.

„Bewahre meine Seele und errette mich; lass mich nicht zuschanden werden, denn ich traue auf dich!"

(Psalm 25,20)

Heute richtig leben

„Ein jeder prüfe seine Gedanken: Er wird sie alle mit der Vergangenheit oder mit der Zukunft beschäftigt finden. Wir denken fast gar nicht an die Gegenwart; und wenn wir daran denken, dann nur, damit wir aus ihr eine Einsicht erlangen, um über die Zukunft zu verfügen. Die Gegenwart ist nie unser Ziel: Die Vergangenheit und die Gegenwart sind unsere Mittel; die Zukunft allein ist unser Ziel. So leben wir nie, sondern wir hoffen zu leben, und während wir uns immer in Bereitschaft halten, glücklich zu sein, ist es unvermeidlich, dass wir es nie sind."

(Blaise Pascal)

Heute richtig leben, heißt: an diesem Tag alle Möglichkeiten nutzen, die Aufgaben, die nötig, die Wege, die möglich, die Begegnungen, die wichtig sind, wahrnehmen. Jede Stunde bewusst und richtig annehmen, ausleben und nichts auslassen. Richtig leben, heißt aber auch: heute das Richtige tun, die Zeit mit guten und wertvollen Dingen füllen, Fehler vermeiden, Schaden abwenden, Liebe üben, die Wahrheit sagen und in den Grenzen bleiben, die dem Leben dienen. Heute richtig leben!

„So seht nun sorgfältig darauf, wie ihr euer Leben führt, nicht als Unweise, sondern als Weise!"

(Epheser 5,15)

Kommet her zu mir …

Wenn man in Kurba, einem kleinen russischen Dorf, die Winterkirche betritt, blickt man auf eine große, wunderschöne Ikone. Sie zeigt in leuchtenden Farben Christus, der eine aufgeschlagene Bibel hält. Auf der offenen Seite ist die Einladung Jesu zu lesen: „Kommet her zu mir, alle, die ihr mühselig und beladen seid. Ich will euch erquicken!" Daneben liest man in großen klaren Buchstaben folgende Rede des Christus:

„Ich bin das Licht der Welt – aber ihr seht mich nicht.
Ich bin der Weg – aber ihr geht nicht auf mir.
Ich bin die Wahrheit – aber ihr glaubt mir nicht.
Ich bin das Leben – aber ihr sucht mich nicht.
Ich bin der Lehrer – aber ihr hört mir nicht zu.
Ich bin der Herr – aber ihr gehorcht mir nicht.
Ich bin euer Gott – aber ihr betet nicht zu mir.
Ich bin euer bester Freund – aber ihr liebt mich nicht.
Wenn ihr unglücklich seid – gebt mir nicht die Schuld!"

„Das alles hast du dir doch selbst bereitet, weil du den Herrn, deinen Gott, verlässt, sooft er dich den rechten Weg leiten will!"

(Jeremia 2,17)

Der König

Das Schachspiel nennt man das königliche Spiel. Es ist anspruchsvoll, hoch im Niveau, tief in der Weisheit, weit in den Möglichkeiten, spannend, überraschend, vielfältig, großartig, eben königlich. Aber auch deswegen königlich, weil unter den verschiedenen Figuren der König die wichtigste ist.

Die Bauern rücken vor, die Läufer laufen hin und her, die Springer springen quer, die Türme ziehen gerade, die Dame kann in alle Riehtungen agieren. Sie zu besitzen ist der größte Vorteil. Sie zu verlieren der herbste Verlust.

Aber wenn der König genommen wird, ist das Spiel aus und verloren, auch wenn noch so viele Figuren auf dem Brett herumstehen.

So ist es auch im Leben. Gott ist unser König, und er ist die wichtigste Person der Weltgeschichte und in unserem Leben. Er ist der wahre König, und alle anderen Figuren haben nur einen Sinn, wenn es ihn gibt. Aber das wirklich Große und Königliche an Gott ist, dass er klein und menschlich wurde. Gott ist darin der Größte, dass er uns nicht allein gelassen und vergessen hat, sondern uns in Jesus Christus gesucht, geliebt, gelöst und gefreit hat.

„Siehe, dein König kommt zu dir, ein Gerechter und ein Helfer!"

(Sacharja 9,9)

Abendlied

Schmetterling kommt nach Haus
Kleiner Bär kommt nach Haus
Känguru kommt nach Haus
Die Lampen leuchten
Der Tag ist aus

Kabeljau schwimmt nach Haus
Elefant läuft nach Haus
Ameise rast nach Haus
Die Lampen leuchten
Der Tag ist aus

Fuchs und Gans kommen nach Haus
Katz und Maus kommen nach Haus
Mann und Frau kommen nach Haus
Die Lampen leuchten
Der Tag ist aus

Alles schläft und alles wacht
Alles weint und alles lacht
Alles schweigt und alles spricht
Alles weiß man leider nicht
Alles schreit und alles lauscht
Alles träumt und alles tauscht
Sich im Leben wieder aus
Es sitzt schon der Abend
Auf unserem Haus

Schmetterling fliegt nach Haus
Wildes Pferd springt nach Haus
Altes Kind kommt nach Haus
Die Lampen leuchten
Der Tag ist aus.

(Hanns Dieter Hüsch)

„Gutes und Barmherzigkeit werden mir folgen mein Leben lang, und ich werde bleiben im Hause des Herrn immerdar."

(Psalm 23,6)

Erinnerung

Sie standen gemeinsam im Stall: ein Pferd, ein Ochse, ein Rennauto und ein kleiner Esel.

„Eins will ich euch sagen", begann das Pferd, „meine Vergangenheit lässt euch vor Neid erblassen. Eine Linie meiner Vorfahren lässt sich auf die berühmten Stuten des Propheten zurückführen, eine andere Linie reicht bis zu den Lipizzanern, eine dritte führt zu den Trakehnern, und schließlich habe ich das Blut der Kavallerie Napoleons in mir."

„Als ich noch Stier war", begann der Ochse, „war ich stolz darauf, dass sie mich als Goldenes Kalb gossen. Als ich Ochse wurde, verband ich mit meiner Tradition den Aufstand der Nubier."

„Typisch Ochse", wieherte das Pferd.

„Ich fuhr die großen Rennen", begann das Auto. „Auf dem Nürburgring, in La Panne und überall in der Welt. In mir saß der große Manuel Fangio. Könnt ihr euch das vorstellen?"

Und so fuhren sie fort, sich ihrer Vorfahren zu rühmen, obwohl das Pferd hinkte, der Ochse auf einem Auge blind war und das Rennauto keinen Motor mehr hatte.

„Was ist mit dir, du Esel?", wandte sich das Pferd an den Grauen. „Nichts weiter", antwortete der leise, „aber einer meiner Vorfahren trug das Christkind."

(Peter Spangenberg)

„Siehe, dein König kommt zu dir, ein Gerechter und ein Helfer, arm und reitet auf einem Esel, auf einem Füllen der Eselin!"

(Sacharja 9,9)

Schätze

Die wirklichen Schätze liegen nicht auf der Straße. Die wesentlichen Reichtümer sind nicht in den Schaufenstern ausgestellt. Die Werte, die das Leben lebenswert, den Menschen menschenwürdig und die Geschichte sinnvoll machen, sind nicht auf den Gemeinplätzen zu finden.

Die Schätze, die ein Herz ausfüllen und ein Leben reich machen, muss man suchen, oft abseits der Wege, fern der Menge und jenseits des Gewohnten. Denn das ist das Besondere an den Schätzen, dass sie verborgen sind. Oft zeigen sich die wahren Schätze hinter ihrem Gegenteil verborgen. Manche Berge von Schwierigkeiten wurden die Orte besonderer Gotteserfahrungen. Manche Wüsten der Einsamkeit wurden die Weiten besonderer Einsichten. Und manche Nächte der Schwermut und Trauer wurden zu den hellsten Lichtern der Tröstung und Heilung.

„Das Himmelreich gleicht einem Schatz, verborgen im Acker, den ein Mensch fand und verbarg; und in seiner Freude ging er hin und verkaufte alles, was er hatte, und kaufte den Acker."

(Matthäus 13,44)

„In Christus liegen verborgen alle Schätze der Weisheit und der Erkenntnis."

(Kolosser 2,3)

Was haben wir in der Hand?

Eine alte indianische Geschichte erzählt von einer jungen Frau, die eines Tages vom Großen Geist die Erlaubnis erhält, einmal durch ein Kornfeld zu gehen und sich eine Ähre zu nehmen. Diese Ähre sollte dann in ihren Händen zu reinem Gold werden. Da ging die junge Frau in das Ährenfeld hinein. Sie ging ganz langsam und suchte nach der schönsten und größten Ähre. Jedes Mal, wenn sie eine gefunden zu haben glaubte, zögerte sie, weil sie eine noch bessere und reifere zu finden hoffte. So ging sie weiter und weiter, konnte sich nicht entschließen. Schließlich wurden die Halme weniger, die Ähren kleiner, und plötzlich war sie am Ende des Feldes angelangt und stand ohne eine Ähre in den Händen da.

Während wir unterwegs sind, um die besten Möglichkeiten für uns zu finden, die größten Chancen auszumachen, verrinnt das Leben. Wir träumen davon, dass sich in unseren Händen alles in Gold und Reichtum verwandelt. Und dann stehen wir am Ende oft mit leeren Händen da. Solange uns die Frage bewegt: Was gehört mir? Was kann ich erreichen, gewinnen, festhalten?, werden wir besorgt und bedrückt nach einem bisschen Glanz suchen. Wenn aber sich die Frage verwandelt: Wem gehöre ich? Wer kann mich gewinnen und festhalten?, dann gibt es eine wunderbare Antwort: Der größte Reichtum, der schönste Glanz besteht darin, dass wir in Gottes Hand und von seiner Liebe festgehalten werden.

„Ich gebe ihnen das ewige Leben und sie werden nimmermehr umkommen, und niemand wird sie aus meiner Hand reißen!"

(Johannes 10,28)

Er hat große Dinge an mir getan

„Ich lobe dich, Herr, errettet durch deine Barmherzigkeit.
Ich lobe dich, Herr, geehrt durch deine Erniedrigung.
Ich lobe dich, Herr, geführt durch deine Milde.
Ich lobe dich, Herr, regiert durch deine Weisheit.
Ich lobe dich, Herr, beschirmt durch deine Macht.
Ich lobe dich, Herr, geheiligt durch deine Gnade.
Ich lobe dich, Herr, erleuchtet durch dein inneres Licht.
Ich lobe dich, Herr, erhöht durch deine Güte."

(Mechthild von Magdeburg)

„Und Maria sprach: Meine Seele erhebt den Herrn, und mein Geist freut sich Gottes, meines Heilandes; denn er hat die Niedrigkeit seiner Magd angesehen. Er hat große Dinge an mir getan, der da mächtig ist und dessen Name heilig ist!"

(Lukas 1,46-49)

8. Dezember

Traurig und tröstlich

Traurig ist die Geschichte von Claude Eartherly, dem Piloten, der die Atombombe auf Hiroshima abgeworfen hat. Nach seiner Entlassung aus der Armee verübte er zwei Selbstmordversuche und kam schließlich in eine psychiatrische Anstalt. Seine Schuldgefühle raubten ihm den Schlaf und den Verstand.

Tröstlich ist der Brief, den 30 Mädchen aus Hiroshima an den Piloten schrieben. „Wir Mädchen sind zwar glücklicherweise dem Tod entkommen, aber durch die Atombombe haben wir Verletzungen in unseren Gesichtern und am ganzen Körper davongetragen. Nun hörten wir kürzlich, dass Sie nach dem Vorfall von Hiroshima mit einem Schuldgefühl leben und dass man Sie deshalb in ein Hospital für Geisteskranke gebracht hat.

Dieser Brief kommt zu Ihnen, um Ihnen unsere aufrichtige Teilnahme zu überbringen und Ihnen zu versichern, dass wir jetzt nicht die geringste Feindseligkeit gegen Sie persönlich hegen. Wir haben gelernt, freundschaftlich für Sie zu empfinden in dem Gedanken, dass Sie ebenso ein Kriegsopfer sind wie wir. Wir wünschen, dass Sie sich bald erholen und sich denen anschließen, die sich dafür einsetzen, das barbarische Geschehen, Krieg genannt, durch den Geist der Brüderlichkeit zu überwinden!"

„Vielmehr liebt eure Feinde; tut Gutes und leiht, wo ihr nichts dafür zu bekommen hofft. So wird euer Lohn groß sein, und ihr werdet Kinder des Allerhöchsten sein; denn er ist gütig gegen die Undankbaren und Bösen."

(Lukas 6,35)

Nimm und lass!

Nimm dir Zeit für die Arbeit,
sie ist eine Gabe Gottes.
Lass dir Raum für die Muße,
sie ist die Batterie für die Seele.
Nimm dir die Freiheit,
du selbst zu sein,
Gott nimmt dich an, wie du bist.
Lass Gott Gott sein, heilig, ewig, herrlich und unbegreiflich,
mach ihn nicht zu deinem Kumpel oder Kuscheltier.
Nimm alles, was das Leben bietet,
danke Gott und teile es mit den Nächsten.
Lass alles, was Gott verbietet,
viele unnötige Schmerzen bleiben dir erspart.
Nimm Rücksicht auf Schwächere,
verachte sie nicht, sie sind genauso geliebt.
Lass Stärkere dich locker überholen,
beneide sie nicht, bei Gott haben sie dir nichts voraus.
Nimm jeden einzelnen Tag ganz ernst,
du lebst ihn nur ein einziges Mal.
Lass das Ziel nie aus den Augen,
die Krönung und Vollendung des Lebens kommt noch.
Nimm die Nöte und Schmerzen des Lebens wahr,
sie sind Ausdruck der gebrochenen Welt.
Lass dich von Gott trösten und segnen,
er wartet auf dich in seiner ewigen Welt.

„Werft euer Vertrauen nicht weg, welches eine große Belohnung hat. Geduld aber habt ihr nötig, damit ihr den Willen Gottes tut und das Verheißene erlangt!"

(Hebräer 10,35f)

10. Dezember

Kaufkraft und Willenskraft

Überall, in jeder Gemeinschaft und bei jeder Arbeit kommt eine Zeit, da steht es dir bis oben hin, da meinst du, es nicht mehr auszuhalten. Die Arbeit, die dir am Anfang so viel Freude machte, wird langweilig, und die Leute, mit denen du begeistert begonnen hast, findest du unmöglich. Wenn du dann einfach aufgibst, bist du für keinen und zu nichts mehr wert. Du wirst erst Glück und Erfolg haben, wenn du das gelernt hast: durchhalten. Heute ist zu viel von Kaufkraft die Rede und zu wenig von Willenskraft, von der Kraft durchzuhalten. Länger durchhalten ist das Geheimnis aller Siege.

(Phil Bosmans)

„Ein Geduldiger ist besser als ein Starker und wer sich selbst beherrscht besser als einer, der Städte gewinnt!"

(Sprüche 16,32)

Vertrauen wird belohnt

Um Rübezahl, den sagenhaften Berggeist des Riesengebirges, ranken sich viele Legenden. Er neckt die Wanderer, führt sie in die Irre, wenn sie ihn ärgern, oder beschenkt sie, wenn sie ihn um Hilfe bitten. Und vor allem hütet er die riesigen Bergschätze. Eine Sage erzählt, dass ihn eines Tages zwei arme Wanderer um eine milde Gabe bitten. Rübezahl gibt jedem von beiden einen einfachen Stock. Der eine Wanderer verachtet das offensichtlich wertlose Geschenk, spottet über Rübezahl und wirft den Stock ärgerlich weg. Der andere behält ihn im Vertrauen darauf, dass er irgendeine Bedeutung und einen Wert hat. Bald darauf verwandelt sich der einfache Stock in pures Gold, macht den armen Wanderer reich und belohnt sein Vertrauen. Gott hat uns viel verheißen und auf unsere Bitten hin uns manches anvertraut. Den Menschen scheint es bisweilen als wertloses Holz und sie werfen die Hoffnung fort. Aber das Vertrauen wird belohnt, die Verheißungen verwandeln sich dem Glaubenden in reiche Erfüllung und Belohnung.

„Darum werft euer Vertrauen nicht weg, welches eine große Belohnung hat!"

(Hebräer 10,35)

385

Das Lese- und Lebensbuch

Die Bibel ist nicht nur Nahrung für lebenshungrige Menschen – das auch. Die Bibel ist nicht nur eine Tankstelle, an der verbrauchte Kraft nachgetankt werden kann – das auch. Die Bibel ist nicht nur eine Vitaminspritze für Müde und Erschöpfte – das auch. Die Bibel ist nicht nur ein Belebungsbad für dreckige und verschwitzte Menschenkinder – das auch. Die Bibel ist nicht nur gute Medizin für kranke Herzen – das auch. Die Bibel ist nicht nur ein wirksames Beruhigungsmittel für aufgescheuchte Seelen – das auch.
Bibellesen ist vor allem ein Treffpunkt von Liebenden!
Bibellesen und Gebet sollten wir nicht nur unter sachlichen Gesichtspunkten wie Nahrungsaufnahme, Belebung oder Beruhigung verstehen. Es geht vielmehr um die Pflege einer Liebesbeziehung. Gott spricht in seiner Liebe zu uns, wir hören geöffnet zu und antworten im Gebet und Handeln.
Das erste Motiv zum Bibellesen und Beten ist nicht: wir brauchen es! Sondern Gott wartet in Liebe auf mich, und wir suchen den Ort des persönlichen Zwiegesprächs. Dass in dieser Begegnung auch Kraft getankt und Nahrung empfangen wird, Erneuerung und Belebung, Reinigung und Weisung geschieht, versteht sich dann von selbst.
So lesen wir unsere Bibel als Horchende und Gehorchende, still zum Empfangen, aktiv zum Ausleben. Wir lesen sie aus Liebe und dann zum Nutzen.

„Wenn dein Wort offenbar wird, so erfreut es und macht klug die Unverständigen. Ich tue meinen Mund weit auf und lechze, denn mich verlangt nach deinen Geboten. Wende dich zu mir und sei mir gnädig, wie du pflegst zu tun denen, die deinen Namen lieben!"

(Psalm 119,130ff)

Im Bann des Vorurteils

Albert Einstein soll einmal gesagt haben, man könne eher einen Atomkern spalten als ein menschliches Vorurteil. Wahrscheinlich hat er recht, denn es ist schwer, ein Vorurteil aufzuknacken. In einer griechischen Fabel wird sehr anschaulich das Vorurteil beschrieben. Ein Reisender bat Äsop um Auskunft über die Leute Athens: „Sag mir, guter Mann, wie sind denn die Leute in Athen? Kann man ihnen trauen und mit ihnen auskommen?" Worauf Äsop den Reisenden fragt: „Sag du mir erst, wo kommst du her, und wie sind die Leute dort?" Der Fremde antwortete: „Ich komme aus Argos. Die Menschen dort sind schlecht. Allesamt Lügner, faule Bäuche und Tagediebe. Sie streiten sich den ganzen Tag. Und ich bin froh, endlich dort wegzukommen!" Darauf antwortete Äsop: „Schade, guter Mann, dass ich dich enttäuschen muss. Du wirst die Leute in Athen nicht anders finden als die in Argos, von wo du gerade kommst!" Einige Tage später kam wieder ein Reisender und fragte den Dichter nach den Leuten von Athen. Als Äsop sich auch bei ihm nach seiner Herkunft und den Bewohnern seiner Stadt erkundigte, sagte der Mann: „Ich komme von Argos. Die Leute dort sind sehr freundlich. Ich mag sie gut leiden. Eigentlich bin ich ganz ungern von dort weggegangen." Da lächelte Äsop und sagte schmunzelnd: „Guter Freund, ich freue mich, dir sagen zu können, dass die Leute in Athen genauso freundlich sind. Du wirst gut mit ihnen auskommen und dich dort bald sehr wohlfühlen!"

„Wer aber bist du, dass du den Nächsten verurteilst?"

(Jakobus 4,12b)

387

14. Dezember

Vier Dinge braucht der Mensch

Die vier elementaren Grundbedürfnisse jedes Menschen sind im leiblichen Bereich: atmen, trinken, essen und schlafen. Kein Mensch kann ohne diese vier Möglichkeiten leben oder überleben. Auf dieser leiblichen Basis braucht der Mensch, um geistig-seelisch und sozial gesund zu sein, auch vier wichtige Erfahrungen: eine Liebeserklärung, eine Wertschätzung, einen Vertrauensbeweis und eine Herausforderung.

Zu Weihnachten macht Gott uns diese vier besonderen Geschenke. Er erklärt uns in Jesus seine ganze, große Liebe. So sehr hat Gott uns geliebt, dass er seinen Sohn Mensch werden und uns erlösen ließ. Daraus entsteht für uns die größte Wertschätzung, die uns je begegnen kann. Wir sind Gott einen Christus wert. In seinem Lieben und Schätzen, das Gott im Leben Jesu zeigt, liegt der größte Vertrauensbeweis, den es für unser Leben gibt. Und zugleich entsteht in der Liebe, der Wertschätzung, dem Vertrauen auch die stärkste Herausforderung unseres Lebens. Gott fordert uns heraus zum Abenteuer des Glaubens, zum Wagnis der Nachfolge, zur Ganzhingabe unseres Lebens und zur allerhöchsten Berufung: Als seine Kinder und Boten, seine Haushalter und Zeugen in die Welt zu gehen.

„In seiner Liebe hat Gott uns dazu berufen, dass wir seine Kinder seien durch Jesus Christus nach dem Wohlgefallen seines Willens!"

(Epheser 1,5)

Ein Mensch der Sehnsucht

„Ich danke meinem Gott, der gewollt hat, dass ich zeitlebens ein Mensch der Sehnsucht sein sollte.
Ich preise dich, meinen Erretter, dass du mir auf der Erde kein Vaterland und keine Wohnung gegeben hast.
Du hast mich vor der Torheit bewahrt,
das Zufällige für das Wesentliche, den Weg für das Ziel,
das Streben für die Ruhe, die Herberge für die Wohnung
und die Wanderschaft für das Vaterland zu halten."

(J. A. Comenius)

„Denn wir haben hier keine bleibende Stadt, sondern die zukünftige suchen wir."

(Hebräer 13,14)

16. Dezember

Was ein Lächeln vermag

In den ersten Jahren seiner Londoner Amtstätigkeit kam Spurgeon, der berühmte englische Prediger, auf seinem Weg zu seiner Kapelle immer an einem niedrigen Häuschen vorbei, dessen grün umrankte Fenster seine Blicke auf sich zogen. Aus einem derselben lachte ihn jedes Mal ein süßes Babygesicht an. Von Mutter- oder Schwesterhänden gehalten, tanzte das Kind lustig auf dem Fensterbrett hin und her, und Spurgeon, der Kinder sehr liebte, erwiderte jedes Mal in seiner gewinnenden Weise das Lächeln.
So ging das allsonntäglich hin und her. Zuweilen war es auch der Vater oder ein Bruder, der das Baby hielt. Die ganze Familie war über die ihrem Liebling erwiesene Freundlichkeit glücklich, zugleich aber auch neugierig, wer der freundliche Herr wohl sein möge.
Endlich ging eines Sonntags einer der Söhne ihm nach und erfuhr, wer er war und wo er predigte. Die ganze Familie hatte bis dahin ohne Verbindung mit der Kirche gelebt. Unter einem Geistlichen stellten sie sich einen weltfremden Menschen vor. Diesen freundlichen Mann aber wollten sie doch hören.
Zuerst gingen die Mutter und die Töchter in die Kapelle, dann die Brüder, und zuletzt fand auch der Vater den Weg dorthin. Bald gingen sie jeden Sonntag, und abends griffen sie zur Bibel, um über das gehörte Wort nachzudenken. Alle kamen zum Glauben, und die ganze Familie ließ sich taufen. Sieben Menschen waren durch ein freundliches Lächeln für Gott gewonnen worden.

„Die Liebe ist langmütig und freundlich!"

(1. Korinther 13,4a)

Eine Lampe im Haus

„Kannst du kein Stern am Himmel sein, sei eine Lampe im Haus!"
(Arabisches Sprichwort)

Sterne sind hoch über uns, so unerreichbar und unnahbar.
Sterne sind so weit weg, Milliarden Lichtjahre, unvorstellbar.
Sterne sind so kalt und leblos, ohne Wärme und Herz.
Warum wollen die Menschen Sterne und Sternchen sein, so hoch hinaus und einsam, so weit weg und distanziert?
Wenn es Abend wird und Nacht, wollen wir im Haus, im kleinen, überschaubaren und gewohnten Raum, eine Lampe sein.
Sie bietet gutes Licht und gemütlichen Schein, sie strahlt Wärme aus und lädt zum Beieinander-Sitzen und Miteinander-Reden, zum Lesen und Lachen, zum Herzen und Lieben ein.
Sei in deiner Familie, in deinem engsten und intimsten Lebensraum eine Lampe mit warmem und herzlichem Licht, mit Ausstrahlung und Einladung.

„Man zündet nicht ein Licht an und setzt es unter den Scheffel, sondern auf einen Leuchter; so leuchtet es allen, die im Hause sind. So lasst eure Lichter leuchten vor den Leuten, damit sie eure guten Werke sehen und euren Vater im Himmel preisen."

(Matthäus 5,15f)

18. Dezember

Die wahnsinnige Idee

Tennessee Williams hat ein Bühnenstück geschrieben: „Die Katze auf dem heißen Blechdach". Im Mittelpunkt steht der reiche und lebenshungrige Big Daddy, der aus der Klinik entlassen wurde. Die Familie weiß, dass er sterben wird, weil er unheilbar krank ist. Aber sie spielen ihm alle Theater vor. Big Daddy sieht sein Leben zwischen den Fingern zerrinnen. Er steht im Zimmer mit seinem Sohn Brick allein und sagt, indem er auf die verschiedensten Gegenstände zeigt, die er mit Big Mama in Europa während einer Reise gekauft hat: „... Wohin sie kam auf dieser Wahnsinnstour, überall hat sie gekauft. Ich kann von Glück sagen, dass ich ein reicher Mann bin, Brick ... Weißt du, wie viel ich habe? Fast zehn Millionen in bar und außerdem Wertpapiere, und 28.000 Morgen des fruchtbaren Landes diesseits des Mississippi. Aber ein Mann kann sich damit nicht ein Leben kaufen, er kann sich sein Leben nicht zurückkaufen, wenn sein Leben einmal zu Ende geht. Das ist eine Sache, die sie auf dem europäischen Trödelmarkt nicht verkaufen ... Ja, das Menschentier ist ein Biest, das stirbt, und wenn es Geld in die Finger bekommt, dann kauft und kauft es, der Grund ist die wahnsinnige Idee, da irgendwo in seinem Hinterkopf, dass es sich ewiges Leben – ewiges Leben – kaufen könnte und es natürlich nie kann – hörst du mir zu?" – Keine Antwort.

„Und nun, ihr Reichen: Weint und heult über das Elend, das über euch kommen wird! Euer Reichtum ist verfault, eure Kleider sind von Motten zerfressen. Euer Gold und Silber ist verrostet, und ihr Rost wird gegen euch Zeugnis geben und wird euer Fleisch fressen wie Feuer. Ihr habt euch Schätze gesammelt in diesen letzten Tagen!"

(Jakobus 5,1-3)

Der unendliche Wert des Lebens

Den einen ist ein langes Leben geschenkt, die anderen sterben sehr jung. Ist ein langes Leben besser als ein kurzes? Was wirklich zählt, ist nicht die Quantität unserer Lebensjahre, sondern ihre Qualität. Jesus war gut dreißig, als er getötet wurde. Theresia von Lisieux war noch keine fünfundzwanzig, als sie nach schwerer Krankheit starb. Anne Frank war ein Teenager, als sie im KZ ihr Leben verlor. Aber das Leben aller drei ist für Generationen fruchtbar. Ein langes Leben ist ein Segen, wenn es gut gelebt wird und zu Dankbarkeit, Weisheit und Heilung führt. Es gibt aber Menschen, deren Leben erfüllt ist, auch wenn ihre Zeit kurz war. Da wir heute viele junge Menschen sterben sehen – durch einen Unfall, an einem Krebsleiden, an Aids –, sollten wir alles tun, um unsere jungen Freunde eindringlich davon zu überzeugen, dass ihr Leben, selbst wenn es kurz bemessen sein sollte, einen unendlichen Wert hat.

(Henri J. M. Nouven)

„Weil du in meinen Augen so kostbar und wertvoll bist, habe ich dich herzlich lieb!"

(Jesaja 43,4)

20. Dezember

Unverschämte Weihnachtswünsche

Mehr Gehalt in den Festtagsreden,
mehr Umsatz der guten Gedanken in die Tat,
mehr Konsum der göttlichen Zuneigung,
mehr Gewinn an wichtigen Einsichten,
mehr Profit aus friedlichen Absichten,
mehr Geschenke wie Zeit und Vertrauen,
mehr Verschwendung von Liebe und Versöhnung!

„Wie köstlich ist deine Güte, Gott, dass Menschenkinder unter dem Schatten deiner Flügel Zuflucht haben! Sie werden satt von den reichen Gütern deines Hauses, und du tränkst sie mit Wonne wie mit einem Strom. Denn bei dir ist die Quelle des Lebens, und in deinem Lichte sehen wir das Licht!"

(Psalm 36,8ff)

Hymnus am Morgen

Schon zieht herauf des Tages Licht,
wir flehn zu Gott voll Zuversicht:
Bewahre uns an diesem Tag
vor allem, was uns schaden mag.

Bezähme unsrer Zunge Macht,
dass sie nicht Hass und Streit entfacht;
lass unsrer Augen hellen Schein
durch Böses nicht verdunkelt sein.

Rein sei das Herz und unversehrt
und allem Guten zugekehrt.
Und gib uns jeden Tag das Brot
für unsre und der Brüder Not.

Senkt sich hernieder dann die Nacht
und ist das Tagewerk vollbracht,
sei dir all unser Tun geweiht
zum Lobe deiner Herrlichkeit.

Dich, Vater, Sohn und Heil'ger Geist,
voll Freude alle Schöpfung preist,
der jeden neuen Tag uns schenkt
und unser ganzes Leben lenkt. Amen.

(Ambrosius zugeschrieben)

„Wenn ich dich anrufe, so erhörst du mich und gibst meiner Seele große Kraft!"

(Psalm 138,3)

Schwer, aber wahr

SEGEN DER KRANKHEIT
Wie dank ich euch, ihr Krankheitstage,
die ihr so hoch gesegnet seid!
Die ihr uns trennet von der Plage
der irdischen Beweglichkeit!

Wo still der Geist bei sich zu Hause,
der sonst sich stachelnd vorwärts treibt,
wo von wildem Lebensbrause
ein Flüstern nur noch übrig bleibt.

Wie eine Mutter voll Erbarmen
die Schmerzen stillt dem armen Kind,
so hält dich Gott in milden Armen,
die nie dem Flehn geschlossen sind.

Und ist die Welt von dir geschieden,
nach innen wende Aug' und Sinn;
aus Angst entflieh zu tiefem Frieden,
aus Schmerz zur ewgen Wonne hin.

Es liegt vom Ostmeer tief umfangen
die alte Stadt im Wunderglanz,
und ruht das Meer, siehst du sie prangen,
in Trümmern schön und herrlich ganz.

Das ist dein eigen Innenleben;
ist nur ein Spiegel, still und gleich,
tief unten schaust du sich erheben
das sonst verborgne Gottesreich.

(Gottfried Kinkel)

„Selig sind, die da Leid tragen, denn sie sollen getröstet werden!"
(Matthäus 5,4)

Bei einem Bettler betteln

„Ich ging als Bettler von Tür zu Tür die Dorfstraße entlang. Da erschien in der Ferne ein goldener Wagen wie ein schimmernder Traum, und ich fragte mich, wer dieser König der Könige sei. Hoffnung stieg in mir auf: Die schlimmen Tage schienen vorüber; ich erwartete Almosen, die geboten wurden, ohne dass man um sie bat, und Reichtümer, die in den Sand gestreut wurden. Der Wagen hielt an, wo ich stand. Dein Blick fiel auf mich und mit einem Lächeln stiegst du aus. Endlich fühlte ich mein Lebensglück kommen. Dann strecktest du plötzlich die rechte Hand aus und sagtest: ‚Was hast du mir zu schenken?' Welch königlicher Scherz war das, bei einem Bettler zu betteln! Ich war verlegen, stand unentschlossen da, nahm schließlich aus meinem Beutel ein winziges Reiskorn und gab es dir. Doch wie groß war mein Erstaunen, als ich am Abend meinen Beutel umdrehte und zwischen dem wertlosen Plunder das kleine Korn wieder fand – zu Gold verwandelt. Da habe ich bitterlich geweint, und es tat mir leid, dass ich nicht den Mut gefunden hatte, dir mein Alles zu geben."

Der König aller Könige, dem alle Reichtümer und Herrlichkeiten eigen sind, bittet uns, dass wir ihm unser Leben geben. Er hat uns mit seinem Sohn alles gegeben. Warum haben wir nicht den Mut, ihm unser Alles zu geben? Er will es doch nicht nehmen, sondern nur verwandeln und uns wieder anvertrauen. Was wir Gott anvertrauen, wird sich verwandeln und alles überdauern.

„Wer sein Leben erhalten will, der wird es verlieren; wer aber sein Leben verliert um meinetwillen, der wird es finden!"

(Matthäus 16,25)

Du aber, Mensch, bist du bereit?

Als Christ, der Herr, geboren war
zu Bethlehem, ein kleines Kind,
brach eilends auf die Hirtenschar,
zu schaun, was Engelmund verkündt.

Nur einer war, der folgte nicht,
der blieb auf dunklem Feld allein.
Glaubt' nicht dem Wort, sah nicht das Licht,
sprach: Gott ein Kind? Das kann nicht sein!

Und fernher, weit aus Morgenland,
da zogen weise, edle Herrn
gen West, bis ihre Sehnsucht fand
das Kind im Stall dort unterm Stern.

Nur einer war, der zog nicht mit,
der grub sich ein in seine Not
und stieß sich wund bei jedem Tritt.
Die andern aber fanden Gott.

So war's seit je, bleibt's wohl allzeit.
Gott ruft und lässt sein Heil geschehn.
Du aber, Mensch, bist du bereit,
den Weg nach Bethlehem zu gehn?

Steh auf! Komm, komm! Heb dein Gesicht,
folg Stern und Engel durch die Nacht
nach Bethlehem! O sieh das Licht!
Das Heil der Welt ist hier vollbracht.

(Arno Pötzsch)

„Und sie kamen eilend und fanden beide, Maria und Josef, dazu das Kind in der Krippe liegen.“

(Lukas 2,16)

Gemeinsam teilen

Es hat immer Zeiten und Orte der Not gegeben, in denen Kleinigkeiten die Kostbarkeiten waren. In einem Waisenhaus in England bekamen die Kinder einst als besonderes Weihnachtsgeschenk eine Apfelsine. Einer unter ihnen hatte die strengen Regeln und harten Aufgaben nicht erfüllt und ging leer aus. Er weinte bitterlich und stand verzweifelt in der Ecke. Da kam ein Junge und brachte ihm eine ganz besondere Apfelsine. Mehrere Kinder hatten von ihrer Apfelsine je ein Stück geopfert und daraus eine ganze Frucht zusammengesetzt. So bekam der Junge doch noch sein Geschenk und war überglücklich. Und auch die anderen Kinder fühlten die große Freude des gemeinsamen Teilens. Wenn sich Menschen darin zusammenfinden, anderen zu helfen, entsteht ein doppelt haltbares Netz der Liebe: das der Helfer untereinander mit den Menschen in Not. Eine solche Kultur des gemeinsamen Teilens wird in einer Welt, in der Egoismus und Globalisierung gleichermaßen wachsen, immer wichtiger. Gegen die weltweite Vernetzung und Einigkeit im Bösen im Sinne der Mafia müssen wir die Einigkeit und Vernetzung der Liebe und Hilfe setzen.

„Ich habe euch in allem gezeigt, dass man so arbeiten und sich der Schwachen annehmen muss im Gedenken an das Wort des Herrn Jesus, der selbst gesagt hat: Geben ist seliger als nehmen."

(Apostelgeschichte 20,35)

Einen Engel wünsch ich mir

Ein Engel kündigt die Geburt des Johannes an. Ein Engel eröffnet Maria, dass sie Jesus zur Welt bringen wird. Ein Engel erklärt dem Joseph, was es mit dem Kind auf sich hat. Ein Engel überbringt den Hirten auf dem Felde die schönste Nachricht der Welt: „Fürchtet euch nicht! Siehe, ich verkündige euch große Freude, die allem Volk widerfahren wird. Denn euch ist heute der Heiland geboren, welcher ist Christus, der Herr, in der Stadt Davids." Ein Engel rät Joseph zur Flucht nach Ägypten, um das Kind vor dem grausamen Zugriff des Herodes zu bewahren. Einen Engel, der offenbart und erklärt, einen Engel, der rät und führt, bewahrt und behütet – den wünsch ich mir. Werner Bergengruen beschreibt eine solche Erfahrung in seinem Engel-Gebet:

„Bruder Engel, jede Nacht, eh mich noch Dämonen fingen,
haben, Hüter, deine Schwingen Morgenröten angefacht.
Hast mich brüderlich getragen quer durch rotes Höllenland,
hast an schroffer Felsenwand Stufen mir herausgeschlagen,
Strick und Kugeln abgewehrt, Mauern meinem Gang gespalten,
und wie oft ich dich beschwert, immer mir die Treu gehalten,
unbedankt und ungegrüßt. Engel, sei du mein Geleit,
alle Straßen dämmern wüst. Engel, reiß mich aus der Zeit.
Engel, führ mich, wie es sei, einmal noch. Dann bist du frei.
Nimm von meiner Brust den Stein. Lass mich, Engel, nicht allein."

„Der Engel des Herrn lagert sich um die her, die ihn fürchten, und hilft ihnen heraus!"

(Psalm 34,8)

„Aber der Engel des Herrn tat in der Nacht die Türen des Gefängnisses auf und führte sie heraus."

(Apostelgeschichte 5,19)

Gott will uns leichter machen

Wir alle sind in Gottes Hand
Ein jeder Mensch in jedem Land
Wir kommen und wir gehen
Wir singen und wir grüßen
Wir weinen und wir lachen
Wir beten und wir büßen
Gott will uns fröhlich machen
Wir haben alle unsre Zeit
Gott hält die Sanduhr stets bereit

Wir blühen und verwelken
Vom Kopf bis zu den Füßen
Wir packen unsre Sachen
Wir beten und wir büßen
Gott will uns leichter machen

Wir alle haben unser Los
Und sind getrost auf Gottes Floß
Die Welt entlang gefahren
Auf Meeren und auf Flüssen
Die Starken mit den Schwachen
Zu beten und zu büßen
Gott will uns schöner machen

Wir alle bleiben Gottes Kind
Auch wenn wir schon erwachsen sind
Wir werden immer kleiner
Bis wir am Ende wissen
Vom Mund bis zu den Zehen
Wenn wir gen Himmel müssen
Gott will uns heiter sehen

(Hanns Dieter Hüsch)

„Ich vergesse, was dahinten ist, und strecke mich aus nach dem, was da vorne ist, und jage nach dem vorgesteckten Ziel, dem Siegespreis der himmlischen Berufung Gottes in Jesus Christus!"

(Philipper 3,13f)

Mein letztes Gebet

Wenn ich müde bin
vom Weg zu den Sternen,
um den Menschen in der Nacht
ein bisschen Licht zu holen,
dann setze ich mich in die Stille,
und ich finde dich, mein Gott!
Dann lausche ich der Quelle,
und ich höre dich.
Ganz tief in mir selbst
und in allem, was um mich ist,
spüre ich ein großes Geheimnis.

Gott,
für mich bist du ganz nah,
für mich bist du da,
spürbar, greifbar, gegenwärtig.
Gegenwärtig bist du in mir,
mehr als die Luft in meinen Lungen,
mehr als das Blut in meinen Adern.

Gott, mein Gott,
ich glaube an dich.
So wie der Blinde an die Sonne glaubt,
nicht weil er sie sieht, sondern weil er sie spürt.

Lieber Gott,
in Jesus hast du mich spüren lassen,
wie viel du von mir hältst.
Wie sehr du mich liebst!
Deine Liebe zu mir hast du
in die ganze Natur gelegt
und um die Menschen, die um dich sind.
Du bist ein Gott der Liebe.

Mit tausend Händen streichelst du mich.
Mit tausend Lippen küsst du mich.
Mit tausend Früchten speist du mich.
Alles hast du mir gegeben,
alles, was ich habe, und alles, was ich bin.
Auf tausend Flügeln trägst du mich.
Bei dir bin ich zu Hause wie ein Kind.

Lieber Gott,
nicht zu fassen ist die Freude,
die ich so unverdient genießen darf.
In den Tagen der Angst und Not lässt du
mich erfahren,
was die Propheten vor Jahrhunderten
schon wussten,
dass du mich auf deinem Rücken trägst.
Mit zwei Händen hältst du mich fest.

In den Tagen der Schwäche und Sünde
hinterlässt du immer
Heimweh in meinem Herzen
wie eine tiefe Wunde,
und sie wird erst heilen, wenn mein Herz
wieder in deiner Hand liegt.

Gott, du hast mir ein Wort gesagt,
es macht mir alles klar,
es ist ein Trost, der nicht stirbt
und der mich niemals verlässt –
das eine Wort, mir tief ins Herz
gesprochen:
„Nicht ihr habt mich erwählt,
sondern ich habe euch erwählt."

Lieber Gott,
du hast mich zuerst geliebt.
Seit ich bin, hast du mich geliebt.
Mit unendlicher Geduld
hast du mich in deinem Dienst gehalten.
Ich bin ein kleines Stückchen Glas,
deine Liebe soll den Menschen darin leuchten.
Ein Stückchen Glas,
so manches Mal vom Alltag verstaubt,
verdreckt von den Stürmen des Lebens.

Aber jedes Mal hast du es wieder
siebzig mal siebenmal rein gewaschen
im warmen Regen deiner Barmherzigkeit,
und du hast es zärtlich
in deine Sonne gelegt,
damit es leuchtender denn je
mitspielt im ewigen Spiel der Liebe
zwischen dir und den Menschen.
Gott, aus Scherben machst du
Spiegel deiner Liebe.

Lieber Gott,
alles hast du mir gegeben.
Gib mir noch eins:
ein dankbares Herz.

(Phil Bosmans)

„Lobe den Herrn, meine Seele, und was in mir ist, seinen heiligen Namen! Lobe den Herrn, meine Seele, und vergiss nicht, was er dir Gutes getan hat: der dir alle deine Sünde vergibt und heilet alle deine Gebrechen, der dein Leben vom Verderben erlöst, der dich krönet mit Gnade und Barmherzigkeit!"

(Psalm 103,14)

Unser letztes Wort

In den 150 Psalmen der Bibel wird mit bewegenden Worten gelobt und geklagt, gedankt und gezweifelt, gesungen und geschrien. Gottes Größe und des Menschen Würde werden ebenso beschrieben wie Gottes unbegreifliches Handeln und menschliche Schuld. Wie viele Worte des Vertrauens und Bittens, des Anklagens und Nachfragens, des Hoffens und Erwartens, des Suchens und Sehnens! Es gibt keine Lebenssituation, keine menschliche Empfindung, keine göttliche Weise und keine irdische Erscheinung, die in den Psalmen nicht in Worte gekleidet und zur Sprache gebracht wäre. Die Psalmen sind voller Lachen und Weinen, Singen und Seufzen, Bitten und Betteln, Loben und Danken, Weisheit und Wahrheit, Einsicht und Erfahrung. Die Tiefen der Schuld, die Weiten des Erbarmens, die Abgründe des Leides und die Gipfel der Lust, die nothafte Enge und die glückhafte Weite werden beschrieben und direkt mit Gott in Beziehung gesetzt. Der unermessliche Kosmos und die gewaltige Ewigkeit, aber auch die kleinste Alltäglichkeit und die winzigsten Lebensräume sind bedacht. Und wenn man sich dann noch vorzustellen versucht, wie viele verschiedene Menschen in dreitausend Jahren diese Worte nachgesprochen, sich damit vor Gott eingefunden haben, so muss man schließlich sagen: Es gibt einfach nichts, was in diesen Worten nicht gut und treffend untergebracht ist.

Aber das letzte Wort dieser Gebete ist das Halleluja! Ob wir, wenn alles gesagt, gefragt, bedacht und beschrieben ist, auch als letztes Wort ein Halleluja haben? Es ist schwer, in der Einsamkeit des Alters, in den Schmerzen der Krankheit, in den Ängsten des Sterbens und in den Feuern der Läuterung das Wort zu haben. Vielleicht ganz leise und kläglich, unter Tränen und mit Schmerzen. Aber einmal als wirklich letztes Wort in Gottes Herrlichkeit bleibt uns nur eins: Halleluja!

„Alles, was Odem hat, lobe den Herrn! Halleluja!"

(Psalm 150,6)

„Und ich hörte eine Stimme einer großen Schar, die sprachen: Halleluja! denn der Herr, unser Gott; der Allmächtige, hat das Reich eingenommen! Lasset uns freuen und fröhlich sein und ihm die Ehre geben, denn die Hochzeit des Lammes ist gekommen, und seine Braut hat sich bereitet!"

(Offenbarung 19,6f)

Gegen das Vergessen

Wie sollt ich je vergessen,
was Gott an mir getan,
mir freundlich zugemessen
von allem Anfang an?
Ich kann nur staunend schauen
die göttlich große Huld
und ihr mich anvertrauen
mit Los und Leid und Schuld.

(Arno Pötzsch)

Wäre das ein guter Vorschlag für das nächste Jahr: ein Tagebuch des Dankes führen, in das ich an jedem Abend drei Dinge eintrage, für die ich Gott von Herzen danken möchte. Einfach gegen das Vergessen und gegen die Macht des Fehlenden, die uns oft alle Lebensfreude nimmt.

„Lobe den Herrn, meine Seele, und was in mir ist, seinen heiligen Namen! Lobe den Herrn, meine Seele, und vergiss nicht, was er dir Gutes getan hat!"

(Psalm 103,1f)

Gute Nachsätze

Gute Vorsätze mögen Sie morgen fassen. Mit ihnen ist ja bekanntlich der Weg zur Hölle gepflastert. Gute Nachsätze sollten Sie heute fassen. Mit ihnen könnte sich ein Stück Himmel aufschließen.

Jeder Tag des Jahres war ein Tag von Gott für mich zum Leben! Das Jahr ist nicht vorbei, sondern vorhanden in meiner Erinnerung und in Gottes Buch.

Die Freude über das Schöne wird zum Danken, das Leiden an all dem Schweren kann ich Gott klagen.

Manche Schuld lässt mich um Vergebung bitten, und Gottes Verheißung lässt mich auf Gutes hoffen.

Die Zahlen und Jahre wechseln, Gott bleibt mit seiner Treue gleich verlässlich und unverändert nah.

Alles, was gelang, ist letztlich Gottes Güte. Und alles, was missriet, macht Gott letztlich gut.

„Du krönst das Jahr mit deinem Gut, und deine Fußstapfen triefen von Segen!"

(Psalm 65,12)

Gott wird dich tragen

Gott wird dich tragen, drum sei nicht verzagt!
Treu ist der Hüter, der über dir wacht.
Stark ist der Arm, der dein Leben gelenkt.
Gott ist ein Gott, der der Seinen gedenkt.

Gott wird dich tragen mit Händen so lind.
Er hat dich lieb wie ein Vater sein Kind.
Das steht im Glauben wie Felsen so fest:
Gott ist ein Gott, der uns nimmer verlässt.

Gott wird dich tragen, wenn einsam du gehst,
Gott wird dich hören, wenn weinend du flehst.
Glaub es, wie bang dir der Morgen auch graut:
Gott ist ein Gott, dem man kühnlich vertraut.

Gott wird dich tragen durch Tage der Not.
Gott wird dir beistehn in Alter und Tod.
Fest steht das Wort, ob auch alles zerstäubt,
Gott ist ein Gott, der in Ewigkeit bleibt.

(F. J. Crosby)

Dass ein Mensch ein ruhiges Leben
in Gott hat, das ist gut.

Dass ein Mensch ein mühevolles Leben
mit Geduld erträgt, das ist besser.
Dass man aber Ruhe hat im mühevollen Leben,
das ist das Beste!

(Meister Eckhart)

Unser Verbündeter

Worte haben die Aufgabe, eine erste Anregung zu geben, nicht aber eine letzte Lösung zu finden. Die einen erwarten von den Worten viel zu viel und werden enttäuscht. Andere schätzen sie viel zu gering und werden überheblich. Beide irren sich, denn mit den Worten ist es noch nicht getan, aber ohne Worte wird es nicht mal begonnen. Das Wort ist immer unser Verbündeter, niemals der Stellvertreter! Wenn Sie dies Buch aus der Hand legen und Ihre eigenen Gedanken beginnen, um sich dann auf die schwierigste Wegstrecke von der Absicht zur Ausführung zu machen, hat das Buch sein Ziel erreicht!

„Und der Herr, unser Gott, sei uns freundlich und fördere das Werk unserer Hände bei uns. Ja, das Werk unserer Hände wollest du fördern!"

(Psalm 90,17)

Verzeichnis der Bibelstellen

413

Verzeichnis der Bibelstellen

Stichwortregister

417

Stichwortregister

Quellennachweis

Detlev Block: Ob Hoffnung ist / Zu einem Baum / Hier und anderswo
aus: Detlev Block, Anhaltspunkte. Vom Besonderen im Alltäglichen, Neukirchener Verlagsgesellschaft mbH, Neukirchen-Vluyn 1994 (25.1., 5.3., 21.8.)

Michael Ende: Zuhören
aus: Michael Ende, MOMO © 1973 Thienemann in der Thienemann-Esslinger Verlag GmbH,
Stuttgart (6.9.)

Hanns Dieter Hüsch: Ausblick © tvd-Verlag Düsseldorf, 2010 (2.1.)

Hanns Dieter Hüsch: Das erste und das letzte Wort
aus: Michael Blum / Hanns Dieter Hüsch, Das kleine Buch zum Segen, 2004/8 © tvd-Verlag
Düsseldorf, 1998, S. 30f (31.10.)

Hanns Dieter Hüsch: Ich setze auf die Liebe / Frieden / Ein kleines Stück vom großen Leben /
Sollen wir diese Welt lieben? / Ich glaube es nicht
aus: Hanns Dieter Hüsch, Das Schwere leicht gesagt, 1997/4 © tvd-Verlag Düsseldorf, 1991,
S. 157, 21, 118f, 129f, 18 (16.1., 20.3., 22.4., 29.4., 2.9.)

Hanns Dieter Hüsch: Abendlied (Schmetterling kommt nach Haus)
aus: Hanns Dieter Hüsch / Uwe Seidel, Das kleine Buch zum Glück, S. 44, 2008/5 © tvd-
Verlag Düsseldorf, 2001 (3.12.)

Hanns Dieter Hüsch: Gott will uns leichter machen (In Gottes Hand)
aus: Hanns Dieter Hüsch / Uwe Seidel, Ich stehe unter Gottes Schutz, S. 70, 2009/11
© tvd-Verlag Düsseldorf, 1996 (27.12.)

Hans Künzler: Der Wunderknabe
aus: Gerhard Ruhbach, Geistlich leben – Wege zu einer Spiritualität im Alltag. Brunnen Verlag
Gießen (21.6.)

Peter Spangenberg: Hoch hinauf / Erinnerung
aus: Peter Spangenberg, Da tanzten die Mäuse. Fabelhafte Wahrheiten, Agentur des Rauhen
Hauses © Peter Spangenberg, www.p-spangenberg.de (3.1., 4.12.)

Peter Spangenberg: Der Fluss / Ablenkung
aus: Peter Spangenberg, Na gut, ... sagte der Bär. Fabelhafte Weisheiten, Agentur des Rauhen
Hauses © Peter Spangenberg, www.p-spangenberg.de (17.6., 20.10.)

Peter Spangenberg: Vor dem König
aus: Peter Spangenberg, Ermutigungen. Ein Lesebuch, Agentur des Rauhen Hauses © Peter
Spangenberg, www.p-spangenberg.de (27.10.)

Lothar Zenetti: Gott bewundern
aus: Lothar Zenetti, In Seiner Nähe. Texte des Vertrauens (Topus Plus 1018) © Matthias
Grünewald Verlag der Schwabenverlag AG, Ostfildern Neuausgabe 2015, www.
verlagsgruppe-patmos.de (29.8.)

Bibeltexte
aus: Lutherbibel, revidierter Text 1984, durchgesehene Ausgabe, © 1999 Deutsche
Bibelgesellschaft, Stuttgart.

Die Herkunft der Zitate konnte leider nicht in jedem Fall ermittelt werden. Für weitere
Hinweise ist der Verlag dankbar.

neukirchener
aussaat

Leben aus dem Einen!

LChoice App
kostenlos laden,
dann Code scannen
und ganz einfach
beim Buchhändler
Ihrer Wahl bestellen

LChoice

Wenn eigene Worte schwer zu finden sind

Menschen Mut machen und ihnen von Gottes Trost und Schutz erzählen –
das macht Axel Kühner mit den Texten in diesem Buch. In bewährter
Art hat der Erfolgsautor passende, zum Teil neue Texte ausgewählt und
zusammengestellt. Entstanden ist ein wunderbares Geschenkbuch mit
kleinen Geschichten, Anekdoten und biblischen Botschaften, das seine
Leser ermutigt und stärkt. In vielen aufbauenden Momenten erfährt der
Leser, dass er niemals tiefer fallen kann als in Gottes Hand.

Axel Kühner
Du kannst nicht tiefer fallen als in Gottes Hand
Worte der Ermutigung
gebunden, 140 Seiten, ISBN 978-3-7615-6153-9

www.neukirchener-verlage.de